교사가 희망이다

-헌신하는 교사에 관한 비판적 연구-

김 지 은 저

동 문 사

내게 교육자의 길을 보여주신

노종희 선생님께

여는 글

교사가 희망이다

나는 교육현장에서 강의를 한다. 내가 강의하는 학생들은 이미 성인이 된 대학생이거나 대학원생들이다. 게다가 나의 학생들은 대부분 미래에 중·고등학교의 선생님이 되고자 한다. 신입생들을 볼 때면 어떻게 이 아이들이 선생님이 될까 싶지만, 나 역시 이 신입생들과 똑같은 시절이 있었다. 4년간 이 신입생들을 잘 교육하면, 어린 티를 벗지 못했던 신입생들이 어엿한 한 사람의 선생님이 되어 세상으로 나간다. 그리고 아주 놀랍게도 시간이 지나면, 내가 교육한 학생들이 가르친 아이들이 선생님이 되기 위해 내가 가르치고 있는 강의실에 앉곤 한다.

세상이 다 알듯 요즘의 교육현실이 밝지만은 않다. 공교육은 사교육의 위세에 하루하루 눌려가고, 우리 사회의 교육정책은 별다른 일관성을 보여주지 못한 채 다양한 혼선을 빚고 있다. 게다가 교사의 사회적 존경은 점점 사라져가고, 곳곳에서 학생들은 진정한 스승은 없는지, 교사들은 진정한 학생이 없는지 서로 무의미한 질문을 뱉어야 하는 시대가 되었다. 어떤 이들은 경제가 어려운 현재, 단지 교사가 안정적인 직업이라는 이유만으로 교사가 된다. 믿고 싶지 않지만 그게 사회적 현실이다.

하지만 여전히 내가 강의하는 교실의 곳곳에는 정말 좋은 선생님이 되고자 눈을 반짝이며 수업을 듣는 학생들이 있다. 그리고 안정적인 직업이라는 이유만으로 교사가 되고자 했던 학생들조차 시간이 지나면 참된 교사가 되고 싶어 한다. 교생실습을 나가본 사람이라면 다 안다. 아이들이 불러주는 "선생님"이란 그 말. 얼마나 가슴 설레는 말인지. 그 가슴 뛰는 순간을 간직하고 많은 사람들이 교사로 산다. 현장에 나가 있는 나의 선배가 그랬고, 나의 친구가 그랬고, 나의 후배가 그랬고, 내가 가르친 학생들이 그랬고, 내가 가르칠 학생들이 그럴 것이다.

이 책은 이 어려운 시절에 나의 강의를 듣고 세상으로 가는 나의 학생들을 격려하기 위해 썼다. 선생님이란 호칭의 설렘만으로는 버티기 힘든 현장에서 직접 자신의 어깨로 우리 공교육의 짐을 버티고 있는 나의 학생들이 힘을 내서 더 열심히 일할 수 있도록, 나 역시 이 책을 쓰는 동안 단 한 줄을 쓰는 데도 최선을 다했다. 그 맘으로 정성을 다해 이 책의 표지에 이렇게 쓴다. "교사가 희망이다."

왜 교사가 희망인가

한 사회는 어떻게 미래세대를 길러내느냐라는 질문을 늘 하게 된다. 이 질문은 오랜 시간 철학자들을 사로잡아온 질문이기도 하다. 플라톤의 『국가』에는 상당부분 어떻게 도시국가의 구성원을 길러내야 하는지에 대한 이야기로 가득하고, 루소는 『에밀』을 통해 한 공동체에 필요한 구성원을 어떻게 길러내야 하는지에 대해 썼다. 『에밀』은 루소 자신이 에밀이라는 한 청년을 직접 교육하는 과정을 생생하게 그려내고 있다.

나는 루소가 그랬듯, 미래세대를 길러냄에 있어 그 무엇보다 교사의 역할이 중요하다고 믿는다. 그 이유는 누가 뭐라고 한다

할지라도 교사들이 현장의 일선에서 아이들을 직접 마주보며 우리 미래세대를 길러내고 있기 때문이다. 교사들은 지식의 전달이라는 임무뿐만 아니라, 건강한 인성을 길러주기 위해 학생들의 가정생활부터 꼼꼼히 챙겨야 하는 직업이다. 교사들이 어떤 역할을 해주느냐에 따라, 우리 미래세대의 정신적 성숙과 건강함이 크게 달라진다는 사실은 모두가 인정할 수밖에 없을 것이다. 어려운 시대 혹은 사회라 할지라도 일선에 훌륭한 교사들이 있다면 그 사회의 미래는 분명 희망이 있을 것이다. 그래서 난 언제나 "교사가 희망이다"라고 말한다.

이 책은 이런 미래세대의 희망을 쥐고 있는 교사들에 관한 연구다. 실제 교사들에 관한 다양한 좋은 연구들이 있어 왔지만, 교사의 입장에서 교사들의 입장을 이해하며 진행된 연구는 많지 않았다. 실제 교사들을 연구하는 데는 많은 어려움이 있다. 예를 들어, 교사들을 이해하기 위해선 학교조직을 이해하는 일이 선행되어야 한다. 다른 일반적 조직과는 다른 학교라는 조직이 지닌 특수성을 이해할 수 없다면, 그 조직에서 교사들이 지닌 존재론적 의미를 파악할 수 없다. 교사가 학교조직에서 갖는 정확한 존재론적 위치를 모르면, 그에 합당한 개념화가 어렵고, 이런 개념화가 부재하면 실제 연구가 부적절하거나 정확하지 않은 것으로 나타난다.

학교조직은 영리를 주목적으로 하는 조직과는 다르다. 교실에서 자신이 중심이 되어 리더로서 학생들과 함께하는 수업행위를 하는 교사들이 몇 걸음 떨어지지 않은 교무실에선 교장을 따라야 하는 추종자로서 일반적 업무행위를 하고 있다는 점에서, 다른 비영리조직의 구성원의 역할과도 상당히 다르다. 교사들의 수업내용과 업무내용이 일관성을 가지고 일치하는 것들이 아니라는 점에서 교사들은 혼란스런 입장에 놓여 있다. 수업이 업무인지, 업무는 어떻게 수업에 반영되는 것인지 그 선이 명확하지 않으면 않을수록 교사가 겪는 혼란은 클 수밖에 없다. 이런 혼란은 교사와 학교에 대해 연구하는 이들이 분명한 개념을 구별해 줄 때 훨씬 덜하게 될 것이다. 실제 이런 개념의 구별이 명확할 때, 이런 선이 분명하지 못한 학교의 조직문화도 개선할 수 있을 뿐만 아니라, 학교의 리더들이 교사들과 어떤 부분에서 어떤 방식의 관계를 맺어야 하는지에 대해서도 적절히 조언할 수 있다.

학교에서 교육과 업무 사이의 혼란을 넘어, 교사들이 겪는 어려움은 사회와 세계의 급격한 변화에도 있다. 기본적 지식과 소양을 가르치는 교육은 대개 보수적 성향을 띤다. 교육은 많은 경우 일반적인 내용을 가르치지만 기술의 발전과 인구의 이동이 빚어낸 사회와 세계의 변화는 교사들이 더 이상 보수적 성향의 교육만으로는 학생들을 가르칠 수 없는 상황을 낳고 있다. 무엇보다 세계화 시대 속에서 현장의 교사들은 교육정책의 변화로 인해 곤란을 겪는다. 교육정책은 미래세대에게 무엇이든 영어로 가르치라는 요구를 교사들에게 하고 있지만, 무엇이든 영어로 배우지 않고 자라난 교사들에게 이런 요구는 사실상 무리라는 것을 상식이 있는 사람이면 쉽사리 알 수 있다. 이런 요구는 좋은 환경에서 좋은 교육을 받은 사람들이 관료가 될 때, 자신의 경험을 타자에 적용해서 만들어내는 엘리트주의 정책일 뿐이다.

이런 엘리트주의 정책가들은 변화된 환경에서 우리말을 어떻게 지키고, 그 우리말을 외국어 교육과 어떻게 차분히 병행해 나갈 것인지와 같은 교사들의 현실적 고민은 무시하고 있다. 그리고 세계화라는 현상에서 한국인이라는 정체성을 어떻게 세계와 협력할 수 있는 방식으로 교육프로그램을 짤 것인가라는 중요한 질문은 버려둔 채, 세계화가 도래했고 그냥 영어는 필수니 영어부터 하라고 말한다. 하지만, 이런 정책은 언어가 한 인간의 정체성을 형성하고 한 공동체에 속하게 하는 데 가장 중요한 요소라는 기본적 상식을 무시한 말일 뿐이다.

나는 이 책을 통해 앞에서 제기한 문제들을 하나씩 점검해 보고자 한다. 제1부는 효과적인 교사는 누구인가라는 주제 아래, 교사의 존재론에서 시작해 학교에서 교사들의 행위를 교직헌신과 조직헌신이란 다른 개념으로 구분해야 하는 필요성 그리고 이런 개념의 구분 아래서 교수효과성과 업무효과성을 구분하고, 이들이 어떤 관계를 가지고 있는지에 대한 사례연구를 통해 설명한다. 제2부는 어떤 조직문화와 리더십이 효과적인 교사를 만드는 데 기여하는지에 대해 알아본다. 마지막 제3부는 세계화 시대에 교사들이 알아야 할 교육의 입장과 내용을 일본의 교육정책과 비교하며 하나씩 짚어본다.

이 책을 통해 말하고자 하는 것을 요약하자면, 일선에서 직접 뛰고 있는 교사들이 학생들의 교육에 집중할 수 있는 환경을 만들어줄 수 있어야 한다는 것이다. 학교조직문화의 개선, 리더십의 역할은 이런 점에서 더욱 중요하다. 정부는 일관된 정책으로 교사들의 혼란을 막고, 변화하는 사회적·세계적 변동 속에서 적합한 교육의 방식과 내용을 제공할 수 있어야 한다. 이런 뒷받침이 있을 때, 현장에서 미래세대를 길러내는 교사들이 좀 더 힘을 얻을 수 있을 것이다. 나아가 우리 교사들도 자신들이 수행하고 있는 일의 중요성의 의미를 스스로 지각하고 미래세대를 건강하게 길러내는 자신의 임무를 성심껏 해달라는 당부를 드린다. 이 모든 것은 궂은일을 마다하지 않는 바로 우리 교사들이 미래를 가꾸는 희망의 원천이기 때문이다.

이 책에 실린 대부분의 글들은 이미 학술논문으로 발표되었던 것들이다. 제1부 '효과적인 교사는 누구인가'는 나의 박사논문 "교직몰입과 교사의 효과성"이 토대가 되었으며, 제4장 '효과적 교사를 위한 조직문화'는 "직무수행과 관련한 학교조직문화와 교사의 문화성향의 상호작용효과 연구"라는 제목으로 「한국교원교육연구」에, 제5장 '효과적인 교사를 위한 리더십'은 "교직헌신과 리더-부하 관계(LMX)가 교수효과성 및 업무효과성에 미치는 영향"이란 제목으로 「교육행정학연구」에, 제6장 '글로벌화 시대의 교육과제'는 "글로벌화 시대의 교육과제 : 일본교육의 비판적 검토를 통한 제안"이라는 제목으로 「비교교육연구」에 발표되었던 논문을 책의 형식으로 수정했다. 이 글들을 좀 더 읽기 편안하게, 나아가 하나의 주제 아래 일관성을 유지하도록 하였다.

행당터에서 맞는 스무 번째 봄이다. 이 스무 해 동안의 시간을 돌아보면, 가장 먼저 감사드려야 할 분은 내게 항상 등불 같으신 노종희 교수님이다. 그리고 언제나 든든한 힘이 되어 주시는 장성수 교수님, 김명희 교수님, 정진곤 교수님, 차윤경 교수님, 조한익 교수님의 지도와 격려에 감사드린다.

나의 논문들을 이렇게 책으로 엮을 수 있도록 격려하고 용기를 준 김만권과 이 책의 기반이 된 논문들을 쓰는 과정에서 늘 멘토가 되어 주었던 하정희 박사에게 고마움을 전한다. 어려운 환경이었지만 여성도 교육이 필요하다며 오늘날의 내가 될 수 있도록 격려해 주신 내 정신적 지주인 어머니께도 끝없는 감사를 드린다.

마지막으로, 흔쾌히 출판을 허락해 주신 동문사 이중수 사장님과 김종욱 편집국장님, 유재영 부장님 그리고 직원 여러분께 마음 깊이 감사드린다.

2009년 3월

저자

차 례

PART_2 교사를 효과적으로 만드는 조직문화와 리더십은 무엇인가

Chapter 4 효과적 교사를 위한 조직문화

Chapter 5 효과적 교사를 만드는 리더십은 무엇인가

PART_3 교사와 한국교육을 위한 제안

Chapter 6 글로벌화 시대의 교육과제 : 일본교육의 비판적 검토를 통한 제안

효과적인 교사는 누구인가

PART 1

제1부의 주제는 "효과적인 교사는 누구인가"이다. 우리는 다양한 방식으로 누가 효과적인 교사인지에 대해 말한다. 그러나 현실적으로 누가 효과적인 교사인지를 측정할 수 있는 아주 공정하고 객관적인 잣대가 없다는 것은 잘 알려진 사실이다. 다만 효과적인 교사에 대한 어떤 특정 기준을 설정하고 그 기준에 맞추어 객관적 측정을 시도할 뿐이다.

그렇다면 누가 효과적인 교사인지 알기 위해 해야 할 첫 번째 질문은 무엇일까? 나의 소견으로는, 학교라는 특수한 조직에서의 교사라는 존재의 위치에서 출발해야 한다고 본다. 교사는 학교에서 학생을 가르치는 일뿐만 아니라 학교 조직에서 맡겨진 다양한 업무를 수행한다. 그렇다면 학생을 잘 가르치고 업무를 잘 수행하는 교사를 효과적인 교사라고 부르면 되지 않을까?

이 문제에 답하기 위해 현장에 있는 교사의 입장으로 돌아가 보자. 대부분의 교사들은 학생을 가르치는 일이 자신의 일이라 여기고 교직을 선택한다. 이런 이유로 교직을 선택한 대부분의 교사들은 학생을 가르치는 일 외의 조직업무를 진정한 교직의 일부로 여기지 않을 것이다. 교사들은 학생들과 교실에서 수업할 때 진정 자신이 교사임을 느낀다. 그렇다면 학생을 가르치는 일과 학교조직에서 업무를 수행하는 일을 구분해야 마땅하지 않을까?

제1부의 문제의식은 이 질문에서 출발한다. 제1장은 방금 제시한 '업무와 교육 사이'라는 교사의 존재론을 학교조직의 특수성을 통해 설명한다. 제2장은 이런 교사의 존재론에서 교직헌신과 조직헌신이란 개념 구분의 필요성과 이런 개념 하에서 교수효과성과 업무효과성을 구분해 제시한다. 제3장은 이런 개념의 구분을 적용한 사례연구이다.

교사의 존재론 : 교육과 업무 사이

Chapter_1

조직헌신의 중요성에 대한 일반적 강조

현대사회를 단순화시켜 표현해 본다면 일상의 생활이 경제화된 사회라 할 수 있을 것이다. 시장을 중심으로 이루어지는 우리 삶의 대부분이 경제적인 삶의 방식과 분리될 수 없음은 분명한 사실이다. 이런 현실 속에서 대부분의 조직은 가장 효율적으로 움직일 수 있는 방식으로 조직화된다. 그렇다면 이런 효율적 방식의 경제적 조직화는 어떻게 나타날까? 사회학자인 막스 베버의 대답은 현대사회에서 이런 경제적 방식의 조직화는 관료화로 표현된다. 더불어 이런 관료화된 경제조직 사이에서 더욱더 효율적인 경제적 조직화의 경쟁이 심화되는데, 이런 조직의 효율성이 그 경제적 효율성에 지대한 영향을 준다는 간단한 사실 때문이다.

이런 현실 때문에 현대사회가 시작된 이후, 자신의 직업에 대한 헌신보다는 자신이 속한 조직 자체에 대한 충성과 헌신이 강조되었다. 이런 충성과 헌신에 대한 요구는 학문적으로 조직헌신(organizational commitment)이란 개념으로 이론화되어 오랫동안 각광받아 왔다.

이런 조직헌신에 대한 강조는 교육분야에서도 마찬가지로 나타난다. 일반적인 견해에서 본다면, 학교조직은 다음과 같은 점에서 일반조직체와 다를 바 없다.

첫째, 하나의 조직체로서 조직의 목표에 해당하는 교육목표를 갖고 있다. 둘째, 학생, 교사, 행정가 등으로 이루어진 조직구성원들의 상호작용 속에서 교육활동이 이루어지고 있다. 셋째, 교육활동 효과의 극대화를 위해 노력한다. 실제 학교조직은 교사들이 협력의 노력으로 목적을 달성하며 동시에 교사들은 학교조직을 통하여 자신들의 목적을 달성하려 한다.

이러한 면에서 학교조직과 교사들은 공존관계에 있음이 분명하다. 이런 관점에서 교사들의 조직헌신이 높으면, 교사들의 효과성도 높아진다는 주장은 커다란 설득력을 얻는다.

조직헌신은 교사의 효과성을 높이는가

그러나 교사들이 조직에 헌신하면 할수록 교사들이 학생들을 가르치는 데 있어 효율성이 향상된다는 주장의 신뢰성에 대해 오래전부터 문제가 제기되어 왔다. 과연 조직헌신이 높을수록 교사들의 효과성이 높아질까? 대표적인 연구로는 Jauch, Glueck, Osborn(1978)의 "조직충성, 전문적 헌신 그리고 학문연구생산성(*Organizational Loyalty, Professional Commitment, and Academic Research Productivity*)"이 있다. Jauch와 동료 연구자들은 미국의 한 중서부 대학 84명의 교수들을 대상으로 조직에 대한 충성심, 전문성 헌신, 연구생산성에 대한 3자의 관계를 밝히려 했다. 연구결과, 이들은 조직에 대한 충성심은 연구생산성과 아무런 연관을 보여주지 못하며, 조직에 대한 충성심과 전문적 헌신도 아무런 설명도 제공해 주지 못하는 관계임을 밝혔다. 반면 높은 전문적 헌신을 가진 교수들이 높은 연구생산성을 올린다는 것을 밝혀냈다. 이것은 학교조직에서는 조직헌신에 대한 강조가 교수들의 연구생산성의 증가에는 별다른 영향력을 주지 못함을 의미한다.

이 연구를 통해 우리는 교사의 효과성을 설명하기 위해서는 조직헌신이 아닌 다른 개념이 필요하다는 사실을 쉽사리 이해할 수 있다. 앞으로 제시하게 될 교직헌신(commitment to teaching)이 바로 이런 맥락에서 체계화된 개념으로 교사의 전문성을 강조하고 있다. Nir(2002)는 기존의 연구를 활용해 교육분야에서 이런 조직헌신에 대한 의심과 전문성 헌신을 강조하는 문제제기들이 체계화되어 나타난 교사헌신(teacher commitment)이란 개념이 학교효과성(school effectiveness)에 중요한 위치를 차지하고 있음을 보여준다. Nir(2002)는 Firestone과 Rosenblum(1988)과 Metz(1988)가 학생들의 성취가 교사 자신들의 일, 학교, 학생에 대한 헌신과 강력하게 얽혀 있음을 밝혀냈다는 점을 지적한다. 나아가 조직에서는 구성원들의 자발적 노력이 더욱 중요한 요소로 나타나며 특히 교사들이 느슨하게 결합되어 있는 공립학교에서 이러한 자발적 노력이 더 요구된다는 Firestone과 Pennell (1993)의 주장을 발전시켜, 공립학교는 교사의 업무수행을 조사하고 통제할 수 있는 체계가 제한되어 있기 때문에 더더욱 자발적 노력이 중요함을 강조했다. Nir(2002)는 이런 연구성과를 묶어, 학교조직의 효과성은 교사 개개인의 자발적 동기화와 노력에 달려 있다고 하였다. 다시 말해, 교사들의 일방적인 조직에 대한 헌신보다는 교사 개개인이 자신의 직업인 가르치는 일에 대한 헌신이 학교효과성에 중요하다는 것이다. 결국 조직헌신에서 교사들의 전문적 헌신인 교직헌신을 구분하여 연구해 볼 필요가 있으며, 실제로 이런 맥락에서 교직헌신에 대한 많은 연구들이 진행되어 왔음을 알 수 있다.

실제 조직의 목표와 가치관을 자기 자신의 것으로 채택하는 동일시(identification), 자신의 작업역할의 활동에 대한 심리적인 결속(involvement), 조직애착과 조직에 대한 애정적인 감정(a feeling of affection)으로 조직에 지속적으로 남아 있고자 하는 충성심(loyalty)을 강조(Buchanan, 1974)하는 조직 이론들은 '조직이 가지고 있는 조직건강과 성향이 구성원들이 조직에 헌신하는데 어떤 영향을 주는가'와 '좋은 자질을 가진 교사란 누구인가'에 대한 연구를 상대적으로 소홀히 하는 현상을 낳았다(Firestone, 1996).

이런 연유로 교육분야에서도 조직헌신에서 교직헌신이 구별됨으로써 학교효과성에서 조직이 교사들에게 미치는 연구가 진행되기 시작했으며 더불어 학생을 중심으로 하는 가르치는 일 자체의 중요성에 대한 연구가 강조되었다.

Firestone(1996)은 교사의 전문성을 향상시키려는 두 가지 연구 경향을 지적한다. 첫째, '인지적인 연구(cognitive research)'로 가르치는 일의 전문화에 초점을 맞추어 전문적 교사의 이미지(image of professional teacher)를 제공하는 데 주력하는 연구 경향이다. 둘째, '조직적 분석(organizational analysis)'으로 어떤 조건이 교사가 전문가로서 행하는 데 필요한 조건인가를 분석하는 데 치중한다. 이 연구 경향은 학교효과성에 대한 최근의 연구들이 교사들의 조직에 대한 헌신에 초점을 맞추고 있는 것이 아니라 교사들을 어떻게 교육을 담당하는 인력으로 전문화시키느냐에 훨씬 더 많은 관심을 기울인다.

교사가 중요하다

이러한 선행 연구결과들은 학교조직을 좀 더 심도 있게 관찰해 본다면 보다 명확히 이해될 수 있다. 학교조직과 다른 조직의 차이를 이해하기 위하여 일반 영리조직과 비영리조직에서의 예를 살펴보면, 일반 영리조직의 행위자는 고용자와 피고용자로 나누어진다. 영리를 추구하는 관계에서 소비자가 중요한 행위자이기는 하지만, 근본적으로 소비자는 조직의 바깥에 존재한다는 점에서 조직을 구성하는 행위자는 아니다. 한편, 환경단체와 같은 비영리조직의 행위자 역시 조직의 리더와 추종자로 나누어진다. 환경으로 피해를 입고 있는 대상자들은 이 조직이 보호해야 하는 목적이 되지만, 환경 피해자들이 조직을 이루는 구성원은 아닌 것이다.

이와 달리 학교조직은 학교가 추구하는 목적인 교육의 수혜 당사자인 학생이 학교의 조직 내에 거의 직접적으로 포함되어 있다. A라는 학교의 B라는 학생은 B학생이 하는 행위에 대해 A라는 학교가 직접적으로 책임을 져야 할 대상이라는 점에서 학생은 학교가 포함하는 필수적인 구성원이다.

학교조직의 특이성은 조직의 목표와 실질적 운영이라는 두 가지 관점에서도 쉽게 드러난다. 조직의 목표라는 관점에서 볼 때 학교조직은 교사와 학생, 학습자료의 3요소를 중심으로 가르치고 배우는 활동이 중심이 된다. 가르치고 배우는 활동, 즉 교수-학습의 질은 교사의 자질과 역할에 달려 있다(조영남, 2001). 이런 목표의 관점에서 보자면, 아무리 좋은 교육내용과 방법이 개발 · 보급되고 최상의 교육여건이 갖추어진다 하더라도, 교사의 자질이 낮으면 교육 본연의 목적달성은 기대하기 어려울 것이다. 교사의 자질과 역할이 교수효과성에 직접적인 영향을 미치기 때문이다.

교육에 관련된 수많은 변인 중 가장 중요한 변수는 교사변인이며, 교육의 성패는 교육에 직접 참여하고 있는 교사들에게 달려 있다. 그러므로 학교조직의 목표를 효율적으로 달성하기 위해서는 교사들의 심리적인 태도와 작업세계를 이해하여 교사들로 하여금 자신의 직무에 충실하고 학교에 매력을 느끼고 보다 적극적인 자세로 교육에 임하도록 함이 중요하다(이영란, 1989). 학교조직에서 교사들에 대한 언급 없이 교육의 효과성을 측정한다는 것은 학교조직에 대한 제한된 관점에서 효과성을 측정한다는 오류를 범하는 것이다.

학교에서 교사의 이중적 역할

조직운영의 차원에서 보자면, 학교는 학생을 교육하는 일 이외의 다양한 업무를 교사에게 요구하는 조직이기도 하다. 예를 들어, 수업 못지않게 필요한 부분이 생활지도 및 상담의 부분이다. 생활지도는 원래 직업지도에서 시작되었으나, 오늘날에는 학생생활의 전 영역을 대상으로 하게 되었다. 따라서 생활지도의 분야를 정확히 구별 짓기는 힘드나 일반적으로 교육지도, 인격지도, 건강지도, 직업지도, 사회성지도, 여가선용지도로 구별해 볼 수 있다.

또한 교사는 학습자의 교육에 직·간접으로 관계되는 사무로써 교실관리와 환경정리 등 학급경영과 담당업무를 처리하게 된다. 학급은 학교경영이 이루어지는 가장 기본적인 단위로서, 학교라는 조직체의 축소판이자 구성원들의 공동학습장이며 교육을 몸소 익히는 실천의 장이다. 교사가 학급을 경영하는 과정에서 중요한 사항들로는 학급경영 방침의 마련, 학급구성원의 인적 사항의 파악, 학급구성원의 학습진단 조직, 교실환경 조성, 교수-학습 활동을 위한 학급분위기 조성 등이 있다(정태범, 1998). 이외에도 각종 회의 참석, 장부정리, 각종 행사계획 및 추진, 업무보고, 봉사활동 등 잡무를 처리하여야 한다. 이러한 업무들도 소홀히 할 수 없는 교사의 직무이다.

교사들이 수행해야 하는 가르치는 일 이외의 업무의 종류와 양을 고려해 볼 때, 이러한 잡무들이 교사의 정상적인 직무수행인 학생을 교육하는 일에 걸림돌이 되는 경우가 많을 것이란 점은 자명하다. 특히 소규모 학교일수록 이러한 잡무들이 과다하기 마련이며, 이런 잡무들에 대하여 특별히 보상을 따로 받는 실정도 아니다(김정규·권낙원, 1988). 문제는 교사들이 학생을 가르치는 일 이외에 행정적 업무를 자신이 해야 할 일로 진심으로 받아들이지 않고 있다는 데 있다. 이런 교사들의 반응에서, 교사들에게 교직헌신과 조직헌신은 전혀 다른 차원의 문제이므로 이에 대한 접근 역시 서로 다른 개념이 필요한 일임을 분명하게 알 수 있다.

구성원들이 조직의 특성이나 매력 때문에 그 일을 선택하는 일반조직 현장과는 달리 교직이라는 직업은 학교조직에 대한 매력이 아닌, 가르치는 행위 그 자체에 대한 매력으로 인해 선택하게 되는 특수성이 있다는 것을 명확하게 인식해야만 한다. Firestone 등(1988)은 교사들이 교직, 학교 또는 학생에 대해 헌신함을 지적하면서, 각 대상에 대한 헌신의 강도에 따라 다양한 행동이 나타나게 됨을 지적하고 있다. 또한 Firestone 등(1993)은 헌신적인 교사는 자신의 학교, 자신의 학생 그리고 자신의 교과목에 대해서 강한 심리적 애착을 가진다고 지적한다. 이처럼 교직헌신은 이미 교사가 되기 위한 준비과정에서부터 형성되는 것이며, 교사가 된 이후에도 효과적인 교사는 수업의 장면에서 교사와 학생 간의 상호작용이나 교사의 본질적인 측면이 녹아 들어갈 때 진정한 수업의 목적을 창출할 수 있도록 노력할 것이다. 이로써, 교사는 가르치는 행위 자체에 매력을 느끼며, 이러한 교직에의 애착 정도가 교실에서의 교사의 모습과 연계될 수 있음을 가정할 수 있다.

교직헌신과 조직헌신 개념 구분의 필요성

학교라는 조직은 고용자와 피고용자의 상호작용으로 이루어지는 일반조직과 달리, 교장, 교사, 학생이라는 주요 행위자로 구성된 특수한 조직이라는 점이다. 이러한 학교조직은 조직의 목표가 교육이라는 점에서 교사와 학생의 직접적 상호작용이 중요시되지만, 조직의 운영상 학생을 가르치는 일 이외에 교장을 중심으로 이루어지는 다양한 업무가 교사들에게 부여되고 있다. 이런 관점에서 보자면, 실질적으로 학교조직 내에서의 조직헌신은 관료적 헌신(bureaucratic commitment)이며, 교직헌신은 전문적 헌신(professional commitment)으로 볼 수 있을 것이다.

Reyes(1989)나 Rosenholtz(1989)는 학교 또는 근무처로서의 학교에 대한 헌신을 의미하는 개념으로서 조직헌신 대신에 '교사헌신(teacher commitment)'이라는 용어를 사용하였다. Tyree(1996)는 교사헌신의 개념을 좀 더 구체화하여 '교직상황'이란 구체적 상황으로 확장하여, '교직헌신(commitment to teaching)'을 개념화하였다. 그는 교직헌신의 개념을 교사들의 교직에 대한 헌신은 물론이고 교과에 대한 헌신, 학생에 대한 헌신까지로 확장시켰다. 이어서 Tyree(1996)는 교직의 맥락적 참조대상(contextual referents)인 교직 자체, 교과와 학생에 대한 고려 없이는 교직헌신의 개념을 정의하기가 어렵다고 지적하고 있다. 이러한 논의를 토대로 노종희(2004)는 교직헌신의 개념을 "교사들이 교과목과 학생 그리고 교직 자체에 대해 드러내는 심리적 애착의 상대적 강도"로 규정하고, 교직헌신 측정을 위한 도구를 개발하였다. 좀 더 쉽게 말하자면, 교직헌신이란 조직에 대한 충성이 아니라 교직이란 직업 자체에 대한 자발적인 애착의 정도를 의미한다는 것이다. 즉 교직헌신이 조직헌신과는 서로 구분되어야 하는 개념이라는 점이다. 교직헌신이 조직헌신에 선행하는 역할을 한다는 주장(Aranya, Polleck, Amernic, 1981)이 제기되기도 하지만, 교직헌신과 조직헌신은 그 규범과 가치가 근원적으로 다르기 때문에 전형적인 충돌관계가 발생할 수 있다(Wallace, 1995). 즉 가르치는 일에 대한 헌신인 교직헌신이 높은 교사가 자신이 속한 학교조직에는 별다른 충성이나 애착을 가지지 않을 수 있다는 점이다. 이런 상황은 교직헌신이 조직헌신과 서로 구분되는 개념임을 제시해 준다.

사회심리학적인 관점에서 볼 때도, 조직헌신은 앞서 제시한 교직헌신과는 상관관계에 있지 않을 수도 있는, 혹은 대조적인 관계일 수도 있는 개념이다. 사회심리학적인 조직헌신의 영역개념은 전문적 헌신과의 구분점을 제공한다. 이 구분은 사회심리학적 접근법에서 동일시, 결속, 충성심이라는 세 영역이 왜 굳이 나누어져 있는가를 살펴보면 쉽게 이해할 수 있다. 예를 들어, A라는 변호사가 B라는 로펌에 속해 있다고 하자. A는 오랜 경험을 통해 자신의 직업인 변호사라는 것에 대해 심리적으로 더욱 애착을 가지고 자신의 전문성을 향상시키려 하고 있지만, 자신이 일하고 있는 B라는 로펌이 자신의 자율성을 너무 제약하는 까닭에 자신의 조직에 대한 애착은 별로 없다. 따라서 A는 자신에게 자율성을 줄 수 있는 C라는 로펌으로 옮겨갈 수 있다. 이 경우는 자신의 직업에 대한 헌신이 자신의 조직에 대한 헌신으로 나타나지 않는 대표적인 사례가 될 수 있다. 결국 자신의 직업과 자신이 속한 조직이 완전하게 동일시되지 않는 한, 전문적 헌신과 조직헌신은 서로 상관관계에 있지 않다(Wallace, 1995).

특히 교사의 전문적 헌신인 교직헌신과 조직헌신은 다른 전문직종과는 다르게 나타난다. 우선, 교사의 경우 대부분이 학교조직보다는 교직이란 직업에 대한 애착에서 교사가 되는 경우가 많다. 이 경우 교사는 학생과 관계된 수업에 헌신하게 되는 경우가 많은데, 이것은 수업 이외의 업무가 많은 학교에서는 조직헌신에 방해가 될 수 있다. 둘째, 교사의 경우 대부분 수업에서는 교사의 자율성이 높은 반면(수업방식과 같은), 그 이외의 부분에서 교사의 자율성은 상대적으로 낮아지므로 이 양자 간에서 오는 심리적 요인이 조직헌신에 방해가 될 수 있다. 셋째, 교사의 경우 변호사나 의사와 같은 다른 전문직종과는 달리 공무원의 신분이므로 자신의 의사와 상관없이 일정기간 속해 있어야 하는 경우가 많으며, 때로는 자신과 동일시하는 조직을 자신의 의사와 상관없이 떠나 다른 조직으로 옮겨야 하는 경우가 발생한다는 것이다. 이런 몇 가지 교직의 특성은 교직헌신과 조직헌신의 차이를 더욱 분명히 해준다.

결론적으로, 학생들과의 관계를 중심으로 교사 개인의 전문성과 헌신이 강조되는 교직헌신은, 교장을 비롯한 리더들과의 관계에서 비롯되는 조직의 구성원으로서 조직의 목표와 자기목표의 동일시, 조직에 대한 애착인 결속, 조직에 남고자 하는 충성심을 강조하는 기존의 조직헌신 개념과는 구분되는 것이 바람직하다.

교직헌신과 조직헌신의 관계가 제기하는 질문

이렇게 교직헌신이 조직헌신과 구분되는 개념이라고 할 때, 세 가지 문제가 제기된다.

첫째, 교직헌신과 조직헌신 중 어느 것이 좋은 교사와 관련하여 보다 중요한 개념인가? 이 질문은 둘 중 어느 것이 보다 본질적인 개념인가를 묻는 것이 아니다. 기본적으로 학교조직은 어느 하나를 강조해서는 지속될 수 없으며 두 가지 모두가 필요하다. 다만 학교조직의 기본적인 목표가 학생들을 가르치는 일이라고 할 때, 학생들을 가르치는 교수업무와 관련하여 좋은 교사는 누구인가를 질문해야 하고, 이 질문과 관련하여 보다 관련성이 높은 개념이 무엇인가를 살펴보아야 한다는 의미이다.

둘째, 업무효과성과 교수효과성의 관계는 무엇인가? 교사들이 학교에서 수행하는 전체적인 효과성 역시 학생들을 중심으로 하는 교수효과성과 행정업무를 중심으로 하는 업무효과성으로 구별될 수 있으며, 보다 효과적으로 교사들의 학교에서의 효과성을 증진시키고자 한다면 이 양자를 나누어 보다 세부적으로 측정할 필요가 있다. 앞선 개념 구분에서 살펴보았듯이, 조직헌신이 높은 교사가 교직헌신이 높다고 확신할 수는 없다. 만약 교직헌신이 자동적으로 교사의 조직헌신을 높인다면, 굳이 교육에서 교수효과성과 업무효과성이란 개념을 구별할 이유가 없을 것이다. 결과적인 입장에서 볼 때도, 조직에서 행정업무를 잘 수행하는 교사가 학생들을 잘 가르친다는 논리적 보장은 없다. 두 효과성이 분명 학교에서 공존해야 하지만 조직헌신에서 비롯되는 업무효과성이 교직헌신에서 비롯되는 교수효과성을 반드시 높이지는 않는다.

셋째, 교사들의 교직헌신과 관련을 맺고 있는 교사 개인의 원천은 무엇인가? 실제 이와 관련하여 다양한 이론들이 제기되어 온 것이 사실이다. Steers(1977)는 기존의 연구에서 전문적 헌신과 조직헌신이 구분되지 않은 상태에서 헌신과 관련되어 제시되어 온 중요 요소들을 크게 세 가지로 나누어 제기하는데, '개인의 성격(personal characteristics)', '업무성격(job characteristics)', '직업경험(work experience)' 등을 제시한다. 이 중 개인의 성격은 성취목표와 같은 개인의 내적 동기를 담고 있는 반면, 업무성격과 직업경험은 조직의 성격이나 조직에서 자신의 업무능력과 관련하여 얻는 외부적 요소이다. 교직헌신이 자신의 직업에 대한 헌신으로 학생들을 가르치기 위해 자발적으로 자신의 전문적 지식과 수업방식을 개발하고 인성을 기르는 데 노력한다는 점에서 보면, 이 요소는 교사의 내적인 심리상태와 깊은 연관을 맺고 있다고 볼 수 있다. 이런 맥락에서 본다면, 교직헌신과 관련된 교사 개인의 요소로서 중요한 개념은 성취목표가 될 것이다. 결국 교사들의 성취목표 수준과 교사의 교직헌신의 정도가 서로 깊은 상관이 있을 수 있다.

그러므로 우리는 두 가지 연구가 지속적으로 필요함을 알 수 있다. 첫째, 교사의 교직헌신이 교사가 학교에서 나타내는 효과성, 즉 교수효과성과 업무효과성에 어떤 영향을 미치는지를 살펴볼 필요가 있다. 둘째, 헌신에 대한 개념이 조직에 대한 동일시, 결속, 충성심의 조직헌신으로 규정되었지만 전문적 헌신을 칭하는 교직헌신이 조직헌신과 구분되는 요인임을 교사의 성취목표와 근무수행평가를 통해 검증해 볼 필요가 있다.

교직헌신과 조직헌신의 개념과 이론

Chapter_2

교직헌신과 조직헌신이란 개념을 제대로 이해하기 위해서는 두 개념 그 자체를 명확히 구별해야 할 뿐만 아니라 관련된 개념들에 대한 명확한 이해가 필요하다. 이를 위해서는 이와 관련된 개념과 이론을 제대로 이해해 둘 필요가 있다. 본 장에서는 교직헌신과 조직헌신 및 관련된 개념들의 정확한 의미와 이론적 배경에 대해 살펴보기로 하자.

1 교직헌신

교직헌신이란 무엇인가

교직은 일반직업과 공통되는 특징을 가지는 동시에 일반직업과 구분되는 교직만의 특성을 가지고 있다. 교직이란 인간의 성장・발전을 도모하고 나아가 아동이 훌륭한 사회인이 될 수 있도록 교육하는 일에 종사함을 의미한다. 그러므로 교직은 다른 직업과 달리 단일측면으로만 설명할 수 없는 복합된 개념을 포함하며, 개인의 자신의 업무 자체에 대한 관여만을 설명하는 직무헌신으로는 설명하기가 미약하고, 교직의 특성상 조직에 대한 헌신으로도 설명하기 어려운 부분을 함축하고 있다.

최근에 이르러 많은 학자들은 회계사, 변호사, 교사 등 전문직 종사자와 관련하여 전문적 헌신(professional commitment) 개념을 사용하면서(Billingsley & Cross, 1991; Cohen, 2000; Firestone et al., 1993), 이를 지금껏 사용해 오던 조직헌신과 개념적으로 구분하기 시작하였다. Wallace(1995)는 전문적 헌신의 개념의 역사를 다음과 같이 설명하고 있다. 우선 사회가 본격적으로 관료적 조직으로 변모되기 전까지는 전통적으로 대부분의 이론이 독자적으로 자신의 업무를 수행하는 것을 가장 이상적인 전문적 행위로 보았다. 그러나 Weber(1978)가 『경제와 사회』에서 근대화 이후의 사회는 관료사회라고 명쾌하게 밝히고 있듯이, 근대 이후의 사회에서 전문가들이 커다란 관료조직의 구성원이 되면서, 이런 전통적인 전문적 행위의 개념은 조직이 요구하는 전문가의 이상적 개념과 충돌을 빚게 되었다. 이런 상황은 전문성-관료성 충돌 모델(professional-bureaucratic conflict model)로 발전되었다. 이 모델이 담고 있는 가장 중요한 함의는 자신의 전문성에 대한 헌신과 조직이 요구하는 관료적 충성의 충돌인데, 1970~1980년대의 많은 연구들이 이런 환경에서는 자신의 전문성에 대한 헌신을 조직에 대한 충성보다 중요시하였다.

그러나 Wallace가 지적하고 있듯이 오늘날 대부분의 조직은 홀로 자신의 전문성을 발휘할 수 있는 곳이 아니라는 점이다. 즉 전문적 헌신의 개념보다는 조직헌신의 개념이 중요해진 상황이 도래한 것이다. 이런 근대사회의 관료화 현상은 조직의 구성원들이 조직의 목표에 자신의 목표를 맞추어야 한다는 조직헌신의 중요성을 강조하는 근거가 되었으며, 경제적 기업의 관료조직의 중요성이 더욱 강조되기 시작한 1980년대 이후, 전문적 헌신보다는 조직의 목표와 구성원 개인의 목표의 동일시, 조직에 대한 애정인 결속, 조직에 지속적으로 남고자 하는 열망인 충성심과 같은 요소를 가장 우선적으로 강조하는 조직헌신이 사회적 필요로 인해 이론적으로 각광받아온 것이 현실이다(Price & Mueller, 1986).

이렇듯 사회조직의 관료화로 조직헌신이 중요해졌음에도, 여전히 전문적 헌신이 중요한 영역을 차지하는 분야가 바로 교육이며, 특히 그 실제 현장이 학교다. 다시 말해, 기존 조직에서는 환영받지 못하는 전문적 헌신이 조직헌신보다 중요시되어야 할 전통적인 조직이 바로 학교라는 것이다. 이런 현실은 교육개혁과 관련하여 교사역할의 중요성이 강조되면서, 전문적 헌신에서 교사헌신이란 개념이 도출되면서 이론적 · 실제적 관심이 높아지게 되었다. 특히 이러한 경향은 학교를 관료적 조직이라기보다는 '느슨하게 결합된 체제'(Weick, 1976)로 보려는 관점이 대두된 것과도 궤를 같이한다고 볼 수 있다. 이는 학교조직이 교사를 중간자로 하여, 교사들의 자율성이 확보되는 학생들과의 관계와 조직의 통제가 필요한 교장을 중심으로 한 리더와의 관계로 이루어져 있다는 사실에 근거한다. 학교의 중심적인 학생지도활동인 수업은 행정가의 권한 아래서 직접통제를 받지 않고 교사들이 전문적 결정을 내릴 수 있는 폭넓은 자유재량권을 가지고 이루어지는 느슨하게 결합된 특성을 갖는다(노종희, 1992). 이런 교사에 대한 지도와 통제가 엄격하게 이루어질 수 있는 영역에서 교사의 자발적 헌신은 학교교육의 질을 확보하는 데 핵심적 관건이 된다. 이러한 맥락에서 조직헌신보다는 전문적 헌신(professional commitment)과 동일한 개념으로 '교사헌신(teacher commitment)' 또는 '교직헌신(commitment to teaching)'이라는 개념이 새롭게 부각되고 있다(노종희, 2004).

이렇듯, 조직헌신과 다른 전문적 헌신의 형태로서의 교직헌신은 국외에서 다양한 연구를 통해 그 성과물을 보였다. 우선 헌신이란 개념 자체가 연구의 대상이 된 이유는, 헌신하는 사람은 결과적인 입장에서 볼 때, 대상의 목적과 가치에 대해 강력히 믿으며, 자발적인 질서와 기대를 용납하며, 좋은 목적을 위한 최소한의 기대 하에서 많은 노력을 쏟으며, 대상과 관계를 맺어 남아 있기를 강력히 바라기 때문이다(Kanter, 1968; Mowday, Porter, & Steers, 1982). 자발적인 헌신의 본질은 타인들이 통제하는 상황이나 외재적 동기보다는 행위 그 자체와 성공적인 결과에서 나온 보상이 있는 내재적 동기 같은 개념과 관련된다(Deci & Ryan, 1985). 즉 헌신된 개인은 내적으로 동기화된다는 점이다.

헌신이 내면적 동기화라는 점은, 다양한 연구가 제시하고 있듯 이 헌신이 어떤 강요가 아닌 자발적인 직무노력과 관련 있기 때문이란 점을 분명히 해준다(Mowday et al., 1982; Rosenholtz, 1989). 헌신하는 교사는 학교, 학생, 그들의 주변에 강력한 심리적 연계를 가지게 된다. 성과에 있어 심각한 불일치가 있고 업무를 조절하고 통제하는 데 매우 어려움을 겪는 학교와 같이 느슨하게 결합된 조직일수록 자발적인 헌신이 특히 중요하다. 학교현장에서 교사들이 직면하는 현실은, 지적으로 강한 학생의 높은 다양한 사고를 자극할 수 있는 다양한 접근의 가르치는 방법(teaching)이 요구된다는 점이다(Shulman, 1987). 그리고 잘 알려져 있듯이 한 학급이 다양한 지적 수준의 학생을 포함하고 있는 현실은 가르치는 방법에 대한 교사의 자발적인 개발을 요구하고 있을 뿐만 아니라, 일정수준으로 분류된 학급에서도 교사들은 각 학급의 수준에 따라 가르치는 교수방법이 변해야 하는 것을 실감하지만, 대부분의 사회에서 실제 체계적인 교수방법이 국가적, 혹은 사회적 차원에서 그 속도가 매우 느리게 변화해 온 것이 사실이다. 이런 늦은 변화는 학교를 교사의 판단에 더욱 의존하도록 하고 있으며, 이로 인해 적절한 교사헌신을 위한 요구가 증대되고 있는 것이 교육현실이다. 이것은 사회의 변화속도가 빠를수록, 그 사회의 변화속도에 맞추지 못하는 사회적 차원의 교수방법 개발의 저조한 속도는 교사 자신의 직업에 대한 자발적인 헌신으로서의 교직헌신을 더욱 요구하게 된 것이다. 이런 현실적 조건과 요구의 바탕 아래, 다양한 형태의 교수헌신이 제안되었다. 예를 들면, 학교와 학생에 대한 헌신(Firestone et al., 1988)과 교수현장에 대한 헌신(Billingsley, 1993) 등이 대표적인 헌신의 형태이다.

교직헌신의 결정요소는 무엇일까

교사의 헌신을 결정짓는 대표적인 요인으로는 다음과 같은 것들이 있다. 첫째, 교사 직무만족도이다. Shin과 Reyes(1995)는 교사 직무만족도는 교사헌신의 결정요소이며, 교육행정가는 조직에 대한 헌신의 측면을 개발시키기 전에 교사 직무만족도를 향상시키도록 하는 것이 필요하다고 강조한다. 학교효과성에 대한 연구는 일반적으로 교육에 대한 교사 개인의 투자와 헌신의 중요성을 강조한다.

둘째, 업무와 관련된 광범위한 변인들로, 교사의 헌신에 대한 광범위한 분석에서 Firestone 등(1993)은 직무설계의 특성, 피드백, 자율성, 참여, 선발, 학습기회와 자원을 포함하는 업무상황의 다양성에 헌신이 연관되어 있다는 증거를 발견했다. 이들이 정의한 많은 업무 관련변인은 행정가와 동료들로부터 교사들이 받는 전문적 지지에 의해 중요한 영향을 받는다.

셋째, 학교문화이다. Firestone, Rosenblum, Webb(1987)은 교육기획과 학교풍토는 학교구와 학교의 행정에 영향을 줄 수 있는 상호 밀접하게 관련된 요인임을 밝혀냈다. Anderman, Belzer, Smith(1991) 역시 성취, 인지와 협력을 강조하는 학교문화는 교사만족과 헌신과 관련이 있음을 밝혀냈다.

넷째, 리더십과 관련하여 학교 내의 독특한 업무환경을 만들어내는 교장의 행동은 교사만족과 헌신에 매우 예언적이다. Littrell, Billingsley, Cross(1994)는 다양한 교장의 지지와 교사의 헌신 간의 관계를 증명했다. 교장은 의사소통, 직무설계와 자율성, 학습기회의 공급, 자원, 교사에게 제공되는 피드백의 본성과 범위 등을 통한 다양한 방식으로 교사의 업무경험에 영향을 미친다. 또한 교장은 공유된 목적, 가치, 전문적 성장을 촉진함으로써 학교에서 동료 각자가 평등하게 책임을 지는 환경에 영향을 미친다.

다섯째, 교사의 자율성이다. Rosenholtz(1989)는 교장에 의해 영향을 받는 교사의 권한위임(업무자율성과 판단 등), 학습기회

(도전과 계속적인 성장의 의지), 심적 보상(psychic reward) 등의 변인과 교사의 헌신을 연관 지었다. 심적 보상은 다른 사람들(동료나 교장)로부터의 외적 인정뿐만 아니라, 교사들이 수행하는 것에 대한 믿음으로부터 이루어진다. 그는 업무자율성은 교사헌신의 가장 강력한 변인임을 주장했다. 헌신은 교장이 통제에 대한 욕구를 포기하고 교사의 결정을 신뢰할 때 향상된다. Rosenholtz는 교장의 업무관심은 교사의 업무에 대한 감정과 업무수행의 질에 영향을 준다고 주장한다. 이런 관점에서 본다면 교사의 자율성 정도는 교장의 리더십이 그 수준을 결정하는 요소이기 때문에 리더십의 부분이 중요한 역할을 차지한다고 볼 수 있다.

여섯째, 행정가들의 교사에 대한 지원이다. 행정가들로부터 적절한 지원이나 지지를 얻는 교사는 거의 지지를 받지 못하거나 아예 받지 못하는 교사들보다 스트레스와 소진을 적게 경험한다(Fimian, 1986; Fimian, Pierson & McHardy, 1986; Zabel & Zabel, 1982). 지지를 받는 교사는 질병을 덜 겪으며 전반적으로 업무와 관련해 더욱 긍정적인 태도를 유지한다(Dworkin, 1985). McManus와 Kauffman(1991)은 행동적 문제를 가진 학생에 대한 교사의 만족과 행정적 지원 간의 관계를 보고했다. 또한 행정적 지원의 부족은 교직을 떠나는 하나의 이유를 제공했다(Billingsley et al., 1991; Bloland & Selby, 1980; Platt & Olson, 1990).

일곱째, 동료들로부터의 지지이다. 행정적 지원과 마찬가지로 동료의 지지는 전문적 관심, 피드백, 감정적 지원 등과 같이 다양한 형태로 나타난다. Rosenholtz(1989)는 자신이 하는 일을 본질적으로 어려운 것으로 여기는 교사들이 있는 공동체에서는 교사들이 최선을 다해 도전을 하려 한다고 본다. 그러한 환경의 교사들은 다른 사람들에게 원조와 충고를 제공하거나 받기 때문이다. 또한 협력적 체제의 교사는 자신의 교수에 대해 다른 사람들로부터 피드백을 받을 기회를 갖는다. 피드백은 공식적・비공식적 방식으로 교류된다. 이러한 교류는 교사들에게 심적 보상을 준다. 이런 동료의 지지는 직무만족과 교사들 간의 신뢰와도 관련된다(Bloland et al., 1980; Metzke, 1988; Theobald, 1989). Yee(1990)는 동료와의 상호작용은 교사들에게 가장 가치 있는 전문적 자극제라고 강조한다. Singh와 Shifflette(1996)는 동료로부터의 감정적이고 교육적인 지지는 교사의 전문성 개발에 있어 가장 중요한 요소로 작용한다는 것을 보고했다.

여덟째, 학생성취이다. Firestone 등(1993)은 전문화되도록 동기를 부여받고 복잡한 요구를 다루며 변화를 추구하는 교사들에게는 헌신이 필수적임을 제안하면서, 이런 헌신을 유발할 수 있는 가장 근본적인 요소로 학생성취를 지적한다. 실제 현장에서 교육에 헌신하는 교사라면, 자신이 교육하는 학생이 자신의 교수법에 따라 학습적 혹은 인격적 성취를 이루어낼 때 무엇보다 보람을 느낄 것이며, 이런 학생의 성취를 통해 더욱 자신의 교직헌신을 촉진하게 될 것이다. 그러므로 학생의 성취를 높이기 위해 교직에 헌신하는 교사는 수업의 질을 향상시키려는 다양하고 꾸준한 노력을 하게 될 것이다.

계속적으로 수업의 중요성을 강조하는 이유가 바로 이것의 적절한 근거가 될 수 있을 것이다. 훌륭한 수업은 세심한 계획

뿐 아니라 학생의 요구에 따라 수업을 조정하는 능력을 요구하는 복잡한 약속(조건)이다(Clark & Peterson, 1986). 변화되는 복잡성이나 다양성 속에서 학생들이 비판적 사고자가 될 수 있도록 교사들은 더 많은 상호작용적인 접근과 인지적으로 안내되는 수업을 개발하기 위해서 전력을 기울이게 된다(Fennema, Carpenter, & Peterson, 1989).

수업은 고도의 전문성과 교직에 대한 헌신을 요구한다.

첫째, 이러한 수업을 위한 접근은 내용, 교수법(pedagogy), 학급경영의 원리와 다양한 수준의 배경을 가진 학생들에게 특별한 전문기술을 어떻게 소통시킬 것인가에 대한 특별한 이해를 요한다. 이것은 대개의 교육적 내용영역에서 깊이 있는 지식을 요구하기 때문이다(Shulman, 1987).

둘째, 교직에 대한 헌신 없이는 고도의 지식이 요구되는 전문성 향상을 교사들이 자발적으로 시행할 내적 동기를 불어넣을 수 없다는 점이다. 물질적 보상은 언제나 한시적인 외적 동기일 뿐이다. 전문성은 일반적으로 실행을 위한 강렬한 지식기초에 의해 특징지어진다(Sykes, 1991; Weick & McDaniel, 1989). 이런 수업 변화의 노력을 위한 전문화의 다른 양상이 전문적인 헌신이다. 금전적 보상과는 상관없이 학생들의 성취를 위해 자신의 직업에 헌신하는 상황은 다른 전문분야에서는 찾아보기 어려운, 교육에만 존재하는 상황이다.

교사헌신이 학생성취와 어떻게 관련되는지에 대한 연구는 이러한 연계의 중요성을 보강해 준다. Kushman(1992)은 학생의 사회경제적 지위를 통제할 때, 교사헌신과 학생의 읽기와 언어성취 간에 밀접한 관련이 있음을 밝혔다. 교사헌신에 대한 더욱 총괄적인 측정으로, Rosenholtz(1989) 또한 SES(사회경제적 지위) 통제 시 성취와 헌신 간의 관계를 발견했다. 이들 연구는 상호작용을 보여주고 있다. 교사헌신은 학생성취에 의해서도 영향을 받는다(Firestone et al., 1988; LeCompte & Dworkin, 1991). 반면, 낮은 교사헌신은 학생성취를 감소시킨다. 소진된 교사는 학생들에게 덜 호의적이며, 교실에서의 실패에 대한 포용력이 낮고, 더욱 불안하고 지치게 된다. 그들은 자신의 수업의 질을 개선하려는 계획이 거의 없고, 효과적이라고 정의한 방식으로 수업을 하려고 할 때도 자신의 역량을 덜 발휘한다(Dworkin, 1987; Farber, 1984). 결과적으로 조직, 전문성, 학생에 대한 헌신의 혼합은 변화에 대한 복잡한 요구를 다룰 수 있고 실제에서의 변화를 수행하고 전문화를 위한 동기를 가진 교사에게는 꼭 필요하다.

2 조직헌신

조직헌신이란 무엇인가

조직헌신은 특정 조직에 대한 조직구성원의 의식을 자극하고 행위를 유발시키는 잠재적인 힘의 상대적 강도라고 할 수 있으며, 이것은 조직에 대한 개인의 태도를 중심으로 이루어진 심리 상태와 행동을 포함하고 있다. 조직헌신은 개인이 소속한 조직에 지속적인 참여를 의미하는 미래지향적 태도다.

조직헌신에 관한 기존 문헌에 나타난 학자들의 관점은 크게 두 가지로 구분된다.

첫째, 사회학적 관점이다. March와 Simon(1958)은 인간행동을 설명하는 동기로 생산동기와 참여동기를 들고 있는데, 전자는 조직헌신 중에서 내재화나 가치헌신의 개념과 관계될 수 있으며, 후자는 근속헌신의 개념과 관련된다고 할 수 있다. 이들은 조직헌신을 조직과 구성원 간의 유인과 공헌의 상호작용 결과로 파악한다. 양측은 서로 무엇인가를 요구하는 동시에 반대급부로서 다른 것을 제공한다고 보고 이를 조직의 유인(inducement)과 개인의 공헌(contribution)의 관점에서 분석하였다.

둘째, 사회심리적 관점이다. 이 접근법은 조직헌신을 사회학적 접근과 달리 조직에 대한 보다 적극적이며 긍정적인 지향으로 이해하고 있다. Buchanan(1974)은 조직의 목표와 가치에 대한 정서적인 애착이고, 목표와 가치와 관련된 역할에 대한 애착이며, 단순한 수단적인 가치 이상의 조직에 대한 애착을 조직헌신이라고 정의한다. 이 개념을 세분화하면 조직의 목표와 가치관을 자기 자신의 것으로 채택하는 '동일시(identification)', 자신의 작업역할의 활동에 있어서의 '심리적인 결속(involvement)', 조직애착과 조직에 대한 애정적인 감정(a feeling of affection)으로 조직에 지속적으로 남아 있고자 하는 '충성심(loyalty)'이다 (Price et al., 1986).

Bar-Hayim과 Berman(1992)의 조직헌신 연구는 헌신의 영역(dimension)에 관한 연구가 사회학적 관점에서 사회심리적 관점으로 옮겨져 온 과정을 명확히 보여준다. Poter, Steers, Mowday, Boulian(1974)은 '영역과 관련된 조직헌신을 제기하기 이전의 연구를 보면, Kanter(1968)는 조직헌신을 조직에 대해 정력과 충성을 바치려고 하는 사회적 행동파들의 의사로서 근속헌신, 응집헌신, 통제헌신 등의 요소들을 포함하고 있으며, Sheldon(1971)은 개인의 정체성을 조직에 연결시키거나 애착을 갖도록 하는 조직을 향한 태도나 경향으로 정의하고 있다'고 본다. Kanter의 정의는 조직헌신에 대한 전형적인 사회학적 관점을 보여주고 있으며, Sheldon은 조직헌신을 개인의 정체성과 연결시켜 조직에 대한 개인의 심리적 상태를 강조했다는 점에서 사회심리적 접근법으로 조직헌신의 개념이 넘어오는 단계를 보여준다.

Porter 등(1974)과 Mowday 등(1982)은 조직에 대한 헌신도, 직무만족도 및 이직과의 상관관계를 규명하기 위한 연구 등을 통해 조직헌신을 규명하였는데, 조직헌신이 조직에 대한 구성원의 충성심(loyalty), 조직의 목표달성을 위하여 많은 노력을 하려는 자발적 의지(willingness), 조직이 추구하는 목표나 가치에 대한 강한 신뢰와 수용과 같은 요소들을 포함한다고 보았다. Poter와 Mowday의 정의에서 볼 수 있듯 사회심리적 관점에서 조직헌신의 중요한 요소는 개인의 의지, 충성과 같은 심리적 요인인 것이다. 이러한 관점은 앞서 인용한 Price 등(1986)과 Bar-Hayim 등(1992)이 말하듯 조직헌신을 동일시, 결속, 충성심과 같이 영역을 나누어 설명한다는 데 있다. 이들은 기존의 세 요소를 분석 · 연구하여 이 세 가지 영역이 사실상 고용된 조직에 대한 충성과 조직을 대신해 노력할 준비가 되어 있는 조직의 동일시로 나누어질 수 있다고 말하며, 심리적 충성은 조직에 대한 수동적 헌신으로 보는 반면, 적극적으로 행할 준비가 되어 있는 상태인 동일시는 적극적 헌신으로 분류하고 있다.

조직헌신 개념은 왜 중요한가

조직헌신이 높은 개인은 특정 조직체에 구성원으로 남아 있으려는 욕구가 강하고 조직체를 위해 높은 성취를 할 용의가 있으며 조직의 목표와 가치를 수확할 확고한 신념을 갖고 있다(허철부, 1983). 그러므로 조직헌신이 높은 구성원은 조직의 목표나 가치를 쉽게 수용하고 조직의 활동에 적극적으로 참여하게 되며 구성원의 직무노력도 증대된다. 또한 조직에의 헌신 정도가 클수록 결과적으로 결근율은 낮아지며 이직률도 낮아진다. 이것은 조직 내의 인사관리와 관련하여 조직헌신이 매우 중요한 역할을 수행하고 있음을 나타내는데 구체적으로 살펴보면 첫째, 조직헌신은 구성원의 사기에 영향을 미친다. 둘째, 조직헌신은 직무노력을 통해 근무성과의 향상에 기여한다. 셋째, 조직헌신은 개인적 상상을 조직목표에 연결시켜 줌으로써 조직목표와 개인목표의 조화를 가능하게 해주며 결과적으로 개인의 자아실현에 도움을 준다. 넷째, 조직헌신은 조직 자체의 건강 및 안녕에 대한 구성원의 관심을 증진시키며 조직에 대한 외부의 감시 및 통제를 약화시킴으로써 다루기 힘든 관료제의 민주적 통제를 위한 계기가 될 수 있다. 다섯째, 조직헌신은 직장생활에서의 긍지를 높여 준다. 구성원이 조직에서 긍지를 갖도록 하는 것은 인사관리에 있어 매우 중요한 기능의 하나이다.

이러한 조직헌신의 역할에도 불구하고 조직발전을 저해하는 몇 가지 문제가 존재한다. 첫째, 조직헌신은 구성원들을 한 조직에만 붙잡아 둠으로써 이동성과 경력발전을 저해할 수도 있다. 둘째, 조직헌신이 클수록 구성원은 조직의 핵심적 가치와 규범뿐 아니라 주변적 가치와 규범까지 모두 수용하는 조직에의 동조현상이 발생하게 되어 조직을 비판할 의사가 없어진다. 이러한 현상은 창의성을 상실케 하는 부정적 의미의 집단사고 현상을 일으킬 수도 있다. 셋째, 조직헌신이 높으면 이직률은 하락하므로 결과적으로 장기근속자의 승진기회가 줄어들며, 이직이 없으면 새로운 사람의 유입이 상대적으로 낮아지기 때문에 새로운 아이디어가 도입될 가능성도 낮아질 수 있다. 넷째, 행정조직에서의 조직헌신은 관료들의 권위주의와 관료제의 경직화를 초래하여 국민에 대한 민주적 봉사를 저해할 위험성이 존재하며 이러한 경직성은 관료들의 동조과잉 현상으로 관료조직의 발전을 저해할 수도 있다(김만배, 1996).

조직헌신에 대한 연구는 헌신의 개념과 구성요소를 밝히려는 노력뿐 아니라, 조직헌신을 매개변수로 하여 이에 대한 선행변수와 결과변수와의 관계를 밝히려는 연구들이 많았다. Steers (1984)는 선행변수로 개인적 특성, 직무특성, 구조적 특성, 작업경험을, 결과변수로는 참여도, 잔류의사, 직무관여, 직무노력을 들었다. 여기서는 가장 일반적으로 사용되는 선행변수와 결과변수를 제시하며, 선행변수는 인적 특성, 직무특성, 구조적 특성, 작업경험 등을 포함한다. 인적 특성은 연령과 재직 연수에 관련된 것으로 조직헌신은 연령이 많고, 재직 연수가 길수록, 여성이 남성보다 높은 반면에, 교육수준이 높을수록 조직헌신이 떨어지는 경향이 있다. 그러나 성취동기와 직업윤리가 강할수록 헌신이 높다. 직무특성은 역할갈등이나 역할모호성이 적은 과업을 수행할수록 조직헌신이 높으며, 과업동일화와 피드백이 조직헌신과 정적인 상관이 있다. 구조적 특성은 조직의 분권화 정도, 다른 구성원과의 과업의존성, 문서화된 절차와 형식성의 정도 등이 조직헌신과 관계가 있다. 즉 조직에서 이러한 것을 경험한 구성원이 그렇지 않은 구성원보다 더 헌신되어 있다. 마지막으로 작업경험은 구성원들이 조직에 대한 심리적 애착을 형성하는 데 중요한 영향을 미치는 사회화 추진력(socializing force)으로 볼 수 있다.

조직헌신의 결과변수로는 참여도, 잔류의사, 직무관여, 직무노력 등이 대표적이다. 참여도는 조직의 목표와 가치를 수용하고 긍정적인 태도를 지닌 구성원은 열심히 헌신하기 때문에 결근율이 낮다. 조직헌신이 높은 구성원일수록 조직에 잔류하려는 욕망이 크고, 계속 헌신하려 한다. 조직헌신과 이직률과는 역상관 관계가 있다. 또한 조직헌신이 높은 구성원은 직무와 일체감을 갖고 조직목표 달성에 공헌하려 하므로 직무관여가 높다. 조직헌신이 높은 구성원은 직무노력이 클 수밖에 없다. 그러나 직무노력이 직무성과와 반드시 연결되는 것은 아니다.

3 교수효과성

효과적인 교사란 누구인가

교사가 교직수행에 필요한 전문적 자질과 능력을 갖추어야 한다는 것은 당연한 일이다. 문제는 누가 효과적인 교사이며, 어떻게 하면 그런 교사가 될 수 있는가이다. 이런 점에서 교육에서 효과적인 교사란 어떤 교사이며, 어떤 자질을 갖출 때 효과적인 교사가 될 수 있는가의 문제는 모든 교사들 스스로가 고심하고 있는 공통적인 관심사라 할 수 있다.

교수효과성(teaching effectiveness)에 관한 연구는 앞에서 언급한 '잘 가르치는 교사', '효과적인 교사'를 규명하기 위한 것이다. 잘 가르치는 효과적인 교사에 관한 연구들이 1960년대 중반까지 계속 이루어졌지만, 그 결과들은 상이하게 나타났다. 이런 결과의 상이함으로 인해 많은 연구자들이 교사를 효과적으로 만드는 것이 무엇이며, 효과적인 교사가 누구인지를 정확하게 정의할 수 없다는 결론을 내렸다.

실제 교수효과성의 의미는 수업이나 교사에 대한 연구마다 중점을 두는 변인이나 그 변인들 간의 관계에 따라 조금씩 다르다. 초기의 연구에서는 효과적인 교사들을 그들의 관리자들로부터 높은 평가를 받는 사람으로 정의하고, 높은 평가와 교사의 개인적 특성이나 특징 간의 관계를 밝히고 있다. 예를 들어, Charters와 Waples(1929)는 『*The Commonwealth Teacher Training Study*』에서 교사의 특성을 25개로 정의하였으며, 그 중에서 중요하다고 여길 수 있는 상위 6개 특성의 목록은 적응성(adaptability), 사려성(consideration), 열정(enthusiasm), 판단력(good judgement), 정직(honesty), 매력(magnetism)이다. Barr(1961)는 교사의 낙천적인 성격, 협동성, 독립성, 정서적 안정, 표현력, 설득력, 판단력, 정신적 긴장, 신체적 에너지, 도덕적 행동 같은 행정적 평가에 포함하려는 시도를 했다. 이처럼 초기의 연구들은 교사의 개인적 특성과 같은 선행변인을 중심으로 훌륭한 교사, 좋은 교사를 규정하고자 하였다(Borich, 1988). 즉 학생들로 하여금 자신이 경험한 교사 중에서 훌륭한 교사라고 인식되는 교사의 성격특성을 기술하도록 하고 그 기술된 내용을 분석하여 훌륭한 교사의 특성을 파악하였다. 그러나 교사의 인성특성변인이 실제 교사의 수업활동에 영향을 미칠 수 있는 가능성에 대한 의문이 제기되면서 교수활동과 직접적으로 관련이 있으면서 교사가 필수적으로 갖추어야 할 것으로 여겨지는 기본자질들(교수기술 · 지식 · 능력 등)을 효과적인 교사로 판단하는 기준으로 삼게 되었다(Medley, 1979).

이후 어떠한 교사가 효율적인 교사인가에 대한 연구는 상당한 성과를 이루어 좀 더 체계적인 연구결과가 제시되고 있다. 일반적으로 효율적인 교사의 자질에 관한 연구 접근방법은 성향적 접근, 유형적 접근 그리고 기능적 접근방법이 있다(이칭찬, 1996).

성향적 접근방법이란 바람직한 교사와 바람직하지 않은 교사를 구별 짓는 심리적 성향, 특성을 찾아내려는 접근방법을 말한다. 바람직한 교사는 어떤 특정한 가치관, 태도, 흥미, 적응형태 등을 갖는다는 점을 상정한다. 바람직한 특성으로는 교사로서 학생이나 교수-학습 상황에 대하여 매우 건전한 자아개념을 형성하고 있으며, 정서적으로 안정되어 있고, 객관성을 유지하고 있으며, 사교적인 성향을 가지고 있다고 한다.

유형적 접근은 교수-학습 상황에서 관찰되는 교사의 행동유형에 따라서 교사를 분류하는 방법을 말한다. 교사가 수업현장에서 보여주는 행동양식은 대체적으로 몇 가지 유형으로 나눌 수 있다. 실제 연구의 결과를 통해서도 알 수 있듯이 교사의 언어적 행동에 초점을 맞추어 지배적인 행동과 통합적인 행동으로 유형화한 연구결과(Anderson, 1964)가 있는가 하면, 지시적인 통제와 비지시적인 통제로 유형화한 연구결과(Flanders, 1970)도 있다. 이 외에 교사의 지도자적 유형을 전제형, 민주형, 자유방임형 등으로 분류한 연구결과(Lewin, 1951)도 들 수 있다.

기능적 접근방법이란 실제 학습상태에서의 교사의 기능적 역할, 즉 교실상황에서 교과목의 내용상 특성, 학습자의 특성, 수업의 구조적·과정적 특성 등에 알맞도록 적절히 교수방법을 바꾸어 가며 교사 자신의 융통성과 창의성을 발휘하여 교육을 할 수 있는가의 여부를 가려보자는 입장이다.

효과적인 교사는 학생들을 돕고 신뢰를 얻는다

이런 다양한 접근방법을 통해 최근의 연구들이 제시하는 바람직한 교사, 효율적인 교사의 특징을 정리해 보면 다음과 같다. 첫째, 자기가 가르치는 교과에 관하여 넓고, 깊은 지식을 가지며, 실력이 있어야 하고, 동시에 자기가 가르치는 교과를 좋아하는 교사이다. 둘째, 학습자를 사랑하고 학습자 개개인을 잘 이해하며, 또한 잘 알고 있는 교사이다. 셋째, 스스로 자기의 품성과 자질, 능력 등을 꾸준히 향상시키는데 앞장서며, 만사에 솔선수범하는 교사이다. 넷째, 교직에 대한 보람과 긍지를 가지며, 스스로의 위치에서 교육의 혁신과 개혁을 추진하고 실천하는 촉진자의 구실을 하는 교사이다. 마지막으로, 자신의 교과를 가르치는 방법을 터득하고 있고, 전문인으로서의 자질을 갖춘 건강한 교사가 그것이다. 이처럼 대부분 훌륭한 교사(good teacher)란 학생을 잘 돌보고, 지원적이고 학생의 복지에 관심을 가지며, 그들이 가르치는 것에 대해 지식이 풍부하고, 학부모, 행정가와 동료교사들과 잘 어울릴 수 있고, 그들이 해야 하는 일에 대해 진정으로 고무되는 사람이라는 데 동의한다. 명백히, 이러한 특징은 가치가 있다.

효과적인 수업에 대한 중요한 양상, 즉 효과적인 교사는 배우는 학생들을 도와줄 수 있어야 한다는 사실로 그 초점이 모아질 수 있다. 효과적인 수업은 효과적인 교사가 하는 것이며, 이들 교사의 수업행동이 어떠냐에 따라 수업의 효과는 달라진다고 할 수 있다.

Cruickshank, Bainer와 Metcalf(1995)의 효과적인 교사에 대한 연구가 주목할 만한 이유는 바로 효과적인 수업행동에 대해 관심을 주고 있기 때문이다. 이들은 효과적인 교사들이 지녀야 할 자질로 열정, 온정성, 유머, 신용, 격려와 지지, 유연성, 풍부한 지식을 들고 있다.

열정(enthusiasm)은 학생의 성과와 가장 밀접하게 연관되어 있는 교사의 태도 중 하나이다(Rosenshine & Furst, 1971). 열정적인 교사는 학생들의 이해를 돕기 위해 활기찬 수업 페이스를 유지한다. 그들은 말하는 속도나 목소리를 다양화함으로써 흥미를 자극하며, 중요한 점에서는 일시 중지를 사용기도 한다. 얼굴표정에서의 변화(예를 들면, 눈을 크게 뜨거나 작게 뜨는 것, 미소를 짓거나 얼굴을 찌푸리는 것)가 자주 이루어지며, 긍적적이고, 더 많은 강화를 제공한다.

교사의 온정성(warmth)은 학생과의 긍정적이고 지원적인 대인관계를 통해 나타난다. 교사가 학생들을 대함에 있어 불공정하다고 학생이 느낄 때, 교사가 유연하지 못할 때, 학생과 교사의 상호작용을 교사가 방해할 때 따뜻함은 감소된다. 교사의 학생들에 대한 공정한 대우와 따뜻함은 교사가 학생들에게 고른 관심을 가지고 있을 뿐만 아니라 교육자로서 학생 하나하나를 진심으로 대하고 있다는 것을 보여주는 좋은 방법이다.

적절한 유머(humor)의 사용은 종종 학생들을 즐겁게 하는 교사의 중요한 특징으로 지적된다(Csikszentmihalyi & McCormack, 1986). 유머는 어떤 재미있는 사건이 발생했을 때 웃을 수 있는 능력을 통해 전달되는데, 학생생활에서는 많은 유머러스한 사건들이 발생한다. 이럴 때 교사는 웃는 것을 두려워하지 말아야 한다. 웃음은 교사가 학생들에게 다가갈 수 있는 가장 효과적인 수단이다.

효과적인 교사는 학생들로부터 신뢰할 만한 사람으로 여겨지고 있다(Rosnow & Robinson, 1967). 교사의 지식, 경험, 교육수준, 지위에도 불구하고, 오직 학생들이 교사를 믿을 때 교사는 신뢰할 만하다. 신용과 신뢰는 개방, 정직, 학생을 대함에 있어서의 공정성, 학생들의 지적이나 비판을 요청하고 수용함의 결과이다.

Ornstein(1990)은 격려하는 교사를 학생의 능력을 진정으로 믿고 존경하는 사람으로 정의한다. 격려(encouraging and supportive)는 온정성, 열정, 성공을 위한 기대 같은 다른 중요한 요소들과 관련이 있다. 격려는 학생들이 주저하고 어려움을 겪을 때, 새로운 학습의 초기단계에 낮은 성취의 학생, 부끄러움이 많거나 머뭇거리는 학생들에게 특히 중요하다(Brophy, 1981). 격려는 학생들이 어떤 일을 시작하기를 머뭇거릴 때 용기를 북돋워 계획을 시작할 수 있도록 하며, 실패를 경험했을 때는 계속적으로 이를 수행할 수 있도록 학생을 동기화시킬 수 있다.

가르치는 일은 완전히 예측할 수 있는 상황에서 행해질 수 있는 있는 일이 아니다. 그러나 완전히 예측할 수 없는 것도 아니란 것도 분명하다. 그러므로 효과적인 교사는 다양한 상황을 미리 준비하고 준비된 상황이 발생했을 때 잘 적응할 수 있는 이들이다(Walberg, 1990). 이런 적응성 혹은 유연성(adaptable / flexible)은 변화에 대한 요구를 인식하고 그러한 변화에 대한 적응을 요구한다. Hunt(1976, 1979)는 이러한 능력을 '상황을 읽어낼 수 있는 능력'과 '유연성(flexing)'으로 불렀다. 학생과 함께할 때, 교사는 다양한 언어적 · 비언어적 단서를 통해 계속해서 그들의 활동의 효과성을 모니터해야 한다. 비언어적일 경우, 학생들은 당황해하고, 혼동하고, 좌절하거나 지루해할 수 있으며, 또한 질문에 정확하게 대답할 수 없거나 하려고 하지 않으며, 과업을 정확하게 분배할 수 없거나 하려고 하지 않을 수 있다. 학생들이 의미 있는 질문을 할 수 없거나 하려고 하지 않을 경우, 교사는 우선 문제가 있다는 것을 인식한 다음, 필요한 목표와 수업을 적용해 나가야 한다. 그 다음으로, 설정된 목표에 도달할 수 있도록 대안을 결정해야 한다.

가르칠 과목에 대한 지식(knowledge)은 효과적인 교사의 가장 중요한 특성이다. 교사 자신이 가르칠 것에 대해 잘 알고 있다는 믿음은 중요하다. 가르치기 위해 교사가 얼마나 많은 지식을 가져야 하는가에 대해서 일치하는 주장이 거의 없지만(Rosenshin et al., 1971; Cruickshank, 1990; Porter & Brophy, 1988), 교과에 대한 교사의 지식이 가르치는 일에 도움을 줄 수 있다는 증거는 분명 있다. Berliner(1985)는 학문적 지식과 학생성취 간의 관계는 부정적이지 않다는 결론을 내렸다. 더욱 중요한 것은 효과적인 수업을 하기 위한 교사의 능력은 교과에 대한 지식, 교육에 대한 지식, 학습자에 대한 지식으로 결합되어 있다는 것이다. 교과와 학습자에 대한 지식은 교사가 학생의 오해를 최선을 다해 처리할 수 있는 수업의 선택과 수행을 허락하도록 한다. 그래서 교과에 대한 지식은 가장 유용하다.

요약하자면 효과적인 교사란 누구인가에 대한 기존의 연구성과를 통해 알 수 있는 흥미로운 점은 효과적인 교사의 개념이 '상급자로부터 높은 평가를 받는 교사'에서 '학생들과 보다 적절한 관계를 맺는 교사'라는, '학생 중심'의 효과적인 개념으로 변천해 왔다는 것이다. 이것은 바로 학교가 학생, 교사, 교장이란 세 행위자로 얽혀 있는 특이한 형태의 조직이며, 교사라는 직업이 학생들에게 보다 관심을 가져야 하는 직업임을 보여준다. 결국 교사헌신은 학교조직 업무가 아닌 교사가 운영하는 수업에 있다는 것이다.

교수효과성의 준거

학교의 가장 큰 목적이 학생들을 교육하는 것이라고 할 때, 효과적인 교사의 자질에서 가장 우선적인 사항은 교사가 수업을 통해 얼마나 효과적으로 가르칠 수 있느냐이다. 효과적인 교사는 전문적 지식과 다양한 수업방식을 개발하고 효율적으로 수업을 관리해내는 교사임에 틀림없다. 그러나 이것만으로 효과적인 자질을 가진 교사가 될 수 있는지는 분명치 않다. 수업효과성의 요인에는 우리가 전통적으로 교사가 갖추어야 할 자격이라고 믿는 교사 자신의 훌륭한 인성이나 학생들을 친밀한 관계 속에서 보살피고 돕는 대인관계적 요소들이 결여되어 있다.

그렇다면 우리가 전통적으로 교사가 갖추어야할 자격이라고 믿는 교사 자신의 인성과 학생들과의 관계는 어떻게 다루어야 할까? 이 책은 이런 전통적 믿음에 있는 자질은 그 자체가 수업에서 잘 가르치는 교사가 되는 척도라기보다는 교사들이 효과적인 수업을 진행하기 위해서 갖추어야 할 선행요소라고 본다. 이런 자질이 결여된 채 전문적 지식으로만 무장한 교사는 일반학원의 강사와 같은 지식의 전달자 이상의 의미를 갖지 못할 것이다. 만약 우리가 지식을 잘 전달하는 교사만을 원한다면 학교와 사설학원은 구별될 필요가 없을 것이다.

그러나 교사가 인격이 훌륭하고 대인관계가 원만하다면 수업능력이 떨어져도 된다는 말과 혼동해서도 안 된다. 공교육이 바로 서기 위해서는 교사들의 수업능력의 향상이 필수이기 때문이다. 흔히 공교육에 종사하는 교사들이 수업내용 중에 어려운 것은 학원에 가서 배워오라는 말을 학생들에게 한다는 믿지 못할 이야기들이 나오는 것은, 그만큼 우리 교사들의 수업능력이 저하되어 있음을 뜻한다. 나아가 이런 수업능력의 저하가 학생들이 교사를 신뢰하지 않는 계기가 될 것이다(물론 학생들은 교사들의 수업능력 자체보다는 학생들에게 학원에 가서 배워오라는 교사들의 무성의한 태도에 더 실망할 것이 분명하다).

이런 관점에서 수업기능과 관련된 효과성을 '수업효과성'으로 규정하는 한편, 수업효과성에 인성 및 대인관계라는 요소를 더하여 이 세 가지 요소를 갖춘 교사를 효과적인 교사라고 보며, 이들이 학생을 얼마나 효과적으로 교육하는가를 '교수효과성'이라는 개념으로 규정한다.

실제 이런 교수효과성과 관련하여 다양한 준거들이 제시되고 있다. Stringer와 Irwing(1998)은 교수효과성의 준거로 수업의 질, 피드백, 교과(과정) 통합, 과중, 격려 / 학습, 전반적인 평가를 들고 있다. Knox와 Mogan(1985)은 효과적인 간호임상교수의 특징에 대한 간호학 학부생들의 의견에 기초하여 효과적인 임상교수의 특징으로 수업능력(teaching ability), 대인관계(interpersonal relationship), 인성(personality), 간호능력(nursing competence), 평가(evaluation)로 구분하였다. 이를 기초로 효과적인 간호교사를 규정하기 위한 많은 연구들이 이루어졌다. Berg와 Lindseth(2004)는 효과적인 교사와 비효과적인 교사의 구분기준으로 인성(personality), 교수방법(teaching method), 설명(presentation), 품행 / 태도(demeanor / attitude), 열정(enthusiasm), 행위(conduct), 지식(knowledge), 도움 / 유용성(helpfulness / availability), 의사소통(communication), 공정성(fairness)을 제시하였다. 더불어 Tang, Chou, Ching(2005)은 전문적 능력, 대인관계, 인성특성, 수업능력으로 구분하였다. 조영남(2001)은 교수효과성의 평가준거로서 수업계획, 수업실행, 수업평가, 인성적 특성을 들고 있다. 수업계획에는 단원목표와 내용확인, 학생의 흥미와 요구분석, 교수-학습 환경분석, 수업계획안 개발, 수업실행에는 학습동기유발, 교수-학습 활동, 수업기법, 학생참여, 시간활용, 자료 및 자원활용, 피드백, 레포형성을 포함한다. 수업평가에는 평가방법, 평가의 타당성과 유용성, 평가의 적절성과 공정성, 인성적 특성으로는 열성, 책임감, 신뢰성, 자신감, 친절성을 들고 있다.

교수효과성의 요인

이런 다양한 선행연구들을 검토해 보면 교수효과성의 요인으로 인성특성, 대인관계, 수업능력을 공통요소로 구분할 수 있다. 좋은 교사가 되기 위해서는 인간적인 자질, 즉 학생을 인격체로 존중하고 학습자를 있는 그대로 받아들이고 또한 학생들로부터 존중받을 수 있어야 하며, 학생들의 입장에서 이해하려 하고 학생들을 지지해 줄 수 있는 인간적인 교사의 자질과 더불어 교과에 대한 전문성뿐 아니라 철저한 준비와 수업에 열의를 가져야 한다. 이를 증명하기 위해 어느 시 지역의 5개 학교 5, 6학년 563명의 학생들이 쓴 '내가 생각하는 훌륭한 교사'란 제목의 단문에서도 인격적 자질, 학생과의 관계, 수업절차 혹은 수업기법의 세 가지 특성이 언급되었고 서열화되었다(기순신, 2001).

첫째, 교사의 인격적 자질로서 상냥하고 친절하며 원만한 성품, 박식함(견문이 넓음), 정중함, 평온한 마음, 인내심, 상냥한 음성, 정숙한 외모, 정직함이 포함된다. 둘째, 아동과의 관계를 잘 도와주고, 아동을 이해하고 즐겁게 해주고, 아동과의 공정한 관계, 아동과의 엄정한 관계, 너무 냉정하지 않은 관계, 아동을 존중해 주는 것 등이 포함된다. 셋째, 수업절차와 수업기법으로 문제를 제기하는 자료의 제시, 적정한 활동량과 학습의 제시, 사물을 명확하고 철저하게 설명함, 구조화됨, 사교적이고 건전한 습관을 가르침, 흥미롭고 매력 있는 학급경영 등을 포함한다.

이 책에선 기순신의 세 가지 교수효과성의 기준을 변형하고 기존 선행 연구들이 제시하는 기준을 결합하여, 다음과 같은 세 가지 기준을 교수효과성 요인으로 사용하고자 한다.

(1) 인성특성

교사의 인성적 특성을 수업 내·외적으로 학생들이 본받을 수 있는 교사의 자질로 규정한다. 인성은 국어사전에서는 "사람의 성품이나 성격"으로 정의되어 있으며, 일반적으로는 개인의 행동특성을 의미한다고 볼 수 있지만, 여기에는 개인의 기질(temperament), 성격(character), 인격(personality) 등을 일부 또는 전부를 포함하고 있다고 볼 수 있다. 그러므로 인성에 대한 정의는 학자에 따라 다르다. Freud(1923)는 개인의 본능적 욕구를 현실적·도덕적 제약 가운데서 합리적으로 충족시켜 나가는 방식을 인성으로 파악하려 하였고, Rogers(1959)는 개인이 자신의 독특한 주관적인 경험 속에서 자아실현을 이루어가는 과정에서 인성을 이해하려 하였다. Hjeller와 Ziegler(1981)는 인성에 대한 학자들의 정의 속에 공통적으로 함축되어 있는 속성을 에너지로 제시하고 있다.

첫째, 인성이란 한 개인에 있어서 근본적이고 오래 지속되는 그 어떤 것이다. 이것이 인성의 가장 핵심적인 속성이다. 둘째,

인성은 가상적인 개념이다. 인성에 따라 행동이 조직되며 행동을 관찰함으로써 인성을 추상화할 수 있다. 셋째, 인성은 개인에게 고유하다. 개인차는 인성의 차이 또는 인성특성들의 조합의 차이를 통해 밝힐 수 있다. 넷째, 인성은 변화하는 것이다. 인성에 영향을 미치는 여러 가지 요인에 의해서 생성 · 변화되는 것으로 공통적인 속성을 제시하고 있다(이훈구 역, 1983).

Patterson(1973)은 교사의 인성적 자질로서 한 개인으로서의 아동에 대한 존중, 공감적 이해, 애정 등을 들고 있으며, 이들 특성들은 아동의 정신적 성장을 촉진하고 교사-아동의 인간적 관계의 핵심 또는 기본적인 조건으로 보고 있다(김용조, 1999 재인용). 김용조(1999)는 기존의 인성 및 성격에 대한 연구들에 기초하여, 교사의 인성적 자질을 교직관, 교육에 대한 열정, 자아실현, 인간관계, 안정감과 자신감, 창의성, 도덕성, 사회성, 유머, 건강, 외모, 인품과 태도, 아동에 대한 존중, 아동에 대한 사랑, 학습자의 이해로 구분하였다. 더불어 교사의 인성적 자질을 보다 향상시키기 위한 방안으로 첫째, 교육환경이 관용적이고[1] 탐구적인 분위기로 조성되어야 하며 둘째, 각종 연수교육에 감수성 훈련프로그램이나 세미나의 비중을 높여야 하며 셋째, 교사 교육기관에서 교사들의 인성을 향상시킬 수 있는 과목의 확대가 필요하다고 주장한다.

1) 원래는 "허용적"이라는 용어가 사용되고 있으나, 본 글에서는 "관용적"이란 용어로 대체하였다. 원래 "허용적"이라는 용어는 수직적 관계의 완화라는 의미에서 사용되고 있는데, 이 용어 자체가 갖는 의미가 매우 서열적 의미를 갖기 때문에, 교사의 포용과 사랑을 보여줄 수 있는 "관용적"이란 용어를 사용하였다.

결국, 교사의 인성적 특성은 수업 내·외적으로 학생들이 본받을 수 있는 교사의 자질로 규정되며, 그 자질의 핵심내용은 학생에 대한 사랑과 존중, 신뢰성, 인품으로 구분될 수 있다.

(2) 학생과의 대인관계

학생과의 대인관계는 교사와 학생 간의 원활하고 긍정적인 관계이기에, 이를 적절한 유머, 지지와 격려, 유용성, 의사소통, 학생들과 함께하려 하는 것 등으로 규정할 수 있다. 교사가 학생들과 얼마나 원만한 인간관계를 갖는가 하는 것은 교사의 측면에서 보면 수업을 잘하는가의 문제와 마찬가지로 교직활동의 핵심이라 할 수 있다. 또한 학생과 교사의 좋은 인간관계 형성은 교사의 인간관계 여러 측면 중 가장 중요하며, 교육효과를 높이는 데도 결정적인 역할을 한다.

교사의 학생들에 관한 교육은 언제나 학생과의 대면을 통해 시작된다. 아무리 교육매체가 발전해도 결국 지식과 인성을 전달하는 주체가 교사일 수밖에 없고 다른 매체는 촉매 또는 보조물에 지나지 않는다. 그렇다면 교사와 학생이 어떤 형식의 관계를 맺을 때 더욱 효과적인 교육이 될 수 있을까?

이와 관련된 한 사례연구를 보자. 학생들에게 매우 친숙한 내용을 충분히 학습시킨 후 몇 주일 후에 다양한 분위기로 질문을 던져 기억 정도를 검사해 본 결과, 매우 친절한 분위기에서 구체적 질문을 했을 때는 91%의 정답을 보인 반면 위압과 호통 속에서 같은 질문을 했을 때는 51%의 정답률을 보였다고 한다. 이 결과는 가르치는 사람과 배우는 사람 간에 안정적 관계를 형성하고 사고를 원활하게 함으로써 학습에 큰 영향을 주기 위해서는 친밀한 분위기가 필요함을 제시한다. 친밀감을 증대시키기 위해서는 적절한 유머의 활용 또는 칭찬이나 격려의 말을 자주 해주는 것이 필요하다. 또한 교사와 학생 간에 합리적이고 뜻이 통할 수 있는 올바른 의사소통을 통해 교사와 학생 간의 인간적 거리가 좁아지고 올바른 정보교환을 할 수 있게 된다.

박용헌(1981)은 교사와 학생 사이의 관계가 관용적이고 자유로울 때 비로소 학습자는 타인에게서 받을 비난에서 벗어나 두려워하지 않으며, 자신의 느낌이나 생각을 아무 망설임 없이 자유롭게 이야기할 수 있을 것이며, 창의적 사고를 할 수 있다고 본다. 따라서 학습자의 학습에 대한 성취동기를 증진시키고 개인의 발전을 도모하기 위해서 교사와 학생의 관계형성이 자유롭고 허용적 분위기로 연출될 때 소기의 목표를 달성할 수 있다.

교사와 학생의 관계는 수직적이며 일방적인 지시명령과 복종·수용의 관계가 아니라 지원과 사랑의 관계여야 한다. 학습의 효과를 높일 수 있는 학급분위기는 교사와 학생의 원활한 관계에 의해 형성된다. 즉 교과를 매개로 한 교수-학습에 그치는 것이 아니라 인간적 친밀감과 심리적 유대감을 느낄 수 있는 관계가 되어야 하는 것이다. 이런 학생들과의 관계가 지시명령과 복종·수용보다는 지원과 사랑의 관계라는 점은 수없이 강조되어 교육자들에게 일반적으로 받아들여지는 내용이지만, 실제 교육 현장에서 가장 고쳐지지 않는 것이 바로 이 점이다. 대개의 경우 교사는 자신들이 학생들보다 모든 점에서 우월하다는 잘못된 환상을 가지고 있다. 교사도 한 인간이라면 실수를 범할 수 있으며 학생들보다 못한 점이 드러날 수도 있다. 교사가 학생들보다 언제나 우월할 수 있는 점이 있다면, 그것은 자신의 잘못이나 오류를 솔직하게 인정하고 받아들이며, 나아가 그 오류의 수정가능성을 학생들에게 솔직히 보여줄 수 있다는 데서 나타난다. 이런 교사의 태도는 학생들과의 관계를 수직적이며 일방적인 지시명령과 복종 · 수용에서 지원과 사랑으로 전환하는 데 도움이 된다.

좋은 인간관계는 상호 이해를 바탕으로 성립된다. 이를 위해서 교사는 학생이 하는 말을 능동적이고 적극적으로 경청하고 수용해야 한다. 교사와 학생의 관계가 허용적이고 자유로울 때 학습자는 타인의 비난을 두려워하지 않으며 자유롭고 창의적인 사고도 할 수 있다. 교사가 학생과 원활하고 긍정적인 관계를 맺는 것은 교육의 목적을 달성하기 위한 필수요건이며, 이를 위해 교사는 학생들을 지지하고 격려하며 학생들을 이해하고 허용하는 분위기 속에서 늘 함께하려 해야 한다. 또한 갈등되는 여러 요구에 직면하여서도 자기억제를 할 수 있는 능력을 길러야 하며, 학생을 돕고 학생 스스로가 자기 일을 해결하는 데 흥미를 가지도록 해야 한다.

(3) 수업능력

효과적인 교사가 갖추어야 할 조건은 수업능력이다. 교사의 역할 중 가장 중심적 역할은 무엇보다도 학생을 가르치는 것, 즉 'teaching'일 것이다. 수업능력은 교사가 교수-학습 활동 중에 행하는 교사의 행동이나 교사의 특성을 포함한 행위로 수업과

정을 명확하게 제시하여 학습의 흐름을 도와주고, 학생이 수업에 적극적으로 참여할 수 있도록 이끌어주며, 다양한 수업방법을 적용하고 학생 개개인의 능력에 맞는 수업을 전개하여 학생의 인지적·정의적 산출이 상대적으로 높게 나타나는 것을 말한다. 또한 학생들과 원만한 관계를 형성하고, 학생들이 분명하게 학습을 이해하도록 하며, 다양한 방법의 적용 및 개별학습이 전제되어야 한다.

Wright와 Nuthall(1970)은 28개의 교사수업 행동변인을 확인하고, 교사와 학생의 발언, 수업내용의 구조화, 교사가 학생의 반응을 유도하려는 언어적 활동, 반복과 복습, 학생에 대한 교사의 반응 등 다섯 가지 범위로 개념화했다. 배호순(1992)은 교사의 수업행동을 크게 2개 영역과 5개 요인으로 이루어졌다고 본다. 2개 영역은 학습관리 영역과 학습자관리 영역이며, 학습관리 영역에는 수업전개사상, 수업구조화, 학습기회부여를, 학습자관리 영역에는 학습동기유발과 학습행동관리를 포함했다. 주동범과 강현석(2000)은 효과적인 교사의 수업행동을 밝히기 위한 여타 많은 연구들을 종합·검토한 결과 효과적인 교사의 수업행동은 설명의 명확성, 중요내용 반복, 수업내용의 관계 밝히기, 체계적인 수업진행, 수업방법의 다양성, 다양한 질문활용, 자료제시의 다양성, 학생의견 격려, 학생의 활용, 열성적인 태도, 학업지향적 태도, 학습기회 부여, 일관된 수업행동 규칙마련, 학생의 일탈행동 대처 등이라고 제시한다. 이를 바탕으로 교수활동 모형을 수업내용, 수업전략, 수업관리의 세 가지 차원으로 규정하고 이들의 하부요인으로 명료성, 구조화, 다양성, 동기화, 학생행동

관리, 학습관리로 구분하였다.

이런 수업능력에 대한 다양한 기준을 좀 더 간략히 해본다면 풍부한 지식, 다양한 자료활용, 다양한 수업방법, 명확성, 발문으로 요약될 수 있다. 수업을 진행할 때 교사에게 가장 기본이 되는 것이 바로 자신이 가르치는 내용에 대한 풍부한 지식이다. 이 지식을 보다 흥미롭게 전달하기 위해선 다양한 자료활용과 다양한 수업방법이 개발되어야 한다. 그리고 무엇보다 학생들이 정확하게 이해할 수 있도록 가르치는 수업의 초점이 무엇인지를 분명히 하며, 학생들에게 생각할 수 있는 질문을 하는 것이 필요하다.

4 업무효과성

교사의 직무와 업무 사이의 갈등

교원의 직무[2)]와 관련하여, 대체로 교원들은 학교에서 교수-학습 활동을 하고 학생지도를 하는 것을 교직의 고유의 일이라고 생각하는 듯하다. 다시 말해, 자신의 직업은 학생들을 가르치는 일이라고 인식하고 있다는 의미이다. 그러나 교원들은 학교

2) 교사의 직무란, 직위에 주어진 직책을 가지고 수행해야 할 업무와 과업 또는 법적으로 규정된 교사가 꼭 해야 할 일이라고 할 수 있다. 여기에는 수업적인 측면과 관리적인 측면을 다 포함하지만, 본 연구에서는 수업적인 측면을 제외한 관리적인 측면에 초점을 둔다. 직무 또는 업무라는 표현으로 혼용되어 사용되고 있으며, 이를 분담하는 것을 교무분담, 업무분담 등으로 사용하고 있다. 그러나 통상적으로 교사들이 학교현장에서 수업 외적인 일을 수행하는 것을 '업무'라 칭하고 있고, 이를 분담하는 것을 업무분담으로 사용하고 있기에, 여기서는 업무로 통일하고자 한다.

에서 학생들을 가르치는 일 이외에 문서처리 등과 같은 행정적인 일이 많다.

교원들은 업무를 의당 해야 하는 교육활동과 구분하여 추가적으로 해야 하는 일로 간주하는 경향이 강하며, 교사의 주관적 입장에서 판단하여 교육적인 의미가 약하거나 그에 반하는 업무 또는 교원이 하지 않아도 되는 잡무 등으로 인식하기도 한다. 교원들이 잡무로 인식하여 기피하는 일로는 대외 학생지도업무, 공문처리업무, 상급기관 관련업무 등을 들 수 있으며, 교원들의 업무부담을 가중시키고 심리적으로 불편하게 하는 업무들이 포함된다. 특히 상부로부터 하달된 지시, 그 중에서도 수업이나 생활지도와 거리가 먼 것을 업무로 보는 경우도 있다.

교원의 업무는 내용 자체가 전문적인 교육활동과 관계를 갖는 것도 있지만, 본질적으로 교육활동과 관련이 없는 업무들이 많다는 데 문제가 있다. 사실 교수-학습 활동 외의 업무의 한계를 구분 짓는 일이 용이한 것은 아니다. 그러므로 업무가 내용에 따라 애매한 경우가 없지 않고 또 시대적 상황이나 사회적 기대·요구에 따라 달리 규정할 수밖에 없다. 학교에서 수행하는 교원의 업무는 영역별로 대변하여 교과학습지도, 생활지도, 특활지도, 학급경영, 지도관리의 활동 등으로 구분할 수 있다. 이들 영역에는 각각 필수업무와 보조업무가 있고, 이 영역과 관련된 잡무들이 있다(서정화, 1995). 김경희(1998)는 수업 외 업무는 교사의 교육활동에 지장을 줄 뿐 아니라, 교원의 사기를 저하시키는 결과를 가져온다고 지적하고 있다. 업무가 다양하고 처리해야 할 것이 많기 때문에 이를 처리하는 데 많은 시간이 소비되고 정신적 부담까지 갖게 되어 교수-학습 활동에 지장을 초래한다(서준석, 1998). 특히 소규모의 학교에는 사무직원이 없으며, 교사들이 업무를 처리해야 하므로, 교수-학습에 문제가 생기고 질 높은 수업이 되지 못하는 실정이다(김명숙, 2003).

최재거(1993)는 초등학교 교사의 근무부담에 관한 연구에서 교육과는 관계가 먼 사무처리나 행사준비 및 환경꾸미기 등에 많은 노력과 시간을 소모하고 있어 많은 교사들이 과중한 업무부담과 함께 피로감을 느끼고 있다고 밝히고 있다. 이대식(1997)은 교사들이 업무에서 오는 부담 때문에 충분한 수업준비를 하지 못한 채 수업을 하게 되므로 교육이 효과적으로 이루어지지 못하고 있다고 밝히고 있다. 김명숙(2003)은 수업 외 업무부담이 교수-학습 활동에 미치는 영향을 통해, 대부분(64%)의 교사들이 상부기관의 지시 및 통제적인 공문보고를 위한 공문처리나 분장사무의 폭주로 교수활동에 전념할 수 없다고 응답했음을 지적한다.

업무내용과 분담

학교에서는 학교업무를 정확하고 능률적으로 수행하기 위하여 처리수단을 조직화 · 규격화 · 기계화하는 동시에 표준에 따라 분류하고 있다. 업무는 일반적으로 직능에 따라 직접기능과 간접기능으로 구분하여 직접기능은 교수-학습 과정을, 간접기능으로는 경영-관리 과정을 주로 하여 분류하고 있다. 대개 초등학교에서는 일련의 행사일정에 따라 업무가 정해지며, 연간 학사일정에 따른 초등학교의 업무내용을 보면, 입학하고 방학하고 개학하고 졸업하는 일련의 일정을 정해 놓고 각 일정별로 교원 각자가 업무를 수행하게 된다. 행사성격에 따라 담당부서가 정해지는데, 대개는 행사 유형별로 행사영역, 대상학년, 담당부서 등이 제시된다.

일반적으로 학교업무를 분류하는 것을 업무분장 또는 교무분장이라고 한다. 따라서 학교업무와 교무는 동일개념에 속하는 것으로 보고 그 구체적인 내용을 보면, 우선 업무유형에 의해 학교교육을 내용으로 하는 업무, 교직원의 인사관리에 관한 업무, 학생에 관한 업무, 학교시설 설비의 보전·보관에 관한 업무, 학교사무에 관한 업무, 기타 학교경영에 관한 업무로 구분되며 둘째, 교장의 직무권한 발생을 근거로 개개인의 법령에 의하여 규정된 법정사무, 교육감이나 교육장으로부터 위임받은 위임사무, 교육감이나 교육장으로부터 보조집행을 지시, 명령받은 사무, 기타 법령의 규정이나 직무명령 이외에도 학교장의 책임으로 처리해야 할 사무로 분류할 수 있다.

신용준(1982)은 교무분장이 학교장의 경영방침에 따라, 학교의 급별과 종별에 따라 결정되며 편제에 따른 교직원의 수와 종류에 따라 달라진다고 하였다. 남정걸(1998)은 업무분장 조직에 있어, 업무의 내용을 영역별로 분류·정리하여 사무의 범위와 내용을 어떻게 수행해야 할 것인가를 고려하여 교직원을 배정해야 하며, 그 사무를 책임 있게 수행할 수 있는 권한을 위양하고, 업무분장 조직은 탄력적이고 간소화하여, 학교사무를 모든 직원에게 공정·공평하게 배분하여 일부 교직원에게만 업무가 편중되어서는 안 되며, 사무를 배정하는 과정에서도 교직원의 의사를 존중하여 능력을 충분히 발휘할 수 있도록 적재적소에 배치하여야 한다고 지적하고 있다.

교무분장 조직은 문서 위주의 행정이 이루어지는 최하 단위 조직으로서 상부의 지시나 명령의 압력이 가해진다면 더욱 형식적인 보고가 이루어지는 조직이기도 하며, 잘 운영된다면 교육과정을 효과적으로 운영하는 데 크게 이바지할 수도 있는 양면적 성격을 가지고 있다. 업무분장 조직의 각 구성원은 교수기능과 사무기능을 중복하여 직무를 수행하게 된다.

초등학교에서의 교무분장 조직은 학교마다 다소 다르지만, 대개는 교무와 행정지원을 하는 서무부서가 공통적으로 조직되어 있고, 교과별 지도를 지원하기 위한 연구부와 체육부, 과학부, 환경부, 윤리부(혹은 생활부) 등으로 조직되어 있다. 교사 개개인에게 주어진 업무는 부서를 중심으로 이루어지며, 부서별로 각 업무를 총괄하는 부장을 두고 있다. 즉 부장을 중심으로 업무수행이 이루어지고, 효과성을 검증받는 것으로 볼 수 있다.

현행 업무효과성의 측정

현재 학교조직에서 교사의 업무수행에 대한 평가측정은 근무성적평정(performance evaluation)이란 이름으로 행해지고 있다. 근무성적평정은 조직구성원의 근무실적, 능력, 성격, 근무태도 및 발전성 등을 조직적으로 측정, 파악하여 공정한 인사관리의 기초로 삼으며, 나아가서는 행정능률의 향상을 기함을 그 목적으로 하는 인사평정 기능을 말하는 것이다. 능률평정, 근무평정,

업무평정, 성적평정 등 여러 가지 명칭으로 불리고 있으며 학자들에 따라 그 정의도 다양하다. 김중양(2002)은 근무성적평정이란 공무원이 일정기간 동안에 수행한 근무실적, 잠재적 능력, 가치관 등을 체계적, 객관적으로 판정・기록하여 이를 인사행정에 활용하는 절차를 말한다고 정의하며, 유민봉(2003)은 근무실적, 근무수행능력 그리고 근무태도 등을 공식적, 체계적으로 평가하는 것을 의미한다고 정의한다. Dessler(1999)는 근무성적평정이란 구성원의 현재와 과거 성과를 일정한 기준에 의거 평가하는 것이라고 정의하고 있으며, Smith와 Murphy(1964)는 구성원이 속한 조직 내에서 조직원의 가치를 질서 있게 평가하는 것이라고 본다. Flippo(1984)는 근무성적평정이란 그 구성원이 현재 하고 있는 직무에서 승진할 수 있는가, 잠재적인 능력이 있는가를 조직적・정기적으로 그리고 가능한 한 객관적으로 판정하는 것이라고 정의한다(이용채, 2003 재인용).

이런 다양한 정의들에 근거해 요약해 보자면, 근무성적평정은 교원의 근무능률의 향상을 위하여 개인이 근무하고 있는 조직체에서 직무수행능력과 근무성적을 체계적이고 정기적으로 일정한 기준에 의하여 그의 감독자가 평가함을 말한다(신중식・강영삼・김명한・신철순・윤정일, 1982).

이러한 개념정의에 포함된 근무성적평정의 특성을 살펴보면 첫째, 근무성적평정은 조직의 구성원을 대상으로 하므로 새로 입직하려는 외부사람의 채용평정과는 구별이 된다. 둘째, 근무성적평정은 사람과 직무와의 비교를 원칙으로 하기 때문에 조직구성원이 직무를 수행함으로써 나타나는 업적을 중점적으로 파악한다. 셋째, 근무성적평정은 직무담당자인 구성원의 직능에 대한 상대적인 가치를 평가한다. 넷째, 근무성적평정은 객관적으로 평정하려는 것이다.

근무성적평정은 구성원 개인의 근무성적 또는 능률을 향상시키는 데 있을 뿐만 아니라, 조직체 전체의 능률을 향상시키고 인사관리상의 제 문제를 처리하는데 사실적 근거를 제시함으로써 건전한 인사관리를 수행하는 데 있다.

현재 근무성적평정의 요소로는 근무실적, 직무수행능력, 직무수행태도로 크게 대변된다. 근무실적평정 요소로는 전문분야의 담당자로서 담당업무에 대한 연구개선을 위한 노력과 그 추진 정도를 측정할 수 있는 업무개선도가 가장 중요하며, 조직기여도, 실적의 질, 실적의 양 외에 직무분야별로 시기적절하게 얼마나 효율적으로 처리했는지의 적시성 등이다. 직무수행능력평정 요소로는 정보화 능력, 업무추진력, 이해판단력과 직무를 수행하는 데 필요한 관련지식 및 상식의 폭, 경험 등을 평가하는 전문지식, 업무숙지도 등이다. 직무수행태도평정 요소로는 대민친절성, 노력도, 적극성, 협조성 등이다.

교원의 근무성적평정은 타당하고 객관적인 평가기준에 의하여 실시되어야 할 것이며, 평가의 내용은 교원 개인적 측면뿐만 아니라 교직에서의 생활을 종합적으로 평가할 수 있도록 구체적이고도 행동적인 용어로 서술되어야 한다. 우리나라의 경우는 교육공무원승진규정 제16조에 다음과 같이 근무성적평정의 기준을 제시하고 있다.

첫째, 직위별로 타당한 요소의 기준에 의해서 둘째, 평정자의 주관을 배제한 객관적인 근거에 의하여 셋째, 신뢰성과 타당성을 보장하도록 하고 넷째, 평정대상자의 근무성적을 종합적으로 분석하여 평가한다.

이상의 기준에 의해 근무평정의 공정성을 기할 수 있으며, 현행 교사에 대한 공식적 평정제도는 교사의 근무실적, 근무수행능력 및 근무수행태도에 관하여 근무성적평정과 다면평가를 정기적으로 실시하고 각각의 결과를 합산하도록 되어 있으며, 이 중 근무성적평정의 구체적인 평정요소 및 기준은 다음의 〈표 2-1〉과 같다.

〈표 2-1〉 교육공무원의 근무성적평정의 요소 및 기준

평정사항	평정요소	평정내용
자질 및 태도	교육자로서의 품성	· 교원의 사명과 직무에 관한 책임과 긍지를 지니고 있는가
		· 교원으로서 청렴한 생활태도와 예의를 갖추었는가
		· 학생에 대한 이해와 사랑을 바탕으로 교육에 헌신하는가
		· 학부모 · 학생으로부터 신뢰와 존경을 받고 있는가
	공직자로서의 자세	· 교육에 대한 올바른 신념을 가지고 있는가
		· 근면하고 직무에 충실하며 솔선수범 하는가
		· 교직원 간에 협조적이며 학생에 대한 포용력이 있는가
		· 자발적 · 적극적으로 직무를 수행하는가
근무실적 및 근무수행능력	학습지도	· 수업연구 및 준비에 최선을 다하는가
		· 수업방법의 개선노력과 학습지도에 열의가 있는가
		· 교육과정을 창의적으로 구상하며 교재를 효율적으로 활용하는가
		· 평가계획이 적절하고 평가의 결과를 효율적으로 활용하는가

<table>
<tr><th>평정사항</th><th>평정요소</th><th>평정내용</th></tr>
<tr><td rowspan="8">근무실적
및 근무
수행능력</td><td rowspan="4">생활지도</td><td>· 학생의 인성교육 및 진로지도에 열의가 있는가</td></tr>
<tr><td>· 학교행사 및 교내 생활지도에 최선을 다하는가</td></tr>
<tr><td>· 학생의 심리·고민 등을 이해하기 위하여 노력하고 적절히 지도하는가</td></tr>
<tr><td>· 교육활동에 있어 학생 개개인의 건강·안전지도 등에 충분한 배려를 하는가</td></tr>
<tr><td rowspan="4">교육연구
및
담당업무</td><td>· 전문성 신장을 위한 연구·연수활동에 적극적인가</td></tr>
<tr><td>· 담당업무를 정확하고 합리적으로 처리하는가</td></tr>
<tr><td>· 학교교육 목표의 달성을 위한 임무수행에 적극적인가</td></tr>
<tr><td>· 담당업무를 창의적으로 개선하고 조정하는가</td></tr>
</table>

출처: 교육공무원 승진규정 제28조의 3(평정표 등) 별지 4호 서식

이러한 준거에 기초하여 이 책은 업무효과성을 교육공무원 근무성적평정에서의 학습지도나 생활지도의 요소는 배제된 순수하게 교사에게 주어진 수업 외적인 일에 국한한다. 업무효과성의 측정기준은 업무추진실적, 업무수행능력, 업무수행태도이며 첫째, 업무추진실적에는 업무개선도, 조직기여도, 실적의 질과 양, 업무의 중요도, 적시성이 포함되며 둘째, 업무수행능력에는 정보화 능력, 업무추진력, 업무숙지도, 이해판단력, 창의성, 기획력을 마지막으로, 업무수행태도에는 노력도, 책임성, 협조성을 포함하는 것이 타당하리라 여겨진다.

5 성취목표

성취목표란 무엇인가

1980년대 초반, 성취동기 이론가들은 성취목표의 개념을 도입하여 성취동기를 설명하고자 하였다(Dweck & Bempechat, 1983; Maehr & Nicholls, 1980; Nicholls, 1984). 성취목표는 자신의 유능감과 관련된 과업을 달성하고자 하는 이유나 목적을 의미한다(Maehr, 1989). 대부분의 성취목표 이론가들은 성취목표에는 유능함을 추구하는 기본적인 두 가지 경향성이 있는 것으로 보았다. 예들 들어 Ames(1984)는 성취목표를 숙달목표(mastery goal)와 능력목표(ability goal)로 구분하였고, Dweck(1986)은 학습목표(learning goal)와 수행목표(performance goal)로 구분하였다. 또한 Deci 등(1985), Nicholls(1989)는 성취목표를 자아지향 목표(ego involvement goal)와 과제지향목표(task involvement goal)로, Roberts(1992)는 숙달목표(mastery goal)와 경쟁목표(competitive goal)로 구분한 바 있다. Ames와 Archer(1987)는 이러한 성취목표의 구분이 개념적으로 숙달목표(학습·숙달·과제지향목표)와 수행목표(수행·능력·자아지향·경쟁목표)의 형태로 설명될 수 있다고 보았다.

그러나 최근 Elliot과 Harackiewicz(1996)는 접근-회피 동기로 구분했던 고전적인 성취동기 이론과 숙달-수행 목표로 구분하였던 성취목표의 이론을 통합하여 성취목표를 숙달목표, 수행접근목표, 수행회피목표로 개념화하였다. 이들은 기존의 연구들이 숙달목표와 수행목표를 바람직한 결과를 지향하는 동기의 접근형태로만 설명하거나(Ames, 1992; Deciet al., 1985; Dweck, 1986; Meece, Blumenfeld, & Hoyle, 1988; Nicholls, Patashnick, Cheung, Thorkildsen, & Lauer, 1989), 수행목표를 다른 사람보다 유능하다는 것을 보이려는 접근형태와 무능하다는 평가를 피하기 위한 회피형태를 모두 포괄하는 개념으로 설명함으로써(Deci et al., 1985; Dweck, 1986), 수행목표를 접근과 회피지향성의 측면에서 독립적으로 설명할 수 있음을 간과하였다고 지적하였다. 이에 이들은 수행목표를 보다 세부적으로 수행접근목표와 수행회피목표로 구분하여 숙달목표, 수행접근목표, 수행회피목표의 세 가지 형태로 구분되어야 할 필요가 있음을 주장하였다.

세 가지 성취목표, 즉 숙달목표, 수행접근목표, 수행회피목표의 구분은 Elliot과 Church(1997)의 성취동기의 위계적 모델에서 체계화되었다. 이 모델에 의하면, 동기적 성향인 성취욕구와 실패를 피하려는 욕구는 구체적인 성취목표의 형태를 통해 성취행동에 영향을 미칠 수 있다. 즉 성취동기와 실패에 대한 두려움이 성취행동에 미치는 효과는 간접적인 것이며, 특정 과제에 대한 성취목표가 성취행동의 직접적인 결정요인이 될 수 있다고 본 것이다. 따라서 이들은 동기의 성향을 성취목표의 직접적인 선행변인으로 상정하였으며 성취목표는 성취 관련행동에 직접적인 영향을 미치는 요인으로 보았다. 이들은 이러한 모델에 기초하여 숙달목표, 수행접근목표, 수행회피목표라는 세 가지 성취목표에 기여하는 결정요인으로서 동기적 요인과 인지적 요인을 확인하고 성취목표에 따른 실제 학업수행과 내적 동기에서의 차이를 실증적으로 확인함으로써 성취목표의 삼분류 체계를 정당화하였다. 또한 이들은 성취동기와 실패에 대한 두려움을 독립된 구조로 개념화하고 조작했다.

숙달목표와 수행접근목표는 잠정적으로 긍정적인 성과(각각 과업숙달과 규범적 능력)에 따른 자기규제로 특징지어지며, 이들 접근방향은 성취성과의 숙달형태를 이끄는 과정(예를 들면, 흥미와 과업의 전념)을 촉진한다. 반면, 수행회피목표는 잠정적으로 부정적인 성과에 따르는 자기조절(self-regulation)로 특징지어진다(Elliot et al., 1997).

숙달목표(mastery goal)는 성취동기와 높은 능력기대에 기초한 것으로 표현되며, 근본적인 동기를 수행하도록 기대되지만 변화되는 수행에 대해 실질적인 효과는 없다. 수행회피목표(performance-avoidance goal)는 실패에 대한 두려움과 낮은 능력기대에 기초한 것으로 해석되며, 근본적인 동기와 변화되는 수행 모두를 손상시키는 것으로 인식된다. 수행접근목표(performance-approach goal)는 성취동기, 실패에 대한 두려움, 높은 능력기대에 기초한 것으로 인식되며, 근본적인 동기에 대해서는 효과가 무익하지만, 변화하는 수행에 대해서는 긍정적인 효과가 있다.

이 중 수행접근목표는 숙달이나 수행회피목표보다 더욱 복잡한 방향으로 드러난다. 수행접근목표는 접근(성취동기)과 회피(실패에 대한 두려움) 모두에 의해 뒷받침되는 조절의 접근형태를 재연한다. 수행접근목표는 성취동기와 실패의 두려움을 통과하는 채널로 보여진다. 하지만 주어진 상황에서 수행접근목표의 예언적 동기의 본질은 동기화시키는 기저에 있는 상대적

강도나 접근성(Sorrentino & Higgins, 1986)이 결정한다. 도전이 주어지는 성취상황(예를 들면, 실패의 기회가 거의 없는 성공의 가능성)에서, 오직 성취동기가 촉진되고 수행접근목표는 숙달목표지향과 유사한 상대적으로 순수한 접근규정 형태를 재현하는 것으로 여겨진다. 위협을 드러내는 성취상황(성공의 기회가 거의 없는 실패의 가능성)에서는 오직 실패에 대한 두려움이 촉진되고, 수행접근 규정은 틀림없이 실패를 피하기 위한 접근인 회피를 드러낸다. 도전을 제공하고 또한 위협을 제기하는 (교실 같은) 성취상황에서는 동기의 기질이 촉진되고 수행접근목표가 접근과 회피동기 경향의 교착을 재현하도록 기대된다. 이러한 방향에 의해 드러난 복잡성 특히, 성취행동의 조절과 그런 조절하에 있는 동기적 추진력 간의 구별에 관심을 두는 가치는 성취동기를 위한 계층적 접근의 유용성을 두드러지게 한다.

왜 성취목표가 중요한가

성취목표 이론가들은 어떤 목표를 지향하느냐에 따라 성취관련정보를 해석하고 평가하는 방식과 성취장면을 경험하는 방식이 달라진다고 보았다(Ames et al., 1987; Dweck, 1986). 즉 동일한 성취장면에서 일어나는 사건일지라도 숙달목표로 접근하느냐 수행목표로 접근하느냐에 따라 완전히 다른 의미를 지닐 수 있는 것이다. 이러한 맥락에서 성취목표의 효과에 관한 연구들은 성취목표에 따라 성취와 관련된 제반 인지적 · 정서적 · 행동적 반응이 어떻게 달라지는지를 확인하고자 하였다.

한편, 성취목표는 수행결과에 대한 개인의 인지적 반응에 영향을 미친다. Elliot과 Dweck(1988)에 따르면 수행목표를 지향하는 개인은 '지금 현재 내 능력이 충분한가?' 즉 자신의 현재 능력을 평가하는 데 관심이 있다. 이런 맥락에서 실패라는 결과는 쉽게 능력이 부족하다는 무기력한 귀인으로 나타나게 된다. 반면 학습목표(숙달목표)를 지향하는 개인은 '앞으로의 내 능력이나 기술을 증진시키는 데 필요한 가장 최선의 방법은 무엇인가'를 찾아 자신의 능력을 증진시키고 과제의 완성도를 높이는 데 관심이 있다. 이러한 맥락에서 수행결과는 적절한 수행과정을 거치고 있는지, 아니면 어떠한 노력이 더 필요한지에 대한 정보를 제공해 준다. 따라서 실패는 노력이 부족하거나 현재의 전략이 적절치 않으므로 앞으로의 수행에서는 노력을 더 많이 하거나 보다 나은 전략을 마련할 필요가 있다는 것을 의미할 뿐이다. 숙달목표를 지향하는 사람들은 이러한 정보를 앞으로의 목표를 추구하는 데 직접적인 도움을 주는 것으로 본다.

성취목표와 귀인과의 관계를 확인한 Ames(1984)는 자신의 능력이 동료들과 비교될 것임을 강조한 경쟁적인 조건(수행목표)과 자신의 과거 수행과 앞으로의 수행에서의 향상 정도를 비교할 것임을 강조한 개인적 조건(숙달목표)을 조작하여 성취목표에 따른 귀인의 차이를 확인하였다. 연구결과, 경쟁적인 조건의 피험자들은 실패를 능력으로 귀인하는 경향을 보인 반면 개인적인 조건에서는 실패를 노력으로 귀인함으로써 실패를 경험한 후 그 과제를 더 열심히 수행하는 경향을 보였다.

최근 성취목표 연구는 성취목표에 따라 과제에 대한 내적 동기에 어떠한 차이가 나타나는지를 확인하는 데 관심이 있었다.

성취목표와 내적 동기의 관계를 살펴본 연구들에서는 일반적으로 숙달목표는 내적 동기를 촉진시키는 반면, 수행목표는 내적 동기에 부정적인 효과를 가져온다는 것을 확인하였다(Deci & Ryan, 1990; Heyman & Dweck, 1992; Nicholls, 1989). 즉 숙달목표는 도전을 추구하게 하고 과제에 헌신하게 하며 과제에 대한 흥미를 유발시킴으로써 내적 동기를 촉진시키지만, 수행목표는 성취장면을 위협으로 지각하게 하고 과제에 헌신하는 것을 방해하며 불안과 평가적 압력을 유발시키기 때문에 내적 동기를 저하시킨다.

Elliot 등(1996)은 접근-회피 성취목표의 개념적 틀을 통해 성취목표가 내적 동기에 미치는 효과를 설명하고자 하였다. 숙달목표와 수행접근목표는 능력의 신장이나 능력에 대한 호의적인 평가와 같은 긍정적인 결과를 지향하는 것으로, 이러한 접근지향의 성취목표는 일반적으로 적절한 수준의 과제를 선택하게 하고, 과제에 대한 내적 동기를 촉진시키는 것으로 확인되었다. 특히 숙달목표나 수행접근목표를 추구하는 사람은 성취장면을 도전으로 지각하였다. 이는 과제에 대해 흥미를 갖게 하고 과제에 헌신할 수 있게 하며 개인으로 하여금 성공 또는 과제의 숙달과 관련된 정보를 추구하게 함으로써 내적 동기를 증진시키는 것으로 나타났다. 반면 수행회피목표는 자신의 무능함이 드러나지 않도록 하는 데 관심을 두기 때문에 수행회피목표를 지향하는 개인은 성취장면을 위협으로 지각하고, 가능하다면 그 상황에서 벗어나려고 한다. 이들은 앞으로의 수행에서 실패할 가능성에 주의를 기울임으로써 불안을 경험하게 되며 실패로부터 자신을 보호하기 위해 과제에 정서적·인지적 노력을 투입하지 않을 뿐만 아니라 과제에 집중하지 못하며 결국 과제에 대한 내적 동기가 저하되는 것으로 확인되었다.

한편, Elliot 등(1997)도 성취목표가 내적 동기에 미치는 효과를 확인하였다. 그 결과, 숙달목표는 내적 동기를 높이고, 수행회피목표는 내적 동기를 저하시키며, 수행접근목표와 내적 동기는 관계가 없는 것으로 확인되었다. 수행접근목표가 내적 동기와 관계가 없다는 점에서는 Elliot 등(1996)의 연구결과와 다른 측면을 보이지만, 이 결과 역시 숙달목표는 내적 동기를 증진시키는 효과가 있는 반면 수행회피목표는 내적 동기에 부정적인 영향을 미친다는 것을 재확인해 주었다. 두 연구를 통해 얻어진 결론은 숙달목표와 수행접근목표는 내적 동기에 긍정적인 효과를 보이거나 부정적인 효과를 보이지 않는 반면, 수행회피목표는 내적 동기를 저해하는 효과가 있다는 것이다. 또한 Elliot 등(1997)은 성취목표가 대학생들의 실제 학업수행에 미치는 효과를 확인하였다. 숙달목표는 학점으로 측정한 실제 학업수행과는 관계가 없는 것으로 나타났으며, 수행접근목표는 학업수행을 높이는 반면, 수행회피목표는 실제 학업수행을 저하시키는 것으로 확인되었다. 예컨대 수행목표를 접근경향성과 회피경향성을 고려하여 수행접근목표와 수행회피목표로 구분하였을 때는 기존의 성취목표의 이분류체계에서 과제 수행을 저해하는 수행목표의 효과는 실패에 대한 두려움을 기저로 하는 수행회피목표에서만 나타나는 것으로 확인되었다.

성취목표에 관한 선행연구들은 주로 학업장면에 국한되어 왔다. Carole과 Russell(1984)은 동기의 체제를 교사 자신이 평가되는 상황과 과제에 대한 학생의 숙달상황으로 구분하고 그에 따라 추구하는 목표, 의미 있게 받아들이는 정보, 귀인의 초점, 자기평가와 전략이 달라진다고 보았다. 즉 어떤 상황에서 교사의 동기가 과제수행의 결과를 통해 자신의 능력이 평가되는 것(ability-evaluative)으로 지각하는 경우, 교실 내에서 추구하고자 하는 목표는 교사 자신의 자기고양(self-enhancement)에 있다. 이런 목표를 가진 교사는 교실 내에서 학생들의 통제와 자신의 자존감이 밀접하게 관련이 있는 것으로 여겨 학생들을 통제하고 그것을 유지하는 것에 초점을 둔다. 따라서 이들은 지시적인 교육방식의 교사 중심 교육관을 채택하는 경향이 높다. 즉 교사와 학생 간의 관계를 경쟁장면으로 지각하고, 학생의 학업성취는 교사 자신의 능력으로 귀인하는 반면, 학생의 학업실패는 학생의 능력부족으로 귀인하는 특성을 갖는다. 교사 자신의 자기평가와 교육장면에서 주로 사용하는 전략은 자신의 유능함을 과시하고 무능함을 감추려고 하는 데 초점을 맞추기 때문에 학업의 성취과정보다는 학업성취 결과에만 관심을 둔다.

반면, 학습장면에서 교사가 추구하려는 목표가 학생의 과제숙달(task-mastery)에 있는 경우는 학생이 과제를 성취하고 가치 있는 목표를 완수하는 데 의미를 부여한다. 이런 목표를 가진 교사들은 학생들이 보다 독립성과 유능함을 성취할 수 있도록 돕고자 한다. 따라서 이들은 학생들의 자율을 강조하고 교사와 학생의 활발한 상호작용에 관심을 두는 학생 중심의 교육관을 채택하려는 경향이 높다. 과제성취에 목표를 둔 교사의 경우는 학생 개개인의 성취목표와 관련된 과거의 수행을 의미 있는 정보로 받아들인다. 이들은 학생의 학업성취에 있어서 얼마나 중요한 목표가 성취되어야 하고 어떤 목표가 학생을 위해서 성취되어야 하는지에 관심이 있다. 이렇게 볼 때 학생과 학업성취 여부가 학생과 교사의 노력으로 귀인하게 되므로 교사의 능력과 노력은 학생의 가치 있는 목표를 완수하는 수단이 된다. 교사 자신의 평가와 수업장면에서 사용하는 학습전략에 있어서도 학생들의 과제성취에 필요한 능력을 극대화하는 것으로 구성한다. 이렇게 학교현장에서 동기의 질적인 관점에 따라 교사가 갖는 목표는 달라질 수 있고, 다른 목표에 따라서 채택하는 학습전략, 의미 있게 받아들이는 정보, 귀인의 초점이나 자기 자신의 평가 등은 달라진다(정은선, 1999).

이렇게 성취목표는 조직장면에 활용될 수 있는 그 가능성이 큼에도, 상대적으로 국내에서는 이에 대한 연구가 거의 이루어지지 않았다. 강내경(1998)은 성취목표와 조직에 대한 감정적 헌신 간의 관계를 확인한 바 있다. 그는 숙달목표와 수행접근목표는 감정적 헌신과 통계적으로 유의한 정적상관이 있는 반면, 수행회피목표와 감정적 헌신의 관계는 유의하지 않다는 결론을 내렸다. 이것은 업무수행에 관련된 자신의 능력이나 기술을 개발하고자 하는 숙달목표나 다른 구성원에 비해 업무를 더 잘 수행하려는 수행접근목표를 지향하는 구성원들은 자신의 조직에 감정적으로 충성을 표시하고 애착을 갖는 감정적 헌신이 증가한다는 것이다. 전수현(1999)은 기업현장에서 성취목표의 효과를 검증하는 연구를 통해 조직구성원이 지향하는 성취목표는 훈련프로그램의 설계와 시행에 중요한 의미를 갖는다고 하였다.

숙달목표와 수행접근목표가 높을수록 업무성과를 능력과 노력으로 귀인하고 자신의 업무수행 결과에 대해 잘한 점과 개선할 점을 알 수 있는 정보로 추구하는 반면, 수행회피목표는 업무성과를 운에 의해 결정되는 것으로 보았으며, 부정적인 피드백에 대해 부정적인 정서를 많이 경험하며 전반적인 직장생활에서도 부정감이 증가하는 것으로 확인되었다. 결과적으로 전수현은 조직구성원들이 추구하는 성취목표에 따라 성취와 관련된 인지적, 정서적, 동기적 그리고 조직효과성 측면에서 차이가 나타나며 개인의 능력에 대한 신념 및 업무에 대한 자신감과 조직의 직무환경이 이러한 조직구성원들의 성취목표를 결정하는 중요한 요인임을 확인하였다.

이로써 교사의 교직헌신과 성취목표가 어떤 관계에 있는지를 살펴볼 필요가 있다. 그리고 이 관계가 조직헌신과의 관계와 어떤 차이를 보여주는지 살펴본다면, 교직헌신과 조직헌신을 구분하는 데 하나의 명확한 구분점을 줄 수 있을 것이다.

사례연구

Chapter_3

연구문제 및 가설

일반적으로 교수-학습의 질은 교사의 자질과 역할에 달려 있다고 말한다. 교육의 측면에서 교사의 위치의 중요성을 보여주기 위해서는 교사 개인들이 얼마나 학생들을 가르치는 일에 대한 태도와 준비가 잘되어 있는지를 밝혀보아야 하며, 이 준비도가 실제 교육현장에서 얼마만큼의 효과를 발휘하고 있는지를 알아보는 일은 중요할 것이다.

지금껏 나는 교사로서의 자질과 역할을 극대화시키기 위해 교사가 가져야 할 태도로 교직헌신이란 개념을 제시하고 이를 '교직에 대한 적극적인 헌신'으로 규정했다. 이것은 교사의 모습을 정립하는 데 가장 기본이 되는 요소이다. 당연한 듯 여겨지는 요소처럼 보이지만, 지금까지 교사의 교직에 대한 헌신의 개념은 학교조직에 대한 매력인 '조직헌신'으로 규정되어 옴으로써 실질적으로 교사들이 가르치는 행위 그 자체에 대한 매력을 측정하는 데 있어서 한계점을 보여주었다. 이런 이유로 본 장에서의 연구는 전문적 헌신에서 도출된 교직헌신의 개념을 조직헌신과 구별하고, 교사들의 교직헌신의 측정을 통해 이 교직헌신이 실제 교육의 제 변인들에 어떤 영향을 미치는지를 살펴봄으로써 교직헌신의 기능을 다각적으로 규명함과 동시에, 조직헌신의 개념도입을 통해 비교・검토해 보고자 한다.

교육현장에서 교사가 해야 할 일 중 가장 중요한 요소는 당연히 학생들을 가르치는 일이다. 그러므로 교육의 성과를 직접적으로 측정한다고 할 때, 이런 성과는 교사가 수행하는 수업의 효과성을 통해 측정될 수밖에 없다. 효과적인 교사는 효과적인 수업을 할 것이기 때문이다. 하지만 수업은 기능적 수업행위 자체만으로 효과성을 창출해 낼 수 없다. 수업은 교사 자체의 인성, 교사들의 전문성 향상을 위한 끊임없는 노력, 교사와 학생 간의 상호작용이란 다측면적인 요소로 이루어진다. 이렇게 볼 때 교사는 지식적인 측면뿐 아니라, 인성적 측면을 갖출 때 교사로서 존재가치가 있으며, 학생들에게 보다 효과적으로 작용할 것이다. 그러므로 효과적인 교사는 수업효과성이 아닌 교수효과성으로 측정되어야 할 것이다.

하지만 현재, 실제 교육현장에서 교사들은 가르치는 일에만 전념할 수 있는 여건에 있지 않다. 교직수행과 동시에 교사는 교직의 요구에 대한 수행이 필요하다. 이것을 교사들은 교사와 행정가와의 관계를 통해 설명될 수 있는 요인으로 인식하며 '업무'라고 칭한다. 우리 교육이 안고 있는 문제점들 중에서 비교적 높은 순위를 차지하고 있는 문제가 관료조직이 요구하는 행정적 업무가 교사들에게 과다하게 부여되고 있다는 점이라고 할 수 있다. 물론, 교사들의 업무 중 교육적 목적으로 이루어지는 것도 있지만 대부분의 업무는 관리의 목적으로 이루어지고 있으며, 일부 교원들은 이를 잡무로 인식하는 경우가 많다.

이런 현실에서도 알 수 있듯이, 교직은 다른 직업과 달리 단일측면으로만 설명할 수 없는 복합된 개념을 포함한다. 앞에서 제시하였듯, 교직은 교사들이 본연의 업무로 여기는 학생을 가르치는 일과 교사들이 잡무처럼 느끼는 학교조직의 관료화된 행정적 업무의 결합이다. 이 때문에 교직은 교사 개인의 업무 자체에 대한 관여만을 설명하는 직무헌신으로는 설명하기 미약하고, 조직에 대한 헌신으로도 설명하기 어려운 부분을 함축하고 있다. 또한 조직의 목표와 개인의 목표와의 동일시, 조직에 대한 애착인 결속, 조직에 지속적으로 남고자 하는 충성을 최우선으로 중요시하는 조직헌신의 강조는 결과적으로, 상대적으로 좋은 교사란 누구이며 어떤 조직의 환경이 교사의 가르치는 일에 대한 헌신을 높일 수 있는가에 대한 측면을 소홀히 하게 되었다. 이런 한계를 극복하기 위한 대안으로 교직을 전문직이라는 전제 하에 전문적 헌신과 동일한 개념으로 교사헌신 또는 교직헌신이라는 개념이 새롭게 부각되었다. 교사의 가르치는 행위 자체에 대한 애정, 교과목과 학생에 대한 심리적 애착, 자신이 담당하는 교과목에 대한 전문적 지식에 대한 지속적인 향상, 향상된 지식을 수업에서 제시하는 지도방식의 연구 등은 교육의 효율성 측면에서도 상당히 중요한 요소이다. 이것은 교사가 수업을 통해 학생들을 교육하는 데 자발적인 자세를 가지고 적극적으로 헌신함을 의미하는 것이다. 그러므로 전문화되도록 자극받는 교사에게는 조직헌신의 개념보다는 교직헌신의 개념이 더 타당하다 하겠다. Firestone 등(1993)도 교사의 헌신은 학생들의 학업성취와 관련이 있음을 지적함으로써 이러한 필요성

을 더욱 강조하게 되었다

이 점에 착안하여 본 장에서의 연구는, 대부분의 교사가 학생을 가르치는 일에 대한 매력 때문에 교사가 된다는 점에서 교직헌신은 교사 스스로 향상시킬 수 있다고 보았으며, 교사들이 자신의 본연의 일이 아니라고 여기는 성향이 강한 가르치는 일 이외의 업무에 대해서는 소홀할 것이라고 가정하였다. 따라서 연구 1에서는 교사들이 학생들을 가르치는 일인 교수업무와 관련된 결과를 교수효과성으로, 반면 학교의 행정적 업무수행의 결과를 업무효과성으로 규정하고, 이러한 교직헌신과 교수효과성, 업무효과성이 어떤 관계를 가지는지를 살펴보고자 한다.

연구 2에서는 연구 1에서 얻은 결과를 바탕으로 교직헌신과 조직헌신이 어떻게 다른 결과를 가져오는지를 비교·확인하고자 한다. 교사로서의 자질과 역할을 극대화시키기 위해 교사가 가져야 할 것으로, 교직헌신을 강조하였다. 이것은 교사의 모습을 정립하는 데 가장 기본이 되는 요소이다. 하지만 지금까지 교사의 교직에 대한 헌신의 개념은 학교조직에 대한 헌신으로 규정되어 옴으로써 실질적으로 교사들이 가르치는 행위 그 자체에 대한 매력을 측정하는 데 한계점을 보여주었다. 이에, 연구 2에서는 교사들의 교직헌신과 조직헌신이 교사의 성취목표 및 직무수행과 어떤 관계를 맺고 있는지 비교·검토해 보고자 한다.

본 연구에서 상정한 연구문제와 가설은 다음과 같다.

- **연구문제 1**: 교직헌신은 교수효과성, 업무효과성과 어떤 관계가 있는가?

- 가설 1 : 교직헌신은 업무효과성보다는 교수효과성과 더욱 밀접한 관계가 있을 것이다.

연구 1은 학생을 가르치는 일에 대한 매력 때문에 교사가 되기를 원하는 교사들이 학생을 가르치는 일과 가르치는 일 외에 주어진 업무에 대해 어떤 결과를 보여주는지를 확인해 보고자 하며, 이들의 관계를 그림으로 제시하면 다음과 같다.

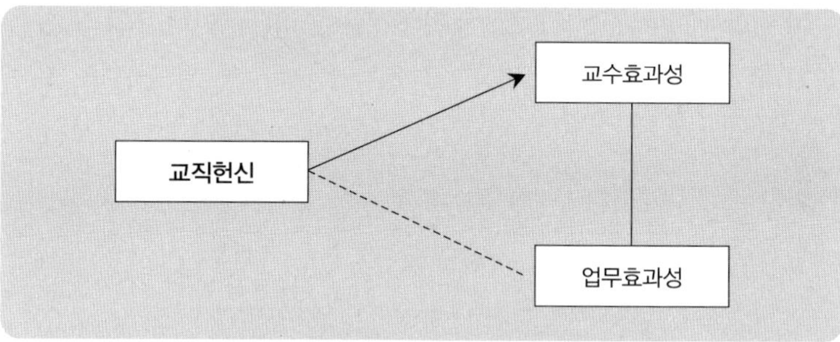

[그림 3-1] 교직헌신, 교수효과성, 업무효과성의 관계

• 연구문제 2-1 : 교직헌신과 조직헌신은 교사의 성취목표와 어떤 관계가 있는가?
  - 가설 2 : 교직헌신은 숙달목표, 수행접근목표와 정적 관계가 있고, 조직헌신은 수행접근목표, 수행회피목표와 정적 관계가 있을 것이다.
• 연구문제 2-2 : 교직헌신과 조직헌신은 근무성적평정과 어떤 관계가 있는가?
  - 가설 3 : 교직헌신은 근무성적평정의 교수영역과 정적 관

계가 있고, 조직헌신은 근무성적평정의 비교수영역과 정적 관계가 있을 것이다.

- 연구문제 2-3 : 교사의 성취목표와 근무성적평정은 어떤 관계가 있는가?
  - 가설 4 : 숙달목표는 근무성적평정의 교수영역과 정적 관계가 있고, 수행접근목표는 근무성적평정의 비교수영역과 정적 관계가 있을 것이다.

이상의 내용을 중심으로 생각해 볼 수 있는 연구 2의 모형을 제시하면 다음과 같다.

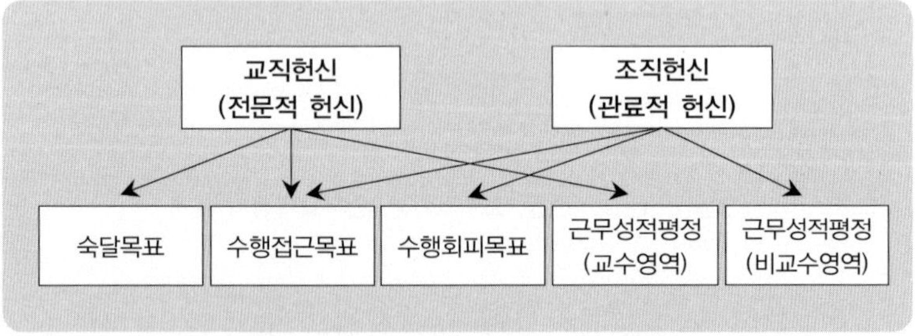

[그림 3-2] 교직헌신, 조직헌신, 성취목표, 근무성적평정 간의 관계

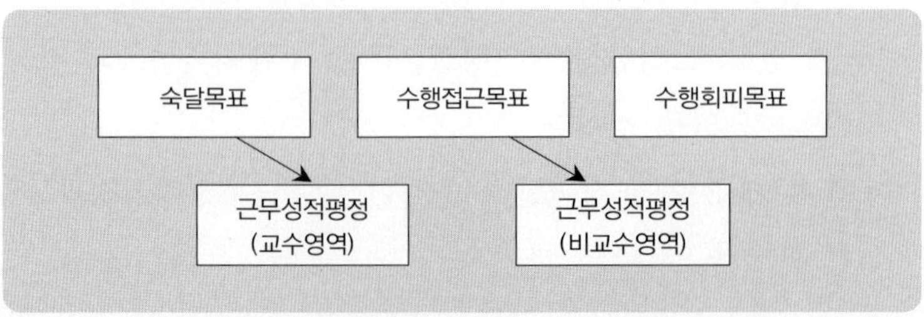

[그림 3-3] 성취목표와 근무성적평정 간의 관계

1 사례연구 1 : 교직헌신과 교수효과성 및 업무효과성의 관계

교수효과성과 업무효과성

교육현장에서 교사가 해야 할 일 중 가장 중요한 역할은 당연히 학생들을 가르치는 일이다. 그러므로 교육의 성과를 직접적으로 측정한다고 할 때, 이런 성과는 교사가 수행하는 수업의 효과성을 통해 측정될 수밖에 없다. 효과적인 교사는 효과적인 수업을 할 것이기 때문이다. 효과적인 수업은 교사의 수업행위와 더불어 교사 자체의 인성, 교사들의 전문성 향상을 위한 끊임없는 노력, 교사와 학생 간의 상호작용에 의해 이루어지는 다측면적인 요소가 포함된다. 즉 교사는 지식적인 측면뿐 아니라 인성적 측면도 포함될 때 교사로서의 존재가치가 있으며, 학생들에게 효과적으로 작용할 것이다. 그러므로 수업효과성이 아닌 교수효과성이 되어야 하는 것이다.

한편 교직생활을 수행하는 과정에 교사는 학교라는 조직을 매개로 하여 수행하게 된다. 실제 교육현장에서 교사들은 교사와 행정가와의 관계를 통해 설명될 수 있는 요인을 업무라고 칭한다. 여기에는 교육적 목적으로 이루어지는 것도 있지만, 대부분의 업무는 관리의 목적으로 이루어지고 있으며 일부 교원들은 이를 잡무로 인식하는 경우가 많다. 그럼에도 이런 업무는 학교의 운영상 불가피한 일로 여겨지고 있다. 즉 교직이라는 특징은 매우 독립적인 전문성을 가지며 교실이라는 공간에서 독립적이고 전문적으로 학생들과의 관계를 통해 교육의 목적을 수행하는 반면, 현실적인 입장에서 교사들이 자신의 본연의 업무라고 여기지 않는 학교의 행정적인 관리적 영역의 일도 수행해야 한다.

이에 근거하여 연구 1에서는, 학생을 가르치는 일에 대한 매력 때문에 교사가 되기를 원하는 교사들이 학생을 가르치는 일과 가르치는 일 외에 주어진 업무에 대해 어떤 효과성을 보여주는지를 알아보았다.

연구방법

(1) 조사대상은 누구인가

연구 1을 위한 조사는 서울 및 경기지역의 초등학교 교사와 학생들을 대상으로 실시되었다. 우선, 업무효과성의 측정을 위해, 교사들이 학교에서 담당하고 있는 업무분장표를 중심으로 교무부와 연구부를 담당하는 부장교사와 그 부서의 업무를 담당하는 교사를 대상으로 하였다. 둘째, 교수효과성의 측정을 위해 검사지 내용을 이해할 수 있는 수준을 감안하여 초등학교 4, 5, 6학년을 대상으로 선정하였다. 즉 학교에서 교무부와 연구부 소속의 업무를 담당하는 4, 5, 6학년 담임교사와 그 반 학생, 교무부장, 연구부장이 연구의 대상이었다.

설문지는 75명의 교사, 28명의 교무부장과 연구부장, 2,580명의 학생에게 배부되었으나, 71명의 교사용, 27명의 부장교사용 및 2,425부의 학생용이 회수되었다. 미회수된 설문지는 교수효과성 측정에 대한 거부반응으로 설문응답을 거부한 2명의 교사가 포함된다. 회수된 설문지 중 부장교사의 설문지와 교사의 설문지가 상호 일치하지 않는 4부와 학생용 설문지 155부를 제외하고, 무성의하게 응답된 학생설문지 138부가 제외되었다. 최종적으로 교사용 67부, 부장용 25부, 학생용 2,132부가 분석에 사용되었다.

연구 1은 교직헌신 개념을 객관적으로 제시하고자 실질적으로 교사의 수행을 통해 나타나는 결과의 측면을 교사와의 관계를 형성하고 있는 타인들을 통해 측정하고자 했다. 이런 이유로 교육적 측면에서는 가장 직접적인 수혜자라고 할 수 있는 학생들의 시각을 통해 점검해 보고, 관리적 측면에서는 소속 부서장의 관점에서 측정했다. 교직헌신에 대한 측정은 교사가 응답했으며, 교수효과성에 대해서는 학생들이, 마지막으로 업무효과성에 대한 측정은 부장교사가 하도록 하였다.

(2) 측정도구는 무엇인가

❶ 교직헌신

교직헌신을 측정하기 위해서는 노종희(2004)가 개발한 교직헌신질문지(CTQ : Commitment to Teaching Questionnaire)를 사용하였다. 이 척도는 교사의 교직에 대한 헌신을 측정하기 위한 것으로 전문의식, 교육애, 열정에 각 5문항 씩 총 15개 문항으로 구성되어 있으며, 각각의 내용은 〈표 3-1〉과 같다.

〈표 3-1〉 교직헌신의 하위요인 및 내용

하위요인	내 용	Cronbach α
전문의식	교사들이 긍지와 자부심을 가지고 만족스럽게 교직생활을 영위하는 자세	.88
교 육 애	교사들이 학생교육에 기본이 되는 가치, 규범, 역할 등을 수용하는 자세	.84
열 정	교사들이 정규 근무시간에 관계없이 학생교육에 자발적으로 참여하는 자세	.69

❷ 교수효과성

기순신(2001)은 학생이 생각하는 훌륭한 교사의 기준으로 교사의 인격적 자질, 아동과의 관계, 수업절차와 수업기법을 제시하였다. Berg 등(2004)은 간호학과 학생들과의 토론을 통해 간호학을 가르치는 교수들 중 효과적인 교수와 비효과적인 교수의 특징들을 인성(personality), 교수방법(teaching method), 설명(presentation), 품행 / 태도(demeanor / attitude), 열정(enthusuasm), 행위(conduct), 지식(knowledge), 도움 / 유용성(helpfulness / availability), 의사소통(communication), 공정성(fairness)의 요인을 통해 구분하였다. Tang 등(2005)은 간호학교 학생들을 대상으로 "효과적 · 비효과적 교사의 특징은 무엇인가?"라는 질문을 통해 효과적인 교사를 구분하는 특징으로 전문적 능력, 대인관계, 개인적 특성, 수업능력을 목록화 하였다. 그 외 다른 선행연구들(Ramsden, 1992; Cruickshank, et al., 1995; 주동범 등, 2000; 조영남, 2001)의 검토를 통해 교수효과성의 공통적인 특징으로 인성특성, 대인관계, 수업능력으로 구분하고, 지도교수의 도움을 받아 각각의 세부요인을 작성하였다. 교수효과성 측정을 위한 문항은 세부요인을 기초로 하여 초등학교 수준에 맞게 작성하였다. 이 과정에서 현직교사 2인에게 검사지 문항이 초등학교 학생들이 이해할 수 있는 수준인지에 대해 검토를 요청했으며, 초등학교 4학년 학생을 통해 예비검사를 실시하였다. 교수효과성을 측정하기 위한 변인은 3개 요인 14문항으로 구성되었으며, 각각의 내용은 〈표 3-2〉와 같다.

〈표 3-2〉 교수효과성의 하위요인 및 내용

하위요인	내 용	Cronbach α
인성특성	수업 내·외적으로 학생들이 본받을 수 있는 교사의 자질	.95
대인관계	교사와 학생 간의 원활하고 긍정적인 관계	.88
수업능력	교사가 교수-학습 활동 중에 행하는 교사의 행동이나 교사의 특성을 포함한 행위	.94

❸ 업무효과성

업무효과성 측정을 위해서는 근무성적평정의 준거를 활용하였다. 교사들의 근무성적평정에 대해서는 현행 교육공무원승진규정 제28조의 2~28조의 9(2007. 5. 25 신설)에 규정되어 있다. 교사들의 근무성적평정 기준은 자질 및 태도, 근무실적 및 근무수행능력이며 각각 교육자로서의 품성, 공직자로서의 자세와 학습지도, 생활지도, 교육연구 및 담당업무를 평정요소로 포함한다.

이 기준에 근거하여 본 연구에서의 업무효과성의 측정기준은 현재 공무원 근무성적평정의 평가기준으로 사용되는 업무추진실적, 업무수행능력, 업무수행태도로 구분하였다. 업무추진실적에는 업무개선도, 조직기여도, 실적의 질과 양, 업무의 중요도, 적시성 등이 포함되며, 업무수행능력에는 정보화 능력, 업무추진력, 업무숙지도, 이해판단력, 창의성, 기획력이 포함되며, 업무수행태도에는 노력도, 책임성, 협조성 등이 포함된다. 이 측정에는 학습지도나 생활지도의 요소는 배제된 순수하게 교사에게 주어진 수업 외적인 일에 국한하였다.

〈표 3-3〉 업무효과성의 하위요인 및 내용

하위요인	내 용	Cronbach α
업무추진실적	정해진 업무목표의 달성 정도 및 그 업무의 양과 질	.89
업무수행능력	조직의 목표 및 주어진 업무에 대한 정확한 이해를 바탕으로 업무를 창의적으로 수행해내는 정도	.93
업무수행태도	업무를 수행하는 자세와 책임의 정도	.86

결과 및 논의

교직헌신이 교수효과성, 업무효과성과 어떤 관계가 있는가를 알아본 연구 1의 분석결과는 다음과 같다. 연구 1의 분석을 위한 교수효과성의 점수는 자신의 담임교사에 대해 학생들이 문항별로 응답한 응답점수를 문항별로 평균점을 구하고, 그 평균점을 하나의 데이터 점수로 간주하여 사용하였다.

우선, 본 연구의 변인으로 설정된 교직헌신, 교수효과성, 업무효과성의 관계 파악을 위해서 이들 간의 단순상관계수(Pearson's r)를 알아보았다.

(1) 교직헌신은 교수효과성 및 업무효과성과 어떤 관련이 있나

〈표 3-4〉 교직헌신, 교수효과성, 업무효과성 간의 상관계수(r)

	교수효과성	업무효과성
교직헌신	.58**	.06

$^{**}p < .01$

〈표 3-4〉에서 볼 수 있듯이, 교직헌신과 교수효과성의 상관이 통계적으로 유의하지만($r = .58$, $p < .01$), 교직헌신과 업무효과성은 유의한 상관을 보여주지 못하였다. 이것은 교직헌신이 높은 교사들은 자신이 교육자로서 해야 할 일이라고 생각하는 영역에 대해서는 효과적인 반면, 그렇다고 생각하지 않는 영역에 대해서는 효과적이지 않다는 것을 알 수 있다. 즉 교직에 대해 높은 긍지와 자부심을 가지고 열정적으로 수행하는 교사에 대해서는 학생들도 긍정적으로 평가하고 있는 반면, 교직에 대한 높은 긍지와 자부심을 가지고 열정적으로 수행하는 교사라 할지라도 업무부분에서는 효과적으로 수행하지 못할 수도 있다는 의미이다.

이렇듯 위의 결과에서 교직헌신이 교수효과성과 정적상관이 있음을 알 수 있었다. 이를 좀 더 구체적으로 교직헌신의 하위요인을 결정하는 주된 교수효과성 요인은 무엇인지를 알아보고자 교수효과성을 종속변인으로 하여 중다회귀분석을 실시하였

으며, 오차 변량의 독립성 검증을 위해 실시된 Dubin-Watson 검증결과는 2 미만이므로 독립변인들 간의 상관관계는 무시할 수 있다. 중다회귀분석의 결과는 〈표 3-5〉에 요약 · 제시하였다.

〈표 3-5〉 교수효과성 하위요인에 대한 교직헌신 하위요인의 중다회귀분석 결과 요약

종속변인	독립변인	Beta	t
인 성	전문의식	.40	2.89**
	R = .53	R^2 = .29	F = 8.09
대인관계	전문의식	.39	2.98**
	열 정	.25	2.04*
	R = .60	R^2 = .36	F = 11.36
수업능력	전문의식	.38	2.91**
	열 정	.32	2.64*
	R = .60	R^2 = .36	F = 11.69

*$p < .05$ **$p < .01$

〈표 3-5〉에서 나타난 바와 같이, 교직헌신의 하위요인과 인성과의 중다상관이 R = .53으로 교직헌신의 하위요인에 의해 인성이 예언되는 정도는 29%였다(F = 8.09, p <. 001). 인성에 대한 교직헌신 하위요인 각각의 β값은 전문의식에서만 .40으로 통계적으로 유의하였으며, 열정에서는 .25(p = .06)로 경향성을 보였다. 전문의식은 인성을 증가시키는 것으로 나타났다. 이것은 교사로서의 자부심과 긍지는 학생들에게 모범이 되는 교사의 자질에 영향을 미치는 것으로 보여진다. 한편 교직헌신의 하위요인과 인성 간의 상관관계는 전문의식과 교육애, 열정이 통계적으로 유의한 상관(r = .49, r = .35, r = .40, p < .01)을 보였으나, 중다

회귀분석 결과, 인성에 대한 교육애와 열정의 예언력은 거의 없는 것으로 나타났다.

이어서, 교직헌신의 하위요인과 대인관계의 중다상관은 R=.60으로 교직헌신의 하위요인에 의해 대인관계가 예언되는 정도는 36%였다(F=11.36, p<.001). 대인관계에 대한 교직헌신의 하위요인 중 통계적으로 유의미한 β값을 보여주는 것은 전문의식(.39)과 열정(.25)이었다. 교직헌신의 하위요인과 대인관계의 상관관계분석 결과에서는 전문의식, 교육애, 열정 모두가 대인관계와 통계적으로 유의미한 상관을 보였지만(r=.54, r=.45, r=.45, p<.01), 중다회귀분석 결과 대인관계에 대한 교육애의 예언력은 유의하지 않았다.

교직헌신의 하위요인과 수업능력과의 중다상관은 R=.60으로 교직헌신의 하위요인에 의해 수업능력은 36%가 설명되었다(F=11.69, p<.001). 수업능력에 대한 교직헌신 하위요인 각각의 β값은 전문의식 .38, 열정이 .32로 통계적으로 유의하였다. 전문의식과 열정이 교사의 수업능력을 증가시키는 것으로 나타났다. 교직에 대해 자부심을 가지고 정규시간에 관계없이 학생교육에 자발적으로 참여하는 자세는 교사의 교수-학습 활동에 영향을 미치는 것으로 해석된다. 한편 교직헌신의 하위요인과 수업능력의 상관관계 결과에서는 전문의식, 교육애, 열정 모두가 통계적으로 유의한 상관(r=.53, r=.42, r=.49, p<.01)을 보였으나, 중다회귀분석 결과 수업능력에 대한 교육애의 예언력은 없는 것으로 나타났다.

이러한 결과로, 교직헌신과 교수효과성, 업무효과성의 관계를 통해 교직헌신은 교수효과성과 정적상관을 보이지만 업무효과성과는 상관이 없다는 것을 알 수 있었다. 이로써 교직헌신은 업무효과성보다는 교수효과성과 더욱 밀접한 관계가 있음을 보다 분명히 알 수 있다.

(2) 학생들도 가르치는 일을 좋아하는 교사를 좋은 교사로 인식한다

교직헌신이 교수효과성과 상관이 있다는 것은 가르치는 일에 대해 자부심과 긍지를 가지고 학생들을 위해 과외의 노력을 기울이는 교사일수록 학생들도 좋은 교사로 인식하고 있다는 것이다. 이것은 교사가 가르치는 행위 자체를 즐겁게 여기고 능력증대를 위해 자발적으로 노력하려는 의도가 높을수록 교직에 대해서도 긍지와 자부심을 가지고 적극적으로 학생들을 대하며, 이것은 곧 학생들에게 긍정적 효과로 나타날 수 있다는 의미이다. 이는 당연한 결과일 수 있으나 실제 학생들이 교육의 효과를 긍정적으로 느낄 수 있게 하는 것은 계속적으로 지적되고 있는 교사의 역량에 중요한 관점을 제공해 준다. 이는 곧 교육현장에서 교사들의 헌신을 향상시킬 수 있는 여건이 마련되어야 함을 시사해 준다.

효과적인 교사가 되기 위해서는 가르치는 행위에 대한 적극적인 관심과 학생에 대한 사랑이 우선되어야 한다. 그러면 교직에 헌신적인 교사가 실질적으로 학생들에게 효과적인 교사로 인식되는가?

연구 1에서는 첫째, 교직헌신이 높을수록 교수효과성이 높다는 것을 밝힘으로써 스스로 교직에 헌신적인 교사일수록 학생 역시 교수효과성이 높다고 인식하고 있음을 보여주었다. 또한 전문의식에는 교사의 인성, 대인관계, 수업능력이, 열정에는 대인관계, 수업능력이 영향을 미친다는 것을 구체적으로 살펴봄으로써 교수효과성을 높이기 위해서는 교사의 전문의식과 열정이 필요하며, 이 중 교사가 열정보다는 전문의식을 갖출 때 보다 학생들에게 모범적인 교사로 인식되고 있음을 알 수 있었다. 결국, 자신의 일에 대한 열정의 수준을 넘어 자신의 전문성을 향상시키는 지점에 이를 때, 보다 효과적인 교사로서 역할을 할 수 있다는 의미이다. 또한 교사로서의 전문지식뿐 아니라 인격적인 향상을 포함한 수업접근 방식으로 이루어져야 함을 알 수 있었다. 따라서 이런 부분은 다른 사람이 해줄 수 없는 교사 개인의 자발적인 노력에 의해서만 이루어질 수 있으며, 이러한 교사의 노력은 결국 학생들에게 교사의 효과성을 경험하게 하는 결과로 확장되는 것이다. 교사의 가르치는 행위 자체에 대한 애정, 교과목과 학생에 대한 심리적 애착, 자신이 담당하는 교과목에 대한 전문적 지식에 대한 지속적인 향상, 향상된 지식을 수업에서 제시하는 지도방식의 연구 등은 교육의 효율성 측면에서도 상당히 중요한 요소이다. 이것은 교사가 수업을 통해 학생들을 교육하는 데 자발적인 자세를 가지고 적극적으로 헌신함을 의미하는 것이다. 그러므로 전문화되도록 자극받는 교사에게는 조직헌신의 개념보다는 교직헌신의 개념이 더 타당하다 하겠다. Firestone 등(1993)도 교사의 헌신은 학생성취와 관련이 있음을 지적함으로써 이러한 필요성을 더욱 강조하게 되었다.

둘째, 현재 우리 학교조직에서는 교사들이 자신이 속해 있는 조직의 관료적 업무와 관련된 일에 대해 상대적으로 소홀히 하고 있다는 점이다. 실제 학교현장은 교육적인 측면만을 요구하는 것이 아니다. 교사가 된다는 것은 본질적인 교육의 목적수행을 위한 행위 외에 교육수행을 위한 부가적인 행위도 요구하고 있다. 즉 학교조직의 업무분장에 의한 업무가 개개 교사에게 주어진다는 것이다. 이것은 교사가 해야 하는 필수적인 직무수행으로 규정되어 있다. 업무의 영역은 끊임없이 논란의 대상이 되고 있지만, 학교와 다른 사회조직들과의 연계가 강화되고 확대됨에 따라 이러한 업무는 더 증가하게 되고 이는 교사들의 갈등의 원천으로 작용하기도 한다. 이런 상황을 해결하고 학교의 전체적인 효과성을 높이기 위해서는 리더십이 필요하다. 학교의 리더라면 이런 현실을 자각하고 교사들에게 자극을 줄 수 있는 다양한 동기를 부여할 수 있어야 할 것이다. 한편, 보다 본질적인 방안으로는 학교의 관료적 업무가 교사들의 전문성을 향상시킬 수 있는 계기가 될 수 있도록 업무의 내용을 개선하거나, 지극히 관료적 행정은 학교의 전문행정인력을 보다 적극적으로 활용하는 방안도 있을 수 있을 것이다.

2 사례연구 2 : 교직헌신, 조직헌신, 성취목표, 근무성적평정 간의 관계

성취목표가 뚜렷한 교사가 더욱 효과적이다

연구 2에서는 연구 1에서 교직헌신에 의해서만 나타난 결과를 보완하여, 조직헌신과의 비교를 통해 교직헌신과 조직헌신이 어떤 차이가 있는지를 살펴보고, 교직헌신, 조직헌신이 성취목표와 근무성적평정과 어떤 관계를 가지는지를 살펴보려 한다.

성취목표는 과업을 달성하려는 목적으로 정의될 수 있으며(Maehr, 1989), 이는 개인의 성취추구의 목적을 반영하고(Dweck & Leggett, 1988; Maehr, 1989; Nicholls, 1984), 개인이 성취상황에서 어떻게 해석하고 경험하며 행동하는지를 이해하는 데 도움을 준다(Nicholls, 1989). 성취목표 연구자들은 질적으로 서로 다른 성취목표를 제안하고 이들의 결정요인과 그 효과를 대비시키는 연구들을 수행하여 왔다(장성수, 1999). 이 가운데 최근 Elliot 등(1996)은 숙달목표와 수행목표의 이분화된 전통적인 성취목표를 비판하고, 수행목표에 '성공접근'과 '실패회피'의 개념을 함께 고려하여 숙달목표, 수행접근목표, 수행회피목표로 구분한 성취 모델을 제안한 바 있다.

이러한 성취목표를 결정하는 개인 내적 요인은 성취동기, 실패에 대한 두려움 같은 개인의 동기적 성향(Elliot et al., 1997)과 유능감, 지능에 대한 개인의 통제지각(Dweck et al., 1988; Leggett, 1985) 등과 같은 인지적 요인이 있다. 동기적 측면에서 볼 때, 성취동기가 높은 사람일수록 숙달목표와 수행접근목표를 추구하게 되며, 실패에 대한 두려움이 클수록 수행접근목표와 수행회피목표를 지향하게 되므로 숙달목표의 동기적 결정요인은 성취동기이며 수행회피목표의 결정요인은 실패에 대한 두려움임을 알 수 있다. 또한 수행접근목표는 성취동기와 같은 접근지향성과 실패에 대한 두려움과 같은 회피지향성을 모두 포함하는 보다 복합적인 속성의 성취목표라는 것이 확인되었다.

이와 같은 내용에 기초하여 교직헌신, 조직헌신과 성취목표의 관련성을 살펴볼 때, 자신의 개인적 역량과 교직 자체에 대한 애착의 개념을 포함하는 교직헌신은 숙달목표, 수행접근목표와 관련될 것이며, 조직의 목표와 개인의 목표와의 동일시, 조직에 대한 애착인 결속, 조직에 지속적으로 남고자 하는 충성을 최우선으로 중요시하는 조직헌신은 수행접근목표, 수행회피목표와 밀접하게 관련될 것이라고 가정해 볼 수 있다.

또한 전문가로서 교사가 자신의 교직에 대해 애착을 갖는 교직헌신이 형성되고, 조직구성원으로서 조직의 목표와 자신의 목표를 일치시키려는 조직헌신이 형성되었다면 이러한 교직헌신과 조직헌신의 정도에 따라 자신의 업무수행의 결과에 영향을 미칠 수 있을 것이다. 이에 교직헌신과 조직헌신이 교사의 업무수행의 결과에 어떤 영향을 미치는지를 살펴보고 교직헌신과 조직헌신 중 어느 것이 교육현장의 수행에 더 중요한 의미를 가지는지를 검토하였다.

교사의 수행을 측정하는 근무성적평정은 교육자로서의 품성, 공직자로서의 자세, 학습지도, 생활지도, 교육연구, 담당업무로 구분되어 있다. 하지만 본 연구문제의 검토를 위해서 자질 및 태도영역인 교육자로서의 품성과 공직자로서 자세를 제외한 교사의 학교에서의 효과성을 측정할 수 있는 학습지도, 생활지도, 교육연구, 담당업무 요소만 사용하였으며, 그 중 학습지도, 생활지도, 교육연구를 교수영역으로 규정하고 담당업무를 비교수영역으로 규정하고 교수영역과 비교수영역만 사용하였다.

연구방법

(1) 조사대상은 누구인가

본 연구에서는 서울 및 경기지역 초등학교에 근무하고 있는 교사들을 대상으로 설문지를 실시하였다. 배부된 250부 중 총 230부가 회수되었으며, 불성실하게 응답한 3부를 제외하고 최종적으로 227부를 대상으로 하여 분석하였다. 설문조사 대상자 가운데 남자교사는 32명, 여자교사는 195명이었다. 연구 2를 측정하기 위한 설문조사에서는 교사 자신이 평가하는 자기평가 방식을 취하였다.

(2) 측정도구는 무엇인가

❶ 교직헌신

연구 1에서 사용한 교직헌신 질문지를 사용하여 교직헌신을 측정하였으며, 연구 2에서 산출된 교직헌신 하위요인인 전문의식, 교육애, 열정의 Cronbach α는 각각 .87, .83, .72였다.

❷ 조직헌신

교사의 학교조직헌신을 측정하기 위해서는 Porter, Mowday, Steer와 Boulian(1974)의 공동연구에 의해 개발된 조직헌신질 문지(OCQ : Organizational Commitment Questionnaire)를 중심으로 선행연구 자료를 참고하여 사용하였다. 내용과 문항구성은 〈표 3-6〉과 같다.

〈표 3-6〉 조직헌신의 하위요인 및 내용

하위요인	내 용	Cronbach α
충 성 심	학교에 애착을 가지고 잘 되도록 최대한 노력	.83
자 발 성	학교의 구성원이 됨을 가치 있다고 느끼며 직무수행에 스스로 솔선하는 태도	.84
가치수용	학교의 교육활동에 대한 보람과 긍지를 가짐	.89

❸ 성취목표

교사의 성취목표를 측정하는 도구로는 Elliot과 Church(1997)가 개발한 학업장면에서의 성취목표척도를 교육장면에 맞게 연구자가 수정하여 사용하였다. 이 척도는 교사 개인의 교직수행에서의 성취목표를 측정하기 위한 것으로 숙달목표, 수행접근목표, 수행회피목표에 각각 6개 문항씩 총 18개 문항으로 구성되어 있다. 이 3개 하위요인 각각의 내용은 〈표 3-7〉과 같다.

〈표 3-7〉 성취목표의 하위요인 및 내용

하위요인	내 용	Cronbach α
숙달목표	수행이 얼마나 어려울지에 상관없이 능력과 이해를 증진시키려는 개인적 의도	.68
수행접근목표	수행에 있어 다른 사람보다 유능하다는 것을 보이려는 접근	.80
수행회피목표	수행에 있어 다른 사람으로부터 무능하다는 평가를 피하기 위한 접근	.77

❹ 근무성적평정

교사의 근무성적평정을 측정하기 위해서는 교육공무원 승진

규정에 의해 현재 교사에 대한 평가의 준거로 사용하고 있는 2002년 개정된 교사근무성적평정을 사용하였다. 이는 교사의 자질 및 태도, 근무실적 및 근무수행능력을 종합적으로 평가하는 것이다. 자질 및 태도에는 교육자로서의 품성과 공직자로서의 자세가 포함되며, 근무실적 및 근무수행능력에는 학습지도, 생활지도, 교육연구 및 담당업무가 포함된다. 이 중 본 연구에서는 학습지도, 생활지도, 교육연구 및 담당업무만 사용한다. 이들은 각 요인별로 4문항씩 총 12문항으로 구성되어 있으나, 교육연구 요소에 3문항을 추가하여 교육연구 및 담당업무를 교육연구와 담당업무로 구분하고 총 15문항으로 측정하였다. 근무성적평정의 하위요인 및 내용은 〈표 3-8〉과 같다.

〈표 3-8〉 근무성적평정의 하위요인 및 내용

하위요인	내 용	Cronbach α
학습지도	수업준비와 방법, 평가계획의 적절성	.81
생활지도	인성 및 진로지도, 교내 · 외 생활지도	.74
교육연구	연구 및 연수활동	.81
담당업무	담당업무의 처리, 개선과 조정	.78

결과 및 논의

교직헌신과 조직헌신은 교사의 성취목표와 근무성적평정과 어떤 관계를 맺으며, 성취목표와 근무성적평정은 어떤 관계가 있는지를 살펴보기 위해 상관관계분석을 실시하였으며, 교직헌신과 조직헌신 각각의 영향을 통제한 상태에서 나타나는 결과를 알아보기 위해서는 준부분 상관관계분석을 실시하였다. 또한 근무성적평정 요소 중 자질 및 태도영역인 교육자로서의 품성과 공직자로서 자세를 제외한 교사의 학교에서의 효과성을 측정할 수 있는 학습지도, 생활지도, 교육연구, 담당업무 요소만 사용하였다. 그 중 학습지도, 생활지도, 교육연구를 교수영역으로 그리고 담당업무를 비교수영역으로 규정하고, 교수영역과 비교수영역만 사용하였다.

(1) 교직헌신과 조직헌신은 성취목표와 어떤 관련이 있나

교직헌신, 조직헌신과 성취목표의 관계를 알아보기 위하여 교직헌신, 조직헌신과 성취목표 하위요인 간의 단순상관계수를 구하여 〈표 3-9〉에 제시하였다.

〈표 3-9〉 교직헌신, 조직헌신과 성취목표 하위요인 간의 상관계수(r)

	교직헌신	조직헌신	숙달목표	수행접근목표	수행회피목표
교직헌신					
조직헌신	.53**				
숙달목표	.46**	.25**			
수행접근목표	.29**	.35**	.36**		
수행회피목표	.02	.14*	.06	.57**	

$^{*}p < .05$ $^{**}p < .01$

먼저 〈표 3-9〉에서 보는 바와 같이, 교직헌신은 숙달목표, 수행접근목표와 유의한 정적상관을 보여주었고($r = .46$, $r = .29$, $p < .01$), 조직헌신은 숙달목표, 수행접근목표, 수행회피목표와 통계

적으로 유의한 정적상관을 보여주었다($r = .25$, $r = .35$, $p < .01$; $r = .14$, $p < .05$). 교직헌신이 높을수록 숙달목표, 수행접근목표를 설정하는 경향이 강해지며, 조직헌신이 높을수록 숙달목표, 수행접근목표, 수행회피목표를 설정하는 경향이 강해진다는 것을 보여주는 결과이다. 즉 자신의 교직수행에 더 자부심과 열정을 가지는 교사일수록 교사 개인의 동기수준이 높고 자신의 현재 능력을 평가하는 데 관심을 두며, 다른 사람보다 유능하다는 것을 보이고 더 좋은 평가를 받으려는 성향이 강하다 할 수 있으며, 또한 자신이 속한 학교와 일치하려는 성향은 자신의 현재 능력평가에 관심을 두며, 다른 사람보다 더 좋은 평가를 받으려는 것 뿐 아니라, 다른 사람들로부터 무능하다는 평가를 피하기 위해 조직수행을 열심히 하는 것으로 볼 수 있다.

(2) 교직헌신은 교사의 자발적 동기화가 중요하다

결국, 교직헌신은 교사 개인의 자발적 동기성향이 강한 반면, 조직헌신은 구성원들이 외부의 평가에 더 민감하게 반응하게 하는 요소임을 알 수 있다. 성취목표의 하위요소와 교직헌신과 조직헌신의 상관관계를 보다 세밀하게 분석하면 이런 결론은 더욱 명확하게 드러난다.

실제 자신의 능력이나 기술을 증진시키는 데 초점을 주는 요인인 숙달목표의 교직헌신과 조직헌신과의 관계를 보면 상대적으로 교직헌신과 더 관련성이 높음을 알 수 있다. 이것은 교사 개인의 교직 자체에 대한 자발적 헌신이 상대적으로 전문성 향상과 더욱 더 관련되어 있음을 보여주는 것이다. 숙달목표와는 달리 수행접근목표는 조직헌신과 상대적으로 더 관련되어 있다. 이러한 결과는 수행접근목표는 다른 타인과의 관계 속에서 자신의 능력을 보여주는 속성과 관련이 있기에 교직헌신보다는 조직적 속성을 지니는 조직헌신이 더 관련이 높은 것으로 보인다. 수행회피목표는 조직헌신과 통계적으로 유의한 관련을 보여주었다. 조직의 목표와 자신을 일치시키려는 성향이 강한 사람일수록 다른 사람들로부터 무능하다는 평가를 피하기 위해 수행하려는 동기가 강한 것으로 해석할 수 있다.

결과적으로, 교사의 교직헌신 형성에는 숙달목표와 수행접근목표가 유의한 상관이 있는 반면, 조직헌신 형성에는 숙달목표, 수행접근목표, 수행회피목표 모두가 유의한 상관을 보여준다.

각 성취목표 간에도 통계적으로 유의한 상관이 있음이 확인되었다. 숙달목표는 수행접근목표와는 정적상관을 보이지만($r = .36$, $p < .01$), 수행회피목표와는 통계적으로 유의한 상관을 보여주지 못하고 있으며, 수행접근목표는 수행회피목표와 비교적 높은 정적상관($r = .57$, $p < .01$)을 보여준다. 이것은 숙달목표가 높을수록 자신의 교직수행능력에 대해 다른 구성원보다 더 좋은 평가를 받으려는 수행접근목표가 높고, 수행접근목표가 높을수록 다른 구성원에 비해 뒤떨어지지 않으려는 수행회피목표가 높아진다는 것을 나타내는 것이다.

(3) 교직헌신과 조직헌신의 독립적 효과에 관한 측정결과

하지만, 교직헌신과 조직헌신과의 상관이 .53($p < .01$)으로 높게 나타났으므로, 교직헌신과 조직헌신의 독립적인 효과를 알

아볼 필요가 있다. 일반적으로 조직헌신과 직업헌신은 서로 정적인 관계이며, 조직헌신이 높을수록 직업헌신 수준도 높아진다는 것이 전통적인 입장이었으나, 헌신에 대한 연구가 진행되면서 직업적 요구와 조직의 요구가 다름에 따라 이 두 헌신은 서로 배타적이라는 것이 새로운 주장으로 떠올랐다(안관영, 2003). 그러므로 이들 각각의 영향을 통제한 상태에서 나타나는 결과를 살펴볼 필요가 있다. 이에 조직헌신이 미치는 영향을 통제한 성취목표와 교직헌신을 통제한 성취목표 간에 어떠한 관계가 있는지 알아보기 위해 준부분 상관분석을 실시하여 그 결과를 〈표 3-10〉에 제시하였다.

〈표 3-10〉 교직헌신, 조직헌신과 성취목표 하위요인간의 준부분상관계수(r)

	교직헌신[1]	조직헌신[2]
숙달목표	.40***	.01
수행접근목표	.14*	.23**
수행회피목표	-.08	.16*

$^{*}p<.05$ $^{**}p<.01$ $^{***}p<.001$

1) 조직헌신과의 상관을 배제한 교직헌신을 나타냄.

2) 교직헌신과의 상관을 배제한 조직헌신을 나타냄.

〈표 3-10〉에서 볼 수 있듯이, 조직헌신의 효과를 배제했을 때 교직헌신은 숙달목표, 수행접근목표와 정적상관을 보였다($r=.40$, $p<.001$; $r=.14$, $p<.05$). 조직헌신이 배제되었을 경우 교직헌신이 숙달목표에 미치는 영향은 다소 감소하였지만 그 값의 차이는 크지 않은 것으로 나타났다. 교직헌신이 배제되었을 경

우, 조직헌신은 수행접근목표, 수행회피목표와 유의한 상관을 나타내었다($r=.23$, $p<.01$; $r=.16$, $p<.05$). 이는 교직헌신이 높을수록 숙달목표와 수행접근목표를 설정하는 경향이 강해지며, 조직헌신이 높을수록 수행접근목표와 수행회피목표를 설정하는 경향이 강해진다는 것을 보여주는 결과라 할 수 있다. 하지만 교직헌신이 미치는 효과를 통계적으로 통제했을 때, 조직헌신과 숙달목표의 관계는 없는 것으로 나타났다. 이것은 조직의 목표에 자신의 목표를 일치시키려 하고 조직에 충성하려 할수록 자신의 능력이나 기술을 증진시키는 데 초점을 주는 숙달목표에는 영향을 주지 못한다는 것으로 볼 수 있다.

(4) 교직헌신, 조직헌신과 근무성적평정의 관계

다음 〈표 3-11〉은 교직헌신, 조직헌신과 근무성적평정 간의 관계를 알아보기 위해 단순상관관계를 분석한 결과다.

〈표 3-11〉 교직헌신, 조직헌신과 근무성적평정 하위요인 간의 상관계수(r)

	교직헌신	조직헌신	교수영역	비교수영역
교직헌신				
조직헌신	.53**			
교수영역	.68**	.42**		
비교수영역	.44**	.46**	.61**	

**$p<.01$

〈표 3-11〉의 결과에서 보는 것처럼, 교직헌신은 교수영역, 비교수영역과 유의한 정적상관을 보여주었고($r=.68$, $r=.44$, $p<$

.01), 조직헌신은 교수영역, 비교수영역과 통계적으로 유의한 정적상관을 보여주었다($r = .42$, $r = .46$, $p < .01$). 이것은 자신의 교직에 대해 자부심과 열정을 가진 교사일수록 자신의 근무수행에 대해 긍정적으로 인식하고 있으며, 마찬가지로 자신이 속한 학교와 일치하려는 성향이 높을수록 근무수행에 대해 긍정적으로 평가하는 것으로 볼 수 있다. 하지만 교직헌신과 조직헌신과의 상관이 .53($p < .01$)으로 높고 이 두 헌신은 상호 배타적이므로 이들 각각의 영향을 통제한 상태에서 나타나는 결과를 살펴볼 필요가 있다. 이에 조직헌신이 미치는 영향을 통제한 근무성적평정과 교직헌신을 통제한 근무성적평정 간에 어떠한 관계가 있는지 알아보기 위해 준부분 상관분석을 실시하여 그 결과를 〈표 3-12〉에 제시하였다.

〈표 3-12〉 교직헌신, 조직헌신과 근무성적평정 하위요인 간의 준부분 상관계수(r)

	교직헌신[1)]	조직헌신[2)]
교수영역	.60***	.09
비교수영역	.26**	.30**

**$p < .01$ ***$p < .001$

1) 조직헌신과의 상관을 배제한 교직헌신을 나타냄.

2) 교직헌신과의 상관을 배제한 조직헌신을 나타냄.

〈표 3-12〉에서 볼 수 있듯이, 조직헌신의 효과를 배제했을 때, 교직헌신은 교수영역, 비교수영역과 정적상관을 보였다($r = .60$, $p < .001$; $r = .26$, $p < .01$). 조직헌신이 배제되었을 경우, 교직헌신이 근무성적평정에 미치는 영향은 다소 감소하였지만 그 값의

차이는 크지 않은 것으로 나타났다. 교직헌신이 배제되었을 경우, 조직헌신은 비교수영역과 유의한 상관을 나타내었다($r = .30$, $p < .01$). 하지만 교직헌신이 미치는 효과를 통계적으로 통제했을 때, 조직헌신과 교수영역과의 관계는 통계적으로 유의한 관계를 보여주지 못하였다. 이로써 교직헌신은 교수영역과 더 관련되어 있는 요인이며, 조직헌신은 비교수영역과 관련된 요인임을 발견할 수 있었다.

결과적으로, 교직헌신과 조직헌신이 교직수행에 있어 모두 중요한 요인이긴 하지만 조직헌신을 통제했을 때보다 교직헌신을 통제했을 경우 자신의 근무에 대한 평가에서도 긍정적인 평가가 더 낮아지며, 교직헌신은 학습지도, 생활지도, 교육연구 요인 등 교수영역과 더 밀접한 관련이 있는 반면, 조직헌신은 비교수영역인 담당업무 요인과 더 높은 상관이 있음을 알 수 있었다. 이런 상관관계를 통해 조직의 업무에 대한 헌신을 강조하고 강요할수록 교사 본연의 업무인 교수영역이 상대적으로 소홀해질 가능성이 있음을 추정해 볼 수 있다.

(5) 교사들은 자신의 주된 업무를 교수영역으로 인식한다

이런 성향은 두 가지 의미를 준다.

첫째, 교직헌신은 조직헌신으로부터 영향을 받는다. 그러나 조직헌신의 요소인 조직의 목표와 구성원 개인의 목표의 동일시, 조직에 대한 애정인 결속, 조직에 남고자 하는 충성이란 요소가 교사 개인의 전문성 향상에 직접적으로 영향을 준다고 보는 것은 논리적이지 못하다. 오히려 이것은 조직의 환경에 잘

적응하거나 조직의 환경을 통해 지지를 얻고 있는 교사가 상대적으로 자신의 전문성을 향상시키는 데 더 많은 노력을 쏟을 수 있다고 보는 것이 타당하다고 생각된다.

둘째, 교직헌신은 조직헌신과 상관이 있으면서도 서로 구분되는 개념이다. 우선 교직헌신이 통제되었을 경우, 교사들이 자신의 업무에 대해 긍정적으로 평가하는 성향이 더 낮아지는 현상은 교사들이 자신의 주된 업무를 교수영역으로 인식하고 있음을 보여주는 것이다. 반면 조직헌신과 비교수영역의 높은 상관관계는 헌신의 형태와 업무의 특정한 성격이 서로 높은 상관관계를 맺는다는 것을 보여주는 것이며, 결국 교직헌신과 조직헌신이 구분되는 개념임을 보여주는 것이다.

(6) 성취목표와 근무성적평정 간의 관계

다음은 성취목표와 근무성적평정과의 관계를 알아보기 위해 단순상관관계를 분석하였으며, 그 결과는 〈표 3-13〉과 같다.

〈표 3-13〉 성취목표와 근무성적평정 간의 상관계수(r)

	숙달목표	수행접근목표	수행회피목표
교수영역	.41**	.26**	-.03
비교수영역	.15*	.34**	-.03

$*p<.05$ $**p<.01$

〈표 3-13〉의 결과에서 보는 것처럼, 숙달목표는 교수영역, 비교수영역과 통계적으로 유의한 상관을 보여주었다($r=.41$, $p<$

.01; $r = .15$, $p < .05$). 이것은 숙달목표, 즉 교사 개인의 동기수준이 높고 자신의 현재 능력을 평가하는 데 관심을 두는 사람일수록 자신의 직무수행에 대해 긍정적으로 평가하는 경향이 크며, 특히 교수영역에 대해 더 강한 관계를 보여준다. 수행접근목표 역시 교수영역, 비교수영역과 통계적으로 유의한 상관을 보여주며($r = .26$, $r = .34$, $p < .01$), 교수영역보다 비교수영역과 더 강한 관련을 보여준다.

지금까지 연구되어 왔던 조직헌신에 대한 개념은 상대적으로 좋은 교사란 누구이며 어떤 조직의 환경이 교사의 가르치는 일에 대한 헌신을 높일 수 있는가에 대한 측면을 소홀히 하였다는 데 문제의식을 두었다. 따라서 연구 2에서는 이런 한계를 극복하고 교육의 효율성 증대를 위해서는 교사가 가진 교직헌신이 중요하다는 것을 전제로 교사의 교직헌신이 성취목표, 근무성적평정과 어떤 관계를 보이는지를 규명해 보고자 하였다. 이를 위해 이제까지 교사의 헌신개념으로 규정되어 오던 조직헌신에서 교직헌신을 구분해내어 실질적으로 교사의 교직헌신의 상대적 중요성을 밝혀보고자 하였다.

먼저, 교직헌신, 조직헌신, 성취목표와의 관계를 살펴본 결과, 교직헌신은 숙달목표, 수행접근목표와 유의한 정적상관 관계를 보여주었으나 조직헌신은 숙달목표, 수행접근목표, 수행회피목표와 유의한 정적상관 관계를 보여주었다. 또한 교직헌신과 조직헌신 각각의 영향을 통제한 상태에서는 교직헌신은 숙달목표, 수행접근목표와 정적상관을 보였고, 조직헌신은 수행접근목표, 수행회피목표와 정적상관 관계를 보였다. 여기서 교직헌신은 숙달목표에 조직헌신은 수행접근목표에 더 높은 관련을 보여주었다. 따라서 '교직헌신은 숙달목표, 수행접근목표와 정적관계가 있고, 조직헌신은 수행접근목표, 수행회피목표와 정적관계가 있을 것이다'라는 가설 2가 지지되었다.

다음으로 교직헌신, 조직헌신과 근무성적평정과의 관계를 살펴본 결과, 교직헌신, 조직헌신 모두 근무성적평정의 교수영역, 비교수영역과 유의한 관계를 보여주었다. 교직헌신과 조직헌신 각각의 영향을 통제한 상태에서는 교직헌신은 교수영역, 비교수영역 모두와, 조직헌신은 비교수영역과 관련됨을 알 수 있었고, 특히 교직헌신은 조직헌신과는 달리 교수영역과의 관련성이 더 크다는 것을 발견할 수 있었다. 따라서 이러한 결과로 '교직헌신은 근무성적평정의 교수영역과 정적관계가 있고, 조직헌신은 근무성적평정의 비교수영역과 정적관계가 있을 것이다'라는 가설 3이 지지되었다.

마지막으로, 성취목표와 근무성적평정 간의 관계를 살펴본 결과, 교수영역은 숙달목표와의 관련성이 높고, 비교수영역은 수행접근목표와의 관련성이 더 높게 나타났다. 이러한 결과는 '숙달목표는 근무성적평정의 교수영역과 정적관계가 있고, 수행접근목표는 근무성적평정의 비교수영역과 정적관계가 있을 것이다'라는 가설 4를 지지해 주는 결과이다.

교직헌신이 숙달목표, 교수영역과 관련되며, 조직헌신은 수행접근목표 및 비교수영역과 더 관련된다는 연구결과를 통해 볼 때, 가르치는 일에 대한 헌신이 높을수록 자신의 개인적 능력과 이해를 증진시키려는 동기와 전문적 분야와 관련이 높은 반면,

조직과 자신을 일치시키고 조직에 충성하려는 헌신이 높을수록 다른 사람으로부터의 인정이나 비전문적 영역과 관련이 높다는 것을 보여주었다. 또한 개인의 능력과 이해를 중요시하는 동기가 높을수록 교직수행에서도 전문적 영역과 관련되는 반면, 타인으로부터의 인정을 중요시 여길수록 학교의 비교수적 영역에 관계가 높게 나타났다.

(7) 교직헌신은 자기동기화에, 조직헌신은 타자의 인정에 영향받는다

한편, 이러한 관계들을 검증하는 과정에서 교직헌신과 조직헌신의 상관이 높게 나왔다. 이 결과에서 조직에 대한 헌신인 조직헌신이 자신의 직업에 대한 헌신인 교직헌신을 높여준다고 볼 수 있는가? 즉 학교조직이 부과하는 행정적 업무에 대한 헌신을 통한 학교조직에 대한 헌신이 학생을 가르치는 일에 대한 헌신인 교직헌신을 높여주는가? 이것은 다음의 현상으로 설명할 수 있다.

조직 내에서 구성원의 헌신이 다양할 수 있다는 것을 본격적으로 논의한 사람은 Reichers(1985)이다. 그는 조직헌신에 관한 선행연구들이 조직을 하나의 단일한 통일체로 가정하고 있으나 실제 조직은 리더, 구성원, 고객 등 다양한 수준의 성원과 집단들로 구성되어 있다고 주장한다. 즉 조직을 구성하고 있는 다양한 성원과 집단은 각기 서로 다른 가치와 목표를 지닐 수 있다는 것이다. Wallace(1993)도 같은 맥락에서 전문직에 대한 헌신과 조직에 대한 헌신이 정적으로 관련될 수 있다는 점을 제시하

고 있다. 결과적으로, 양자가 공존은 할 수 있지만, 같은 조직 내에서 조직적 가치와 구성원의 전문적 가치가 항상 일치하는 것은 아니라는 것이다. 이것은 곧 개념적으로 조직가치와 전문가치는 구분되어야 한다는 것을 말해 준다.

Firestone 등(1993)은 교직헌신이 조직이 교사들에게 제공하는 환경에 영향을 받는다는 연구를 제시하였다. 이들이 말하는 조직이 제공하는 일하는 환경이란 동일시, 결속, 충성과 같은 조직헌신의 요구를 말하는 것이 아니라, 교사들이 학교 의사결정과정에의 참여, 교사의 자율성 보장, 피드백, 협력관계, 새로운 지식을 익힐 수 있는 기회의 제공과 같은 교사들의 전문성, 자율성, 참여를 높이는 조직의 환경인 것이다. 이런 조직의 환경에서 일하는 교사들은 자신의 능력을 개발하는 데 도움을 주는 조직에 자연스럽게 헌신할 것이며, 동시에 자신의 교직헌신도 높아질 것이다. 이것은 조직가치와 전문가치의 정적상관이라기보다는 조직의 환경과 전문가치의 정적상관으로 보는 것이 바람직할 것이다. 이런 논리를 바탕으로 교직헌신과 조직헌신이 구별되어야 하는 관계라는 것을 분명히 알 수 있다.

연구 2에서 교직헌신은 숙달목표, 교수영역과 관련되고 조직헌신은 수행접근목표, 비교수영역과 관련된다는 결과를 통해 알 수 있는 것은 교직헌신은 교사의 자율적이고 내재적인 동기의 창출을 통해 전문적인 역량을 향상시킬 수 있으며 이것은 결국 학생들의 성취와도 관련된다는 것을 유추해 낼 수 있으며, 조직헌신은 타인으로부터의 평가를 통해 교사 자신의 외적인 측면을 강조한다는 것으로 생각해 볼 수 있다. 결국 학교조직에서 학교의 전문적 효과성을 증대시키기 위해서는 조직헌신보다는 교직헌신이 중요하다는 것을 확인할 수 있었다. 하지만, 여기서 측정한 근무성적평정이란 교사 자신이 인식하는 자신의 교직에 대한 신념, 사명감, 수업준비, 담당업무 처리의 차원이다. 또한 교직헌신이 높을수록 근무성적평정이 높아진다는 것도 스스로의 평가에서 나온 것이기 때문에 주관적 검증을 벗어나지 못했다는 비판에 직면할 수 있다. 이러한 점에 근거하여 교사들의 근무성적평정을 객관적으로 검증해 볼 필요가 있다. 여기서 분명히 해야 할 점은 근무성적평정에는 엄격히 학습지도, 생활지도 등 교수와 관련된 요인과 담당업무라는 비교수적 요인이 혼용되어 있다는 사실이다. 현재 우리 교육현장에서는 교수요인과 비교수요인이 엄연히 구분되어 적용되고 있다. 이들을 명확히 구분하여 실제 효과성을 측정해 볼 필요성이 제기되며, 이것을 측정할 때 좀 더 객관적인 방법을 적용해 볼 필요가 있음을 시사해 준다.

3 사례연구에 대한 종합논의

교사의 중요성과 전문성의 강조를 위한 연구

앞의 사례연구는 다변화되고 복잡해지며 가정에서 도덕이나 인성교육이 상대적으로 소홀히 되어가고 있는 사회에서, 교육이 학교교육 내용의 전문성과 더불어 적절한 사회적 행위를 가르칠 것을 더욱 요구받고 있다는 점에서 시작되었다. 그리고 이런 요구사항이 증대되는 교육의 중심에는 학생들을 현장에서 직접 교육하는 교사가 있어야 함을 제시하고자 했다.

교사가 중심이 되기 위해서는 교사가 전문적인 자질과 가르치는 일에 대한 헌신적인 태도를 갖추어야 하는데 이것이 바로 교직헌신이다. 교사의 자발적 헌신이 교육의 질을 확보하는 데 결정적 요인이 된다는 사실이 규범적 차원뿐 아니라 경험적 차원에서도 확인되면서, 교사가 교육활동에 어느 정도 헌신하며, 그 헌신에 영향을 주는 요인은 무엇인가 하는 질문들이 교육행정의 이론가나 실무자들의 주목을 받게 되었다(홍창남, 2005).

그러나 우리가 살아가고 있는 현대사회는 다양한 경제조직에서 관료화가 급격히 진행되고 조직 간의 경쟁이 심화되면서 모든 구성원들이 조직의 목표에 자신의 목표를 맞추고 조직에 헌신할 것을 요구하고 있다. 이런 이유로, 상대적으로 구성원 개인의 전문적 자질과 자신의 직업에 대한 헌신적 태도에 대한 관심인 전문적 헌신보다는 조직헌신이 한동안 이론적으로 강조되어 온 것이 사실이다. 이런 현상은 교육분야에서도 유사한 영향을 미쳐, 교직헌신이 조직헌신과 거의 동일시되어 사용되어 왔다. 즉 자신의 직업인 가르치는 일에 헌신적인 교사라면, 자신이 속해 있는 조직인 학교에도 헌신적일 것이라는 것이다.

조직헌신에서 교직헌신을 분리하다 : 교직헌신 개념정립의 필요성

그러나 본 장에서의 연구는 교직헌신이란 개념에 보다 많은 관심을 두고, 이를 조직헌신이란 개념과 분리해내고자 했다. 교직헌신이 조직헌신과 독립되는 개념이란 것을 명확히 밝히기 위해 본 연구는 사용자나 고용자로 이루어지는 일반조직과는 달리 학교조직이 교장 및 교감, 부장교사로 이루어지는 리더와 교사, 학생이라는 세 가지 구성요소로 이루어진다는 점을 강조했다. 이 때 교사는 리더와의 관계가 중심이 되는 학교 행정업무와 학생과의 관계가 중심이 되는 가르치는 일이란 이중적 관계에 노출되어 있다. 교사들은 그 직업의 특성상 가르치는 일에 대한 매력으로 교사가 되기 때문에 많은 교사들이 학생을 가르치는 일을 교사 본연의 일로 여기고 있지만, 학교조직은 그 자체의 운영을 위해 기존의 관료적 조직이 요구하는 행정업무를 교사들이 수행할 것을 어쩔 수 없이 요구하고 있는 실정이다. 이런 점에 착안하여 본 장에서의 연구는 학생들을 가르치는 일에 대한 애착을 교직헌신이란 개념으로 강조하여 기존의 조직헌신 개념에서 분리해냈다.

구체적으로, 교직헌신은 수업에서 활용해야 하는 전문적 지식의 향상, 교수방법의 개발, 인격적 학생지도 방법의 개발이란 교사의 지속적인 자발적 노력이 요구되는, 교사의 자율성이 상대적으로 필요한 개념이다. 반면, 조직헌신은 조직의 구성원으로서 다른 구성원들, 특히 리더들과의 관계 속에서 조직의 일원으로 행해야 하는 기계적인 행정업무와 관련되어 있어, 교사의 자율성이 상대적으로 보장되지 않는 개념이다. 이런 이유로, 교직헌신과 조직헌신이 상이한, 때로는 충돌할 수 있는 개념임을 제시했다. 결론적으로, 지금까지 주장되어 왔던 효과적인 교사의 특성으로 조직에 대한 헌신을 강조하던 조직헌신의 개념에서 교직 자체에 대한 헌신을 이끌 수 있는 교직헌신의 개념을 분리하고 이 개념을 정립시켜야 함을 강조했다.

학생들은 교직에 대한 자부심 있는 교사를 긍정적으로 평가한다

연구 1은 학생, 교사, 리더라는 세 행위자로 이루어지는 학교 조직의 특수성과 그 중간자인 교사의 위치를 근거로 하여, 학교에서 교사들의 업무가 학생들을 교육하는 교수분야와 학교행정 업무를 담당하는 비교수분야로 나누어져 있음을 제시하고, 전자를 교수효과성으로, 후자를 업무효과성이라는 개념으로 제시하였다. 그리고 학생을 가르치는 일에 헌신하고자 하는 교사의 태도인 교직헌신이 이 두 가지 효과성과 어떤 관련을 맺고 있는지를 살펴보았다. 분석결과, 교직헌신은 업무효과성보다는 교수효과성과 더 밀접하게 관련된다는 것을 알 수 있었다. 즉 교직헌신과 교수효과성의 상관은 통계적으로 유의하지만($r = .58$, $p < .01$), 교직헌신과 업무효과성은 유의한 상관을 보여주지 못하였다($r = .06$, *n.s.*). 이것은 교직헌신이 높은 교사들은 자신의 주된 일이라고 생각하는 영역에 대해서는 효과적인 반면, 자신의 주된 일이라고 생각하지 않는 영역에 대해서는 효과적이지 않다는 것을 명확히 보여준다.

한편 평가자의 입장에서 볼 때, 이것은 학생들 역시 교직에 대해 높은 긍지와 자부심을 가지고 열정적으로 수행하는 교사를 효과적인 교사라고 긍정적으로 평가하고 있음을 보여주는 것이다. 반면, 교직에 대한 높은 긍지와 자부심을 가지고 열정적으로 수행하는 교사라 할지라도, 업무부분에서는 효과적으로 자신의 업무를 수행하지 않을 수 있다고 부장교사들은 판단하고 있다는 것이다. 이러한 결과는 교사가 가르치는 행위 자체를 즐겁게 여기고 능력증대를 위한 개인적 태도가 적극적일수록 교직에 대해서도 긍지와 자부심을 가지고 적극적으로 학생들을 대하며, 이런 교사들의 자발적인 가르치는 일에 대한 열정과 헌신이 학생들에게 보다 효과적으로 작용하고 있음을 보여준다. 하지만 결과는 이런 가르치는 행위 자체에 대한 개인적 태도의 적극성이 학교의 행정업무 수행능력과는 관련이 없을 수 있다는 것도 보여주고 있다. 이것은 교수효과성이 업무효과성과는 서로 상관이 없거나 혹은 대조적일 수도 있는 구분되는 효과성임을 보여주는 동시에, 더 근본적으로 교직헌신이라는 개념이 조직헌신과는 다른 개념이라는 것을 확인시켜 주는 결과다.

교직헌신이 높을수록 교사 스스로 좋은 교사라 믿는다

연구 2에서는 교직헌신과 조직헌신의 비교를 통해 교직헌신의 개념을 보다 선명하게 하고 교직헌신이 학교 제 변인들과 어떤 상관관계를 맺고 있는지를 확인해 보고자 하였다. 관련요인으로 성취목표와 근무성적평정을 선정하였다. 우선 교사의 교직에 대한 자발적 헌신의 가장 기초적 요인이라 볼 수 있는 내부적 심리상태를 가장 잘 드러내 주는 역할을 한다는 점에서 성취목표를 선정하여, 성취목표의 수준이 교직헌신과 어떤 상호관계를 맺고 있는지를 밝혀 보았다. 한편, 학교의 제 변인 중 교사가 수행하는 교사의 직무수행에 대한 평가준거인 근무성적평정을 선정하여 교직헌신에 따라 근무성적평정이 어떻게 달라지는지 살펴보았다. 이를 위해 기존의 연구들에서 측정된 조직헌신을 도입하여 교직헌신의 결과와 비교해 보았다. 연구결과, 교직헌신은 숙달목표와 수행접근목표와 관련되지만 수행회피목표와는 관련이 없었다. 이것은 조직헌신을 통계적으로 통제했을 때도 같은 결과를 보여주었다. 또한 교직헌신은 근무성적평정의 교수영역과 상당히 밀접한 정적상관을 보여주었다. 이것은 교직헌신이 높을수록 교사는 스스로 자신이 잘 가르치고 있다고 인식하는 것으로 볼 수 있다. 그리고 교직헌신과 비교수영역과의 상관이 나타남으로써 교사들은 자신이 학교조직의 업무도 잘 수행하는 것으로 인식하고 있다는 것을 알 수 있었으며, 조직헌신을 통계적으로 통제했을 때도 같은 양상을 보여주었다. 하지만 연구 1에서의 업무효과성에 대한 부장교사의 객관적 측정과는 일치하지 않는 결과였다.

비교의 개념으로 도입한 조직헌신도 숙달목표, 수행접근목표, 수행회피목표, 교수영역, 비교수영역과 밀접한 관련이 있었다. 하지만 교직헌신을 통계적으로 통제했을 때는 조직헌신은 수행접근목표, 수행회피목표와 밀접한 관계를 보여주었으며, 근무성적평정에서는 비교수영역과 상대적으로 더 밀접한 관계를 보여주었다. 결과적으로 학교조직에는 교직헌신과 조직헌신이 교직수행에 있어 중요한 요인이긴 하지만, 교직헌신을 통제했을 때보다 조직헌신을 통제했을 경우 교사의 자발성을 요하는 영역과 더 관련이 있음이 밝혀졌다.

효과적인 교사를 길러낼 수 있는 조직환경이 필요하다

종합적으로 사례연구의 결과를 정리해 보면, 조직의 목표와 개인의 목표와의 동일시, 조직에 대한 애착인 결속, 조직에 지속적으로 남고자 하는 충성을 최우선으로 중요시하는 조직헌신의 강조는, 상대적으로 좋은 교사란 누구이며 어떤 조직의 환경이 교사의 가르치는 일에 대한 헌신을 높일 수 있는가에 대한 측면을 소홀히 하는 현상을 낳았다. 이런 한계를 극복하기 위한 대안으로, 교육분야에서는 조직헌신에서 교직헌신이 구별되어야 한다는 주장이 강조되었다. 교직헌신이 강조될 때만이 현실적으로 학교가 목표로 하는 학생들을 교육하는 일의 전문화를 담당하는 좋은 교사는 누구인가라는 문제가 효과적으로 연구될 수 있을 뿐만 아니라, 교사의 전문화를 증대시킬 수 있는 효과적인 조직의 환경은 무엇인가라는 연구가 시작될 수 있기 때문이다.

근본적으로 학교의 특성상 학교조직에서 교사는 학생을 중심으로 하는 관계와 교장 등 리더를 중심으로 하는 관계에 놓여 있다. 이러한 관계에서 교사가 보이는 관심이나 성과의 측면은 통합적으로 설명되기보다는 상호 구분되어 설명되어야 한다. 동기의 측면에서도 교사와 학생의 관계에서는 내재적 지지에 근거한 자율적인 면이 강조되는 반면, 교사와 리더의 관계에서는 이런 자율성이 상대적으로 감소하고 타인들과의 보조와 인정에 의존하는 특성을 보여준다. 또한 교사의 헌신이 구분되어 나타나는데, 전자는 전문적 헌신이라 할 수 있는 교직헌신이며, 후자는 관료적 헌신인 조직헌신으로 규정된다. 이런 현상은 교사의 업무수행의 결과측면과도 관련된다. 즉 교사와 학생의 관계에서 형성되는 교직헌신은 교수영역에서 효과적인 반면, 리더와의 관계에서 형성되는 조직헌신은 비교수영역에서 효과적

임이 드러났다.

교사에게 조직의 제한보다는 창조적 자율성을 부여해야 한다

학교는 교사에게 교직헌신과 조직헌신 양자를 동시에 요구하는 조직이며, 학교효과성도 교수효과성과 업무효과성의 결합으로 나타난다. 학교효과성을 구성하는 이 두 요소는 서로 반드시 정적상관을 갖지 않는다. 기존의 조직헌신을 강조하는 연구들은 교육조직의 이런 특성을 고려하지 않고 학교조직에서 나타날 수 있는 모든 가능성을 학교효과성이란 이름 아래 구분하지 않고 규명하고자 했으며, 그 결과 학교조직의 효과성 측면에서 교수영역의 성과와 비교수영역의 성과를 구분해내지 못했다. 그리고 현재의 현실적인 효과성 측정도구인 근무성적평정 역시 이런 영역의 구분을 확실하게 보여주지 못하고 있다.

교직을 전문직이라고 한다면, 특수한 새로운 상황 속에서 고도의 지식과 기술을 발휘해야 하는 전문가들은 자율성이 반드시 보장되어야 한다. 학교는 조직의 존속을 위해 제도적 정당성 확보에 일차적 관심을 갖는 데 비해, 교사는 학생을 가르치는 일에 우선적 가치를 둔다. 실제 현장에서 종사하는 대부분의 교사는 학생을 가르치는 일과 학교조직의 가치와 목표를 실현하는 일을 별개의 것으로 인식하고 있다. 이러한 현실 속에서 교사에게 부여되는 자율성은 수업이나 학생에 대한 헌신은 높이지만, 수업의 자율성에 대한 보장이 학교조직의 영역이라 할 수 있는 업무에 대한 헌신을 유발하지는 못할 가능성이 존재한다. 이것은 수업이나 학생지도 등 교육에 있어서는 교사의 자율성이 보장되지만, 업무수행에는 교사의 자율성이 보장되지 않을 수도 있는 조직이라는 것을 의미한다. 즉 학생을 중심으로 한 관계에서는 교사들이 자율성을 갖기 때문에 느슨하게 결합된 반면, 행정적 업무에서는 자율성이 상대적으로 약화되어 어쩔 수 없이 관료적으로 결합되어 있다는 것이다. 또한 교사는 나름대로 전문적 훈련을 받은 전문가로서 주로 일하는 공간이 교장이나 교감이 가까이서 감독할 수 없는 독립된 교실이며, 교사의 직무에 대한 평가에 있어서 획일적인 기준을 적용하기가 곤란하다. 이처럼 학교가 관료제적인 특성을 가지고 있으면서도 관료제에 맞지 않는 측면이 있는 것은 학교가 가지고 있는 전문적 조직의 성격 때문이다.

인센티브 부여와 근무환경 개선의 적절한 결합이 필요하다

사례연구의 결과가 보여주듯, 교직헌신이 교수효과성과 결합되어 있다면 교직헌신을 효과적으로 증진시킬 수 있는 방안을 고려해 보아야 할 것이다. 이와 관련하여, 미국에서는 교사의 헌신 정도에 따른 다양한 인센티브제도가 도입되고 있다. 하지만 Firestone 등(1993)에 따르면, 이 과정에서 두 가지 중요한 문제가 제기되었다.

첫째, 헌신 정도를 측정하는 측정기준과 방법에 따라 교사들 개인의 헌신 정도가 다르게 나타날 수 있다는 점이다. 특히 이 기준에 학교조직이 요구하는 사항이 강력하게 적용될 경우 순수하게 교사들이 얼마나 헌신하고 있는지 측정하기 어려울 것이다.

둘째, 인센티브제도 자체가 경쟁의 가치를 강조하고 있다는 점에서 경쟁의 가치를 완화하려는 교육의 이상에 맞는 제도인가가 문제가 되었다. 이 점을 고려하여, Firestone 등(1993)은 인센티브제도의 유효성을 나름대로 인정하면서도, 보다 효과적으로 교직헌신을 높일 수 있는 방법으로 조직에서 근무환경의 개선을 인센티브제도와 결합할 것을 제시한다. 근무환경의 개선은 의사결정구조에 교사들의 참여를 증진시키고, 동료들 간의 협력과 피드백의 구조를 만들며, 교사들 개인의 자율성을 보장해 주는 일이 포함되어 있다. 이는 교직헌신과 조직헌신이 서로 상관관계를 보여주는데, 그 이유가 조직의 근무환경이 교사들의 헌신에 영향을 주기 때문이라는 사례연구의 해석과도 부합한다고 할 수 있다.

교직헌신 연구의 네 가지 의미

이상의 논의를 통해 본 장에 제시된 연구 및 논의가 기존 연구와 다른 측면을 살펴보면 다음과 같다.

첫째, 교육 관련문제에서 지속적으로 지적되는 요인이 바로 '교사'임을 강조하고 교사의 학생을 가르치는 일이 기존의 조직에 대한 헌신과 개념적으로 구분되어야 함을 지적하여 조직헌신으로부터 교직헌신이라는 개념을 분리해냈다는 것이다. 교사가 교육현장에서 좋은 역량을 발휘하기 위해서는 가르치는 행위에 대해 적극성을 가지고 있어야 한다. 교사가 교육생활에서 최선을 다할 때 교육의 효과성을 증대시킬 수 있는 것은 당연한 일처럼 보이지만, 학교조직에서 교사는 학생을 가르치는 일과 조직의 행정적 업무를 동시에 해야 하는 상태에 놓여 있기 때문에, 조직의 목표에 자신의 목표를 일치시키려는 조직헌신보다는 가르치는 행위 자체에 대한 애착으로 교직에 대한 적극적인 헌신이 필요하다는 것이다. 그러므로 본 연구에서는 교사의 최우선 과제로 교직헌신의 증대가 필요함을 강조하며 이것이 조직헌신과는 구분되어 정립되어야 함을 강조하고 있다.

둘째, 학교의 이중구조에 근거하여 본 연구의 결과는 교직헌신과 조직헌신, 교수효과성과 업무효과성이 구분되는 개념임을 강조한다. 즉 교직헌신은 전문적 헌신으로 자신의 의지와 전문성을 바탕으로 자발적으로 발휘되지만 조직헌신은 자발적이라기보다는 조직구성원으로서 조직의 목표달성을 위해 당연히 발휘해야 하는 외재적 자극에 의한 결과라 할 수 있다. 또한 학생과의 관계 속에서 교실을 중심으로 나타나는 교수효과성과 교장, 교감, 부장교사 등 리더와의 관계 속에서 교무실을 중심으로 나타나는 업무효과성이 있다. 교수효과성은 교사의 전문적 역량발휘의 최종결과라 할 수 있지만, 업무효과성은 업무 자체를 교사들이 하지 않아도 되는 또는 어쩔 수 없이 해야 하는 부가적이고 비전문적 역량을 통해서도 그 결과가 나타날 수 있다고 생각하는 부분이다.

다른 측면으로 설명하자면 교직헌신은 자신의 내면적 동기에 의해 형성되고 교수효과성은 이런 내재적 동기의 결과라 볼 수 있지만, 조직헌신은 외재적 자극에 의해 형성되며, 업무효과성도 외재적 자극의 결과라 할 수 있다. 이것은 학교조직이 가진 특수현상, 즉 이중구조로 설명될 수 있다. 학교를 전문조직이라

말할 때, 대개의 경우 교사의 가르치는 일에 대한 전문성과 업무수행의 관료적 부분이 구분되어 사용되지 않고 있다. 그러나 학교에서 엄연히 전문적 영역과 관료적 영역이 구분되어 존재하고 있음을 직시해야 할 것이다.

셋째, 본 연구는 교수효과성의 기준을 제시하고 이 교수효과성을 측정까지 해내려고 했다는 점에서 기존 연구와 다른 의미가 있다. 지금까지의 학교조직 성과에 대한 규정은 '학교조직효과성'이 그 개념을 대변하고 있었다. 학교조직효과성 측정에는 학교조직의 생산성, 학교조직의 융통성, 적응성을 그 측정개념으로 사용하였다. 하지만 이것을 측정하는 기준이 명확하지 않다는 것이다. 이러한 지적의 대안으로 교사의 수업효과성 개념을 강조하기도 한다. 하지만 교육현장에서의 제반 요인들을 교실에서의 수업으로만 설명하기에는 한계가 있다. 근무성적평정에도 교수영역으로 수업지도뿐 아니라 교육자로서의 품성이나 학생의 생활지도를 포함하고 있는 것처럼, 교사는 수업적 역량뿐 아니라 학생에게 모범이 되어야 하며, 학생들과의 상호작용도 원만하게 이루어져야 한다. 이러한 차원에서 본 연구에서는 교수효과성을 지적하였다. 기존의 교사평가 자료로 활용되는 근무성적평정은 단지 승진을 위한 인사자료로만 쓰이고 있다. 교육정책 당국자들과 일선학교의 교장·교감 등은 이 근무평정안을 기초로 적극적으로 교원이 자기영역에서 전문성을 신장하고 교수기능을 익히도록 관심을 갖고 배려를 해야 할 것이나, 그와는 달리 보상이나 승진을 위한 보조자료로만 활용하고 있다. 근무성적평정은 교육공무원의 승진을 위해서 뿐만 아니라 교단의 활력과 교원 개인의 능력신장을 위한 자료로 쓰여야 할 것이다.

지금까지 교수효과성의 기준을 밝혀낸 연구는 많았지만, 실제 이 교수효과성을 측정해낸 연구는 드물다. 배호순(1992)의 "교수효과 평가를 위한 준거체제 탐색연구", 주동범 등(2000)의 "교수효과성에 대한 요인분석", 조영남(2001)의 "초등교사의 교육효과성 평가준거 개발에 관한 연구" 등이 대표적이다. 그럼에도 실질적으로 이 교수효과성 기준들을 사용하여 교수효과성을 측정한 연구도 부족하다. 김민성(1996)의 "학생들이 지각한 잘 가르치는 교사의 수업행동"도 교사의 수업행동 기준을 밝히기 위한 연구이지 실제 교수효과성을 측정해내지는 못하고 있다. 이를 보완해 유윤선(2000)이 교사의 수업행동을 학생의 학업성취와 관련하여 그 결과를 제시하였는데, 이것 또한 실질적인 교수효과성 측정이라기보다는 수업효과성에 비중을 더 두고 있으며, 학생의 학업성취를 통해 교수효과성을 유추해낸 정도다. 이렇듯 아직 우리 교육의 현실은 교수효과성을 실질적으로 측정해내는 데 인색하다. 앞에서 지적했듯이 본 연구는 교수효과성을 수업의 측면에만 국한하지 않고 교사의 본질적인 역할과 자질을 포함하여 정의하고 있으며, 이를 기초로 하여 학생들에게서 직접 자신의 담임교사에 대한 의견을 측정해냈다는 데 의의가 있다. 그리고 학생을 통해 교수효과성을 측정했음에도 불구하고 교직헌신과 상관이 있다는 것은 실제 교사가 자신의 교직에 대해 헌신을 하면 학생도 그것을 지각할 수 있다는 것이다. 이것은 앞으로 시행될 학생에 의한 평가를 포함되는 교원평가에도 그 시사점이 크다 하겠다.

넷째, 교사의 효과성 측정에 있어 학생과 관련된 교수효과성과 조직의 관료적 행정과 관련된 업무효과성을 구별해냈다는 점이다. 학교현장에는 교사의 전문적 역량에 의해 측정되는 부분과 비전문적 역량으로도 수행가능한 부분이 존재한다. 비전문적 역량으로도 수행가능한 부분이 바로 '업무'로 지칭되고 있다. 하지만 이 부분도 교사가 감당해야 하는 부분임에 틀림없다. 그러므로 이것을 측정할 수 있는 명확한 기준이 필요하다. 근무성적평정은 교원 개인이 담당하고 있는 업무상의 전문적인 성장을 위한 것으로 실시되지 않고 인사행정의 기초자료를 얻기 위한 것으로 실시되고 있다. 현재의 근무성적평정이 교수부분과 비교수부분을 혼용하여 평가하고 있어 이를 명확히 구분할 필요가 있으며, 또한 평가 자체가 단지 담당업무를 정확하고 합리적으로 처리했는가를 측정하는 것이 아닌, 다차원적인 관점에서 검토할 필요가 있다. 기존의 근무성적평정은 평정의 요소와 기준이 구체적이지 못해 평가자의 주관에 지나치게 의존하는 경향이 있다. 따라서 근무성적평정 요소와 기준을 평가 가능한 수준으로 구체화, 상세화할 필요가 있다는 지적이 계속 이어지고 있다. 그래서 본 연구에서는 비교수영역 평가를 업무효과성이라 규정하고 이를 위해 업무추진실적, 업무수행능력, 업무수행태도 등을 하위요인으로 설정하여 측정함으로써 교육현장에서의 업무평가의 기준과 객관성을 제시하였다. 이상의 구분에 따라 교사의 평가측면도 두 가지 효과성, 즉 교수효과성과 업무효과성을 구분하여 적용할 필요가 있음을 제기하고자 한다.

어떤 연구가 더 필요한가

마지막으로 본 연구에서 지적될 수 있는 문제점을 고찰하여 추후 연구의 필요성을 논하고자 한다.

첫째, 본 연구는 학교의 조직구조는 교장(조직의 리더), 일반교사, 학생이라는 삼자관계에 얽혀 있는 특수조직으로 일반교사는 교장을 비롯한 학교의 리더와의 상호작용이 중심이 되는 관계와 학생과의 상호작용이 중심이 되는 관계로 구분됨을 제시했다. 그러므로 이들 관계로 나타나는 효과성에 차이가 있음을 밝혔다. 하지만 교사의 교직헌신에 의해 나타나는 학교조직에서의 결과요인에 리더가 어떤 영향을 미치는지에 대해서는 소홀히 했다. 즉 교직헌신에 의해 효과성에 불균형이 발생했을 때 학교에서 바람직한 리더십은 어떤 형태인지에 대해 밝히지를 못했다. 이에 추후연구에서는 리더십과 관련하여 이들의 결과를 검증해 보는 것이 필요하겠다.

둘째, 연구 1에서 교수효과성의 측정에 있어, 설문문항에 의존하고, 학생들을 집단적으로 측정함으로써 학생 자신의 생각에 동료 학생들의 의견이 반영되는 것을 배제하지 못했다는 것이다. 실제 연구자가 참여한 조사에서도 학생들이 자신의 생각을 큰소리로 얘기하거나 반 친구들의 의견을 반영하려는 현상들이 발견되었다. 따라서 추후 연구에서는 교수효과성을 좀 더 객관적으로 측정하기 위해서 학생 개별면담이나 개별측정이 병행된다면, 학생들의 더 솔직한 답변을 통해 교수효과성을 명확하게 정립할 수 있을 것이다. 또한 교직헌신의 측정에 있어서도 현장교사들과의 개별면담이 병행된다면 교직헌신의 하위요인에서 검토하지 못한 교직헌신에 관련된 부분을 밝혀낼 수 있을 것이다.

셋째, 교직헌신에 영향을 미칠 수 있는 개인적 관련요인으로 성취목표를 선정하고 교직헌신의 내면적 동기화 성격을 강조할 수 있었다. 하지만 실질적으로 교사들이 교직을 선택하게 된 동기가 무엇이며, 교사준비 과정에서 영향을 준 요인은 무엇인지를 밝혀내지 못했으며, 교직헌신에 영향을 미칠 수 있는 다양한 개인적 요인들을 명확하게 검토해내지 못했다는 것이다. 차후의 연구들은 다양한 선행요인들의 검토를 통해 교직헌신 형성을 위한 다양한 측면을 도출해내기를 희망한다.

넷째, 연구 1과 연구 2의 조사대상자들의 숫자가 적다는 것이다. 다양한 조사대상자들을 통해 측정한다면 앞에서 지적된 높은 상관의 문제가 다소 해소될 수 있을 것으로 생각되며, 다른 타 변인들의 상관의 문제도 조정될 것으로 보인다.

다섯째, 공립학교에 근무하는 교사만을 대상으로 했다는 것이다. 이것은 공립학교의 특성상 교사들은 일정기간이 지나면 이동이 이루어진다. 이러한 특성은 가르치는 일에 대한 애착이라는 교직헌신의 특성을 더욱 분명히 측정할 수 있다는 판단에 공립학교 교사들만을 대상으로 하였으나, 추후 연구에서는 사립학교의 교사들에 대한 측정을 통해 공립학교와 사립학교 교사들 간에 헌신이 차이가 나타나는지를 검토해 본다면 교사들의 헌신형성을 위한 조직환경 조성에도 시사점을 제공해 줄 것으로 보인다.

교사를 효과적으로 만드는 조직문화와 리더십은 무엇인가

PART ❷

제2부에서는 교수효과성을 올리는 데 도움이 되는 조직의 문화와 리더십은 어떤 것인지에 대해 알아보려 한다. 우선 조직문화에 관심을 가지는 까닭은, 조직에서 업무수행의 결과는 개인의 성향과 그가 일하는 조직의 특성이 상호작용한 결과이기 때문이다. 어떤 조직이나, 사회, 국가의 구성원은 자신이 속한 조직이나 공동체에 형성되어 있는 문화적 성향에 영향을 받는다. 그러나 이 사실은 구성원들이 조직이나 공동체의 문화에 일방적으로 좌우된다는 의미는 아니다. 이 문화적 성향은 느리지만 구성원들의 인식의 변화와 함께 지속적으로 변하기 때문이다. 이런 점에 착안하여 제4장에서는 학교조직의 구성원인 교사의 성향과 학교조직문화의 일치성이 학교에서 교사의 직무수행에 어떤 영향을 미치는지를 알아보려 한다.

한편 리더십을 강조하는 이유는 대부분의 조직이 리더십의 영향을 받는다는 잘 알려진 사실 때문이다. 이 리더십과 교사의 직무수행의 관계를 좀 더 정확하게 밝히기 위해 교직헌신은 교수효과성에 상응하는 개념인 반면, 조직헌신은 업무효과성에 상응하는 개념이라는 점을 기억해 보자. 이런 개념구분 하에, 제5장에서는 교사의 교직헌신과 리더십의 관계를 규명하여 리더십이 교사들이 산출하는 교수 및 업무효과성에 어떤 영향을 주는지 살펴볼 것이다. 기존의 많은 연구들은 리더십과 교직헌신 간의 유의미한 관계를 밝혀온 데 반해, 이 책에선 교사들의 성취를 교수효과성과 업무효과성으로 구분하고, 리더십이 교사의 어떤 측면에 더 많은 영향력을 발휘하고 있는지를 밝혀볼 것이다. 나아가 리더와 구성원 전체의 양적 관계를 지향하는 리더십 개념 대신, 리더와 구성원 각자의 질적 관계를 지향하는 리더–구성원 관계 이론을 사용하여 교직헌신, 리더십, 교수 및 업무효과성의 관계를 보다 효과적으로 살펴볼 것이다.

효과적 교사를 위한 조직문화

Chapter_4

학교조직문화와 교사

학교조직의 개선 및 변화에 영향을 미치는 수많은 요인들 가운데 최근에 가장 많이 부각되고 있는 요인이 바로 조직문화이다. 1990년대 들어서서 교육조직에서도 교육의 수월성 추구, 복잡하고 느슨하게 결합된 학교조직에 대한 이해 그리고 조직풍토나 조직분위기의 단순한 차원이 아닌 학교개선의 중추적 요인으로서 학교조직문화에 대한 상당한 관심을 가지게 되었다(김준기, 1991; 주삼환 · 신현석 · 윤인숙, 1999; Deal & Peterson, 1990; Gruenert, 1998; Owens, 1999).

조직문화는 교육분야에서 지속적으로 중요하게 다루어지고 있는 추세다. 조직문화 개념의 형성시기에 김준기(1991)는 "학교조직문화 진단에 관한 연구"에서 우리의 조직문화를 이해하기 위해 학교조직문화를 핵심적 문화와 표현적 문화로 구분하고 이를 측정하는 척도를 제작하여 우리나라 학교조직문화를 진단하는 실제의 과제를 해결하는 데 도움을 주고자 하였다. 이후 김준기(2000)는 "학교조직문화 분석"에서 학교조직문화와 학교장의 지도성, 학교집단 응집성, 조직갈등, 학생의 학교생활 적응, 학교조직효과성 등 학교 제 변인과의 관계를 종합적으로 고찰하고 있다. 학교장의 지도성이 효율적일수록 조직문화 수준이 높았음을 보여주고 있으며, 교사의 사기와 조직문화는 대체로 높은 관련성을 보이며, 리더십과 책임성, 공식화 등이 중요한 영향을 미침을 밝혀냈다. 학교조직문화와 교사의 직무만족 간의 관계에서는 공립학교가 만족감이나 일체감 등 감정 및 태도적 문화가 보다 강하며 합리적인 경영과정과 방침을 지니고 있다는 결론을 내렸다. 또한 학교조직문화와 직무만족 간에도 밀접한 관련성이 있다는 것이다. 교사집단의 응집성을 좌우하는 학교조직문화 요인은 감정, 태도와 경영전략 그리고 경영과정이므로 이를 개선하기 위하여 노력해야 한다고 강조한다.

이러한 기존의 연구는 학교조직문화의 특성과 학교 제 변인들과의 관계를 잘 설명하고 있지만, 아쉽게도 한 가지 중요한 사실을 적절하게 반영하지 못하고 있는 듯 보인다. 학교조직문화의 특성이 효과성에 영향을 미치기는 하지만, 조직의 효율성을 좌우하는 존재는 개개 교사가 될 수밖에 없다는 사실이다. '학교조직의 핵심주체인 교사 개인이 가진 문화성향에 따라 그들이 조직에서 수행하는 직무에는 어떠한 차이가 나타나는가?' 혹은 '학교조직의 핵심주체인 교사 개인은 어떤 조직문화 내에서 보다 직무를 잘 수행하고 있다고 인식하는가?'라는 문제가 상대적으로 등한시된 듯하다.

개인의 특성으로서의 개인주의, 집단주의 성향과 관련된 연구는 주로 자의식(조긍호 · 명정완, 2001)이나 사회행동(조긍호 · 김소연, 1998; 조긍호 · 김은진, 2001), 자기노출(정양숙, 2004) 등 심리적인 요인과 관련되어 집중되어 있을 뿐, 실제 개인의 성향에 따른 성과의 차이에 대한 연구는 거의 없다. 실제 이러한 개인적 특성을 지닌 구성원들이 조직에 적응할 때, 조직의 문화와 얼마나 일치하느냐에 따라 조직에서의 성과나 효율성은 달라질 것이다. 이런 개인의 성향을 고려하는 맥락에서 조직문화를 연구한 지강용(1996)은 행정조직을 대상으로 공무원 개인의 성격과 조직문화 유형 간의 적합성이 개인의 업무수행 성과에 영향을 미칠 것이라는 가정 하에 연구한 결과 공무원의 내부통제성의 정도에 따른 적합한 조직문화 유형이 있으며, 이에 근거하여 직무만족도와 조직헌신도에도 차이를 보인다는 결론을 내렸다.

이 결과에 근거해서, 학교조직 내에서 교사 개인의 특성에 따라 수행수준에는 차이가 있을 수 있으며, 학교조직이 가진 특성과 교사 개인이 가진 특성이 상이할 경우에는 직무수행에 차이가 나타날 수 있다는 측면을 유추해 볼 수 있다.

이러한 측면을 밝혀보기 위해 다음과 같은 질문을 할 수 있다. 첫째, 교사들은 자신이 속해 있는 학교조직문화를 어떤 성향으로 인식하고 있는가? 둘째, 교사들 각자의 개인적 문화성향은 어떠한가? 셋째, 학교조직문화와 교사의 개인적 문화성향에 따라 교사의 직무수행 인식은 어떻게 달라지는가?

지금까지의 학교조직문화와 학교 제 변인들의 관계 대부분은 비교적 단편적인 단순상관의 관계에 초점을 두고 있었다. 그러나 조직에서 구성원의 과업수행 결과는 조직 자체의 상황뿐만 아니라 수행주체인 개인에 의해서도 달라진다. 그렇다면, 조직문화 상황과 개인의 성향의 결합이 어떠한 직무수행 결과를 가져오는지를 밝혀보는 것은 의미 있는 일일 것이다.

여기에서 말하는 학교조직문화는 교사들 자신들의 직무수행 수준에 대한 인식에 초점을 두고 있다. 그 첫 번째 이유는 개인의 성향은 자신이 제일 잘 알고 있다는 합리적 이론의 기본 전제를 채택하기 때문이다. 두 번째, 동일한 조직의 문화도 교사 개인의 인식에 따라 보존적으로도 혹은 합리적으로도 인식될 수 있는 차이가 있기 때문이다. 이 문제는 방법론상에서 하나의 조직 내에 (객관적으로) 2개의 문화가 동시에 존재할 수도 있다는 문제를 불러일으킬 수 있다. 그러나 본 장에서의 연구는 교사들이 스스로 (주관적으로) 인식하는 조직문화와 자신의 문화성향 관계에 초점을 맞추고 있다는 점을 주지한다면, 위의 문제는 극복될 수 있을 것이다. 세 번째 이유는 하나의 조직문화에 대한 외부적 인식과 내부적 인식에 차이가 있을 수 있기 때문이다. 외부에서는 합리적으로 인식되는 문화가 내부 구성원들은 보존적으로 인식할 수도 있으며, 반대로 외부에서는 보존적으로 인식되는 문화가 내부에서는 합리적으로 인식될 수도 있기 때문이다. 본 장은 우선 조직문화에 대한 내부적 인식에 우선적으로 초점을 맞추고 있는데, 그 이유는 앞서 밝혔듯이 교사들이 학교조직 내에서 직무수행의 핵심주체이며 당사자라는 데 있다.

학교조직문화의 개념

학교조직문화를 좀 더 체계적으로 이해하기 위해 우선 학교조직문화란 무엇인가라는 가장 기본적인 개념의 질문에서 시작해보자. 조직문화에 대한 정의를 살펴보면, Pettigrew(1979)는 조직문화를 상징, 언어, 이념, 신념, 양식, 전통 등 조직체 개념의 총체적 원천으로 보았으며, Baker(1980)는 조직의 환경 하에서 어떻게 행동해야 되고 어떤 과업과 목적이 중요한지에 대하여 대부분의 구성원들이 공유하고 있는 상호 관련된 개념의 총체로 보았다. 또한 Ouchi(1981)는 조직문화를 작업집단의 규범, 관습, 대화, 양식 등을 통해 표시되는 조직구성원들의 집합적 의지 체제로 보았다.

1980년대 중반부터 조직문화 이론을 학교에 적용하여 학교조직문화에 대한 연구가 미국 등 북미를 중심으로 활발하게 진행되었다. Willower(1984)는 "교장, 학교문화, 학교개선 연구"에서 교장이 교사, 학생, 지역사회가 공유하는 가치에 의거한 학교문화를 발전시키는 것은 학교개선에 긍정적 영향을 미치며, 강한 학교문화는 지역사회의 지지가 필요하며, 학교장은 학교문화에 영향을 미친다고 보았다.

Owens(1987)는 학교조직문화를 구성원들이 공유하고 있는 철학, 가치, 이념, 가정, 신념, 기대, 태도, 규범 등이 학교라는 조직체에 한정되어 나타나는 문화라 하였으며, 김준기(1991)는 학교라는 조직체의 성원들이 의심 없이 당연한 것으로 받아들이며, 학교의 고유한 특성을 나타내는 공유가정인 가치, 신념, 이념, 목표가 학교조직 구성원들에게 작용되어 표출되는 상징적 행위의 복합체라고 정의하였다.

이상에서 볼 때, 학교조직문화란 교육의 목적을 달성하기 위한 관점에서 집단경험을 공유하는 구성원들에게 나타나는 사고방식 및 생활방식이라고 정의할 수 있으며(여성열, 2001), 구성원들이 공유하여 구성원들의 행동과 조직체의 행동에 기본전제로 작용하는 학교조직 고유의 가치, 신념, 의례, 커뮤니케이션, 상징, 영웅 등의 총체로 보는 것이 바람직할 것이다.

학교조직문화의 유형

학교조직문화의 유형을 보면, 김준기(1991)는 Schein의 제안을 바탕으로 핵심적 문화와 표현적 문화로 구분하고 표현적 문화는 다시 상징적 문화와 실천적 문화로 구분하였다. 핵심적 문화요소는 가치, 신념, 이념, 목표로 표현적 문화를 통해 간접적으로 측정할 수 있는 요소들이다. 그러므로 학교조직문화의 직접 측정변인으로 표현적 문화요소에 한정하여 우리나라 교육적 상황에 맞는 측정모형을 정립하였다.

한편 Quinn은 경쟁가치모형(competing values model)을 제시했다(Quinn & Rohrbaugh, 1983). 경쟁가치모형은 원래 다양한 조직효과성 개념들을 정리·분석하기 위한 틀로 제시된 것이었는데, 이후 조직유형(Quinn & Hall, 1983), 조직의 수명주기(Quinn & Cameron, 1983) 그리고 리더십의 유형(Quinn, 1988) 등을 모형화하는 데 확장·적용되었을 뿐 아니라, 조직문화를 연구하기 위한 분석 틀로서도 적극 이용되고 있다(Quinn & Kimberly, 1984; Quinn & McGrath, 1985; Denison & Spreitzer, 1991).

경쟁가치모형에 의한 문화유형의 분류는 두 가지 차원을 기준으로 하고 있는데, 하나는 '변화 대 안정(flexibility vs. control)'이라는 상충적 가치를 축으로 하고 있으며, 다른 하나는 '조직 내부 지향 대 외부환경 지향(internal focus vs. external focus)'이라는 상충적 가치를 축으로 하고 있다(Quinn, 1988: 47). 전자에서

'변화'는 조직의 신축성과 유연성을 강조하며, '안정'은 통제 및 질서, 효율성을 강조하는 것으로, 이는 유기적-기계적 조직특성의 구분과 유사하다고 할 수 있다. 후자에서 '조직내부 지향'은 기존 조직의 유지를 위해서 조직 내부의 통합과 조정에 초점을 두는 데 반해, '외부환경 지향'은 외부환경과의 상호작용 및 환경적응에 초점을 두는 것을 가리킨다.

Quinn은 이 모델의 틀을 "경쟁가치구도(competing value framework)"라고 강조하며, 이 모델에 적용되는 기준들이 서로 상충적인 메시지를 전달한다고 말한다. Quinn은 이를 다음과 같이 표현한다.

> 우리는 우리의 조직이 적응력 있고 유연하기를 원한다. 하지만 한편으로 안정적이며 통제되기를 원한다. 우리는 성장, 자원획득, 외부지원을 원하지만, 한편으로는 엄격한 정보관리, 공식적인 커뮤니케이션을 원한다. 우리는 인적자원의 가치를 강조하길 원하지만, 한편으로는 계획과 목적이 정해지길 원한다(Quinn, 1988: 49).

김영조와 박상언(1998)도 기업을 대상으로 조직문화 유형 및 문화강도가 조직의 심리적·재무적 성과에 미치는 영향에 대한 실증분석에서 Quinn의 경쟁가치모형에 바탕을 두고, 관계지향문화, 혁신지향문화, 과업지향문화, 위계지향문화로 조직문화를 분류하고 있다. 신재흡(2001)은 학교조직문화의 유형을 내·외적 지향차원과 조직의 신축·질서 차원으로 제시하면서, 상호 상반된 가치를 강조함으로써 조직문화에 대한 이해를 수월하게 하고 경험적으로 활용할 가치가 있는 Quinn의 모형을 사용하여 학교조직문화의 유형을 친화적 문화, 진취적 문화, 합리적 문화, 보존적 문화로 규정하고 있다.

본 장에서는 단일측면에서의 접근이 아닌 2차원적 기준으로 조직문화의 이해를 보다 용이하게 할 수 있는 Quinn의 모형을 바탕으로 신재흡이 사용한 조직문화 분류를 사용하고자 한다. 다양한 모형 가운데 이 모형을 사용하는 이유는 우리 사회 내에서 교육개혁에 대한 요구가 지속적으로 제시되는 상황이 학교조직문화가 기존의 조직문화를 유지하려는 성향과 새로운 방향으로 전환하려는 성향(변화와 안정의 양존, 조직내부 지향성과 조직외부 지향성의 대립), 즉 상호 상반된 성향을 보다 분명하게 드러내기 때문이다. 그러므로 Quinn을 리모델링한 신재흡의 조직문화 분류가 이런 상반된 가치를 강조하여 조직문화에 대한 이해를 수월하게 한다는 데서 교육개혁의 요구 속에서 드러나는 조직의 상반된 문화성향을 분석하는 데 적합하다고 본다.[3)]

3) Quinn의 모델과 신재흡의 모델을 비교해 보면, 기본적으로 신재흡은 Quinn이 사용하고 있는 변화 대 안정을 신축 대 질서, 조직내부지향 대 외부환경지향을 내부통합과 외부통합으로 사용하여 기본적인 모델 분류의 두 축을 정확하게 공유하고 있다. 그리고 신재흡이 사용한 4개 문화의 분류는 Quinn의 모델에서, 친화적 문화는 인관관계 모델(human relations model), 진취적 문화는 개방형 모델(open system model), 보존적 문화는 내부과정 모델(internal process model), 합리적 문화는 합리적 목표(rational goal model)에 해당한다. 신재흡이 사용한 각각의 학교문화의 특성은 Quinn이 조직문화 유형을 분류하면서 각 모델에 사용한 내용들을 학교에 적합한 형태로 바꾼 것으로 기본적 내용은 서로 동일하다. 조직문화 분류에 Quinn이 적용한 직접적인 기준들은 Robert E. Quinn(1988), Beyond Rational Management(San Francisco: Jossey-Bass publisher), pp. 52-54를 참고하라.

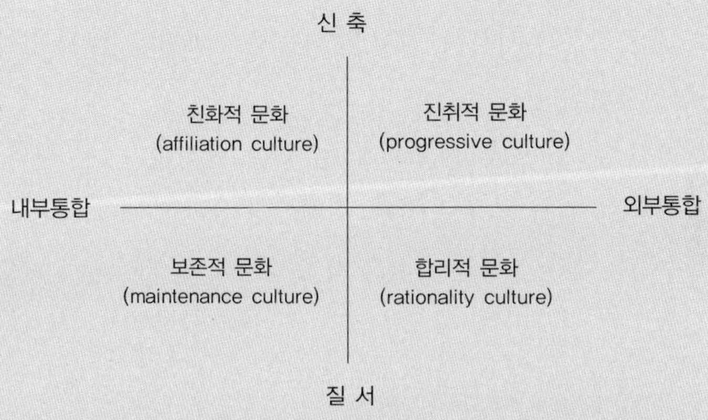

출처 : 신재흡(2001), 교사가 지각한 학교장의 혁신적 지도성과 학교조직문화 및 학교조직효과성 간의 관계연구, p. 28

[그림 4-1] 신재흡이 Quinn의 조직문화 유형을 리모델링한 조직문화 분류

구체적으로 이 모델은 네 가지 다른 유형의 조직문화를 제시하고 있다. 우선 친화적 문화(affiliation culture)는 조직구성원의 상호 신뢰감과 화목, 우호적 관계와 같은 인화단결을 강조하며, 대체로 교사들의 개인적 사정을 잘 들어준다. 업적 위주의 경쟁보다는 교사들 상호 간의 팀워크나 협동이 우선적으로 지배하며, 교장 및 교감이 지휘 · 명령하는 보스라기보다는 오히려 친근한 직장선배로 느껴진다. 그리고 새롭고 혁신적인 아이디어 및 새로운 기술변화에 대한 적응행동 측면은 대체로 소극적으로 대처하는 것이 특징이다.

진취적 문화(progressive culture)는 도전적이며, 자극적인 창의성 · 적응성 · 혁신성을 강조하여 문제해결을 위한 부서 간의 융통성 있는 업무처리와 개방적 상호작용을 취함으로써 새로운 조직구조 변화를 유도하며, 도전을 하기 위하여 구성원들의 직관과 통찰력을 중시하며, 새로운 학습자료 개발을 높이 평가하는 조직문화이다.

합리적 문화(rationality culture)는 능률, 생산성, 이윤 등의 성과를 올리는 것을 목표로 한다. 최대한의 성과를 위해, 교사들의 직무수행능력과 실적을 중심으로 평가하며, 교육목표의 달성을 우선적으로 강조하여 학교운영과 조직을 편성하며, 최소한의 투입에 최대의 산출인 효율성이 중요한 규범이다. 그리고 인간관계나 주어진 여건보다는 결과의 성공 여부를 중요하게 여긴다.

보존적 문화(maintenance culture)는 조직구성원의 행동성향이 인정지향적이며, 명확한 공식절차의 규정, 표준화, 관습화된 업무처리 방법 등의 특징이 강하게 나타난다. 서류화 및 문서화 성향이 강하고 공식적인 지위신분, 계층적 서열관계에 많은 관심을 보이며, 업무처리에 관련된 절차나 규정이 세심하게 정해져 있어서 변경이 어렵다.

문화성향 : 개인주의 성향과 집단주의 성향

앞에서 조직문화는 조직구성원 개인의 문화적 성향과 상호작용한다고 제시하였다. 그렇다면 개인의 문화성향은 어떻게 분류할 수 있을까? 본 장의 연구에서는 조금은 단순화시킨 느낌이 있지만, 보다 명확한 분석을 위해 개인의 성향을 개인주의와 집단주의의 두 가지 유형으로 나누어보고자 한다.

개인주의 성향과 집단주의 성향은 동·서양을 대변할 때 우선 제시되는 가치관으로 사고, 행동, 정서에 일관성 있게 영향을 미친다. 그 구분의 출발점은 기본적 사회단위의 인식의 차이(Hui & Triandis, 1986)로, 집단주의 문화에서는 사회구성의 궁극적 단위를 개인 사이의 관계 또는 집단으로 본다. 반면 개인주의 문화에서는 사회의 기본적 단위를 독립적이고 자율적인 개인이며, 사회는 이러한 개별적 개체들의 복수적인 집합에 불과하다고 본다. 집단주의 문화는 개인의 이익보다 집단의 이익을 우선하는 문화형태이다. 이 문화권에서는 대가족을 형성하는 경우가 대부분이어서 개인은 자라면서 '우리'라는 개념을 자연스럽게 먼저 익힌다. 그 결과 개인은 집단의 일부로 강하고 단결이 잘 된 내집단에 통합되어 있는 존재로, 평생동안 내집단에 충성함으로써 집단이 개인을 보호해 주는 사회문화를 형성한다.

개인주의 문화는 집단의 이익보다 개인의 이익을 우선으로 하는 문화형태이다. 대개 아이들은 부모, 형제자매의 핵가족 형태에서 자라기 때문에 '나'라는 개념을 먼저 익힌다. 개인주의 문화에서는 어릴 때부터 학생의 독립성을 강조하고 체면 대신에 자존심을 중히 여긴다. 학생은 항상 개별적인 개인으로 다루어지며 출신배경에 관계없이 공평하게 다루어진다. 수업시간에 학생들이 많은 발표를 하도록 지도되며, 침묵보다 대화가 항상 강조된다.

여기에서 주의해야 할 사항은 이러한 개인주의-집단주의 이론은 문화권이 다른 사회 및 그 성원들이 보이는 다양한 현상을 설명할 수 있는 중요한 이론으로 기능할 수 있지만(조긍호, 1996; 한규석, 1991), 같은 문화권 내의 개인들 간에도 이 두 가지 성향이 공존할 수 있다는 점이다(Triandis, 1988). 즉 어느 한 사회의 문화가 집단주의 또는 개인주의라고 해서 그 사회의 성원들이 모두 집단주의자 또는 개인주의자인 것은 아니라는 사실이다(Bond & Smith, 1996; Schwartz, 1992).

Triandis(1988)는 문화수준에서의 집단주의-개인주의의 양극 차원이 한 개인에게 공유될 수 있음을 밝히고, 문화수준에서의 집단주의-개인주의를 개인적 차원의 심리적 속성으로서 개인주의 성향(idiocentrics : individualistic cultural disposition)과 집단주의 성향(allocentrics : collectivistic cultural disposition)으로 구분하였다(김기범, 1996 재인용). 개인주의 성향을 지닌 사람의 행동 특징은 안락한 생활, 경쟁심, 기쁨, 사회적 승인과 같은 개인주의적 가치와 관련이 높고, 반면에 집단주의적 성향을 지닌 사람은 협동, 정직과 같은 집단주의적 가치와 관련이 있고, 사회적 지지를 받는 것과 관련이 있다. 예를 들어, 의사결정을 할 때에도 집단주의 문화의 사람은 집단에 미칠 영향을 고려하지만, 개인주의 문화의 사람은 자신의 이해관계에 초점을 둔다. 또한 집단주의자들은 자기가 속한 집단으로부터 인정받는 것을 중요하게 여긴다.

집단주의적 성향을 가진 사람들은 그들이 속해 있는 집단의 목표와 동일하거나 중복되는 목표를 가지게 되고, 만일 집단의 목표와 부합되지 않는다면 자신들의 목표보다는 자신이 속해 있는 집단의 목표가 우선되어야 한다고 생각한다. 이와는 대조적으로, 개인주의적 성향을 가진 사람들은 자신의 목표가 집단의 목표와 동일하지 않다면 자신의 개인적인 목표가 최우선이라고 생각한다(김기범, 1996).

김기범(1996)은 개인의 집단주의-개인주의 성향을 측정하기 위해 Triandis(1995)가 개발한 INDCOL을 우리나라에서 최초로 사용하였다. 이 척도는 집단주의와 개인주의 성향을 다시 수직/수평으로 나누고 있으며, 수직적 유형은 불평등을 수용하고 위계질서를 강조하는 반면, 수평적 유형은 평등과 동등성을 강조한다. 따라서 수직적 개인주의자(VI)는 경쟁적이며, 남들을 이기는 것을 중시하고, 수평적 개인주의자(HI)는 개인의 독립성과 자율성을 중시한다. 반면, 수직적 집단주의자(VC)는 집단과 가족을 개인보다 우선시하고, 수평적 집단주의자(HC)는 평등한 동료들 사이의 동료애와 협동을 중시한다(김기범, 1996 재인용).

1 사례연구 : 직무수행과 관련한 학교조직문화와 교사의 문화성향의 상호작용 효과

지금까지 제시된 이론과 모형을 사용하여 김지은(2006)은 "직무수행과 관련한 학교조직문화와 교사의 문화성향의 상호작용 효과 연구"에서 학교조직문화와 교사의 문화성향의 상호작용 효과에 대한 사례연구를 실시했다. 이 연구는 크게 다음과 같은 두 가지 질문에 초점을 맞추고 있다.

첫째, 학교조직문화가 어떻게 교사의 교사 직무수행에 영향을 미치는가? 이 질문은 학교조직과 교사와의 관계에서 학교의 조직문화에 초점을 맞춘 것으로 어떤 학교조직문화에서 교사가 자신의 직무를 잘 수행할 수 있는가를 측정하고 있다.

둘째, 교사 개인의 문화성향이 자신의 직무수행에 어떤 영향을 미치는가? 이 질문은 교사 개인이 가지는 자신의 성향이 직무수행에 어떤 영향을 미치는가에 초점을 맞춘 것으로 교사 자신이 어떤 문화적 태도를 가질 때 보다 효과적으로 업무를 수행할 수 있는가를 측정하고 있다.

특히 이 사례연구는 교사의 입장에서, 교사들 스스로 자신이 속한 학교조직의 문화를 판단하도록 했다. 실제 학교의 조직문화는 단순히 업무의 분담구조의 명확성 등만으로 판단할 수 없다. 동료교사들이 서로를 대하는 태도, 학교조직의 업무가 분담되는 과정, 교과과정 간의 협력이 형성되는 과정 등과 같이 어떤 결과에 이르는 동안 과정에서 발생할 수 있는 객관적으로 측정하기 곤란한 다양한 요소들이 개입된다. 이런 과정을 직접 체험하는 것은 교사 자신이므로 이 연구는 교사들이 자신이 속한 조직문화의 성향을 판단하는 것이 공정하다고 여겼다.

여기서 유의할 점은 이 사례연구가 앞에서 제시된 교직헌신과 조직헌신의 구분에서 제시된 업무수행의 개념이 아니라 직무수행에 초점을 맞추고 있다는 점이다. 업무수행은 학생들을 교육하는 내용을 제외한, 학교 내에서 주어진 업무의 수행을 지시하는 반면, 직무수행은 학생들을 교육하는 내용을 포함한 개념이다. 여기서 한 가지 분명히 해야 할 점은, 이 사례연구가 왜 학생들을 가르치는 일 외의 업무까지 포함하느냐이다. 그 까닭은 조직문화란 말 자체가 이미 알려주듯, 교직헌신과 구분한 조직헌신과 상당히 밀접한 관련을 맺고 있다는 점 때문이다.

이 사례연구는 교사 모두의 공통직무라고 보기 어려운 학급경영을 제외하고, 다음의 7개 영역으로 교사의 직무를 구분했다.

① **교과학습지도** : 학습지도기술, 교재연구, 학습자료준비, 평가 및 성적관리

② **생활지도** : 생활지도관 정립, 교내 · 외 생활지도, 요선도학생지도, 바른생활습관지도

③ **특활지도** : 학생회활동, 학급회운영, 청소년단체활동, 클럽활동

④ **학교경영** : 학교행사참여, 학교경영계획수립 및 평가, 학교업무처리, 학교시설 및 비품관리

⑤ **교육연구** : 전문서적탐독, 연수활동참가, 1인 1연구 추진, 자기연구 충실

⑥ **복무관리** : 사명감, 솔선수범, 책임완수, 품위유지

⑦ **인간관계** : 지역사회와의 관계, 학부모와의 관계, 동료직원과의 관계, 관리자와의 관계

앞서 제시했듯 조직에서 직무수행의 결과는 개인의 성향과 그가 일하는 조직의 특성이 서로 밀접한 관련을 맺고 있다. 이를 기초로 학교조직에서 교사의 개인적 성향과 학교조직문화의 일치성이 교사들의 학교직무수행 인식에 어떤 영향을 미치는지를 알아보는 것이 김지은이 실시한 사례연구의 목적이었다.

(1) 측정도구는 무엇인가

학교조직문화를 측정하기 위해서는 Quinn의 경쟁가치모형을 바탕으로 신재흡(2001)이 사용한 학교조직문화 측정설문지를 사용하였다. 신재흡은 20문항으로 측정하였으나, "교장, 교감이

지휘 · 명령하는 보스라기..."의 문항을 교장과 교감을 구별하여 문항을 구성하여 21문항으로 측정하였다.

교사의 개인주의-집단주의 성향을 측정하기 위해 사용한 척도는 Triandis(1995)가 제작한 INDCOL 척도를 김기범(1996)이 우리나라 판으로 표준화한 것이다. 이 척도는 집단주의와 개인주의 성향을 다시 수직 / 수평(vertical / horizontal)으로 나누어 네 가지 하위척도를 측정하는 문항 8개씩 총 32문항으로 구성되어 있다.

직무수행을 측정하기 위해서는 구옥란(1987)이 직무수행 효율성 측정을 위해 사용한 질문지를 사용하였다. 구옥란은 교사의 직무를 교과학습, 생활지도, 특활지도, 학급경영, 학교경영, 교육연구, 직무관리, 인간관계의 8개 변인으로 구분하였다. 본 연구에서는 '학급경영' 요인은 모든 교사의 공통적 직무가 아니라는 판단에 제외시켰으며, 특활지도에서도 학급회의 지도나 청소년단체 활동에의 참여는 공통적인 직무수행이라 볼 수 없기에 제외하고 26문항만을 사용하였다.

각 하위변인의 요인 및 신뢰도 계수는 〈표 4-1〉과 같다. 〈표 4-1〉에서 보듯이, 학교조직문화의 신뢰도 계수는 .87~.89(친화적 .88, 합리적 .87, 진취적 .87, 보존적 .89)로 비교적 높게 나타났으며, 전체 조직문화의 신뢰도 계수는 .87이다. 문화성향의 신뢰도 계수는 .86~.87(개인주의 성향 .87, 집단주의 성향 .86)로 나타났으며, 전체는 .87이다. 직무수행은 .86~.88(교과학습지도 .87, 생활지도 .86, 특활지도 .87, 학교경영 .86, 교육연구 .88, 복무관리 .86, 인간관계 .87)의 분포를 보이며, 전체는 .87이다.

〈표 4-1〉 하위변인의 요인 및 신뢰도 계수 ( ) 안은 문항수

하위변인	하 위 요 인	신뢰도 계수
학교조직문화	친화적 문화(5), 진취적 문화(5), 합리적 문화(5), 보존적 문화(6)	.87
문화성향	개인주의(수직적 개인주의, 수평적 개인주의) (16), 집단주의(수직적 집단주의, 수평적 집단주의) (16)	.87
직무수행	교과학습지도(4), 생활지도(4), 특활지도(2), 학교경영(4), 교육연구(4), 복무관리(4), 인간관계(4)	.87

(2) 자료의 처리는 어떻게 했나

❶ 자료수집

본 연구는 서울시 소재의 중학교 7개교와 고등학교 3개교에 근무하는 교사들을 대상으로 학교당 20명을 무작위로 선발하여 질문지를 배포하였다. 총 200부가 배부되었고, 이 중 178부(A중학교 : 17, B중학교 : 18, C중학교 : 20, D중학교 : 19, E중학교 : 17, F중학교 : 17, G중학교 : 17, H고등학교 : 18, I고등학교 : 17, J고등학교 : 18)가 회수되어 회수율은 총 89%였다. 이 중 결항이 많거

〈표 4-2〉 조사대상의 일반적 현황 ( ) 안은 비율

구분		빈도 및 비율	구분		빈도 및 비율
성별	남	62(35.8)	경력	1년 미만	9(5.2)
	여	111(64.2)		1년 이상~5년 미만	59(34.1)
설립형태	공 립	51(29.5)		5년 이상~10년 미만	50(28.9)
	사 립	122(70.5)		11년 이상~15년 미만	23(13.3)
학교	중학교	121(69.9)		16년 이상~20년 미만	10(5.8)
	고등학교	52(30.1)		20년 이상	22(12.7)

나 성의가 없었다고 판단되는 5부를 제외하여 총 173부를 분석에 사용하였다. 설문에 응답한 조사대상자의 일반적 현황 및 특성은 위의 〈표 4-2〉와 같다.

❷ 자료의 처리

분석절차와 방법은 다음과 같다.

① 각각의 척도에 대한 신뢰도 분석을 실시하여, Cronbach a 계수를 구하였다.
② 각 변인의 전반적 경향을 알아보기 위해 평균을 구하였다.
③ 각 변인들 간의 상관계수(Pearson's r)를 구하고, 학교조직문화와 교사의 문화성향이 교사의 직무수행 인식에 미치는 영향을 알아보기 위해 enter 방식에 의한 중다회귀분석(multiple regression)을 실시하였다.
④ 교사의 문화성향에 따라 학교조직문화가 교사의 직무수행에 미치는 영향을 알아보기 위해서는 이원변량분석을 실시하였다.

문화성향은 VI, HI, VC, HC별로 평균치로 계산하여, VI, HI의 점수를 합한 평균치를 개인 중심 성향(TIND) 점수로 삼고, VC와 HC의 점수를 합한 평균치를 집단 중심 성향(TCOL) 점수로 삼았다.

2 분석결과

(1) 학교조직문화, 교사의 문화성향, 직무수행 인식의 관계

각 변인의 평균을 구하고, 이에 대한 성별, 설립형태별, 학교별, 경력별에 따른 차이를 알아보았다. 〈표 4-3〉에 의하면 교사들은 학교조직은 보존적 문화의 특성을 가장 많이 띄는 것으로 인식하고 있다. 이는 아직까지 우리의 학교조직문화가 공식절차의 규정이나 공식적이고 계층적인 관계를 중요시하고 있음을 보여주는 것이다. 남자교사(M = 3.27)보다는 여자교사(M = 3.54)들이 이러한 인식을 더 많이 하고 있는 것으로 나타났다(F = 11.11, $p < .001$). 사립학교(M = 3.38)에서보다 공립학교(M = 3.63)에서 학교조직문화를 더 보존적 문화로 인식하고 있었으며, 통계적으로 유의미하게 나타났다(F = 8.04, $p < .01$). 또한 중학교(M = 3.38)보다 고등학교(M = 3.59)에 근무하는 교사들이 학교조직문화를 더 보존적인 것으로 인식하고 있었다(F = 6.23, $p < .05$). 교사들의 경력에 따른 인식의 차이는 나타나지 않았다.

문화성향 인식에서는 한국인의 특징이라 할 수 있는 집단주의 성향이 더 높게 나타났다. 남자교사들(M = 3.71)이 여자교사들(M = 3.53)보다 집단주의 성향을 더 많이 가진 것으로 나타났으며, 통계적으로도 유의미한 수준이다(F = 7.62, $p < .01$). 교사들의 경력에 따라서는 15년 이상 20년 미만(M = 4.06)이거나 20년 이상(M = 3.67)일 경우가 경력이 15년 미만인 교사일 때보다 훨씬 높게 나타났으며, 통계적으로도 유의미한 결과를 나타냈

다($F = 4.56$, $p < .001$). 어떤 경력들 간에 차이가 나타나는지를 보기 위해 Duncan 검증을 실시하였다.

〈표 4-3〉 성별, 설립형태별, 학교별, 경력별에 따른 변량분석 결과 (N : 사례수, M : 평균)

		성별		설립형태		학교		교직경력					
		남	여	공립	사립	중	고	①	②	③	④	⑤	⑥
친화적 문화 (M=3.05)	N	62	109	43	128	121	50	9	59	50	21	10	22
	M	3.49	2.80	2.96	3.08	3.08	2.97	3.11	3.02	2.82	2.85	3.96	3.40
	F	39.64***		.76		.75		5.78***(③, ④ < ⑥ < ⑤)					
진취적 문화 (M=3.16)	N	62	111	43	130	121	52	9	59	50	23	10	22
	M	3.24	2.80	2.62	3.07	2.97	2.93	2.76	2.95	2.69	2.87	3.84	3.36
	F	19.82***		16.62***		.16		9.23***(③ < ⑤, ④)					
합리적 문화 (M=2.96)	N	62	111	43	130	121	52	9	59	50	23	10	22
	M	3.24	3.12	3.02	3.21	3.10	3.30	3.09	3.15	2.99	3.47	3.44	3.15
	F	1.92		3.63		4.46*		3.01*(③, ①, ④, ② < ⑥ < ⑤)					
보존적 문화 (M=3.44)	N	62	111	43	128	121	50	9	59	50	23	10	20
	M	3.27	3.54	3.63	3.38	3.38	3.59	3.46	3.46	3.48	3.47	3.43	3.27
	F	11.11***		8.04**		6.23**		.53					
개인주의 성향 (M=3.34)	N	62	111	43	130	121	52	9	59	50	23	10	22
	M	3.44	3.28	3.25	3.37	3.30	3.42	3.33	3.40	3.22	3.28	3.69	3.35
	F	8.31**		3.65		3.76		3.84**(③, ④, ①, ⑥, ② < ⑤)					
집단주의 성향 (M=3.59)	N	62	109	41	130	119	52	9	59	50	21	10	22
	M	3.71	3.53	3.55	3.61	3.56	3.68	3.50	3.58	3.46	3.69	4.06	3.67
	F	7.62**		.71		3.07		4.56***(③, ①, ②, ⑥, ④ < ⑤)					
교과학습지도 (M=3.91)	N	62	111	43	130	121	52	9	59	50	23	10	22
	M	3.95	3.89	3.84	3.94	3.88	3.99	3.67	3.87	3.97	3.90	4.20	3.89
	F	.55		1.61		1.89		1.64					
생활지도 (M=3.72)	N	62	111	43	130	121	52	9	59	50	23	10	22
	M	3.88	3.64	3.58	3.77	3.71	3.76	3.22	3.63	3.77	3.70	4.35	3.84
	F	8.65**		4.84*		.46		6.18***(① < ②, ④, ③, ⑥ < ⑤)					

		성 별		설립형태		학 교		교직경력					
		남	여	공립	사립	중	고	①	②	③	④	⑤	⑥
특활지도 (M=3.27)	N	62	111	43	130	121	52	9	59	50	23	10	22
	M	3.44	3.17	3.13	3.31	3.25	3.31	2.56	3.32	3.07	3.24	3.80	3.64
	F	6.47*		2.48		.29		6.57***(① < ③ < ⑤)					
학교경영 (M=3.32)	N	62	111	43	130	121	52	9	59	50	23	10	22
	M	3.53	3.21	3.14	3.38	3.37	3.23	2.58	3.13	3.24	3.51	4.20	3.73
	F	11.74***		5.07*		1.80		13.94***(① < ② < ⑥ < ⑤)					
교육연구 (M=3.57)	N	62	111	43	130	121	52	9	59	50	23	10	22
	M	3.64	3.53	3.49	3.60	3.56	3.61	3.97	3.58	3.65	3.39	3.85	3.71
	F	1.63		.99		.31		3.27**(① < ④ < ⑤)					
복무관리 (M=3.63)	N	62	111	43	130	121	52	9	59	50	23	10	22
	M	3.80	3.53	3.42	3.69	3.55	3.80	3.11	3.59	3.49	3.70	4.35	3.84
	F	7.15**		6.05*		5.43*		5.29***(① < ②, ④, ⑥ < ⑤)					
인간관계 (M=3.12)	N	62	111	43	130	121	52	9	59	50	23	10	22
	M	3.27	3.04	3.03	3.15	3.13	3.09	2.47	3.13	2.96	3.17	3.90	3.34
	F	7.46**		1.64		.22		10.63***(① < ③ < ⑥ < ⑤)					

① 1년 미만, ② 1년 이상~5년 미만, ③ 5년 이상~10년 미만, ④ 10년 이상~15년 미만, ⑤ 15년 이상~20년 미만, ⑥ 20년 이상

$*p < .05$ $**p < .01$ $***p < .001$

직무수행에 있어서는 대체로 평균점수가 높게 나왔다. 이는 교사들이 자신의 직무수행에 대한 평가에 의했기에 자신의 직무수행 정도를 상당히 긍정적으로 평가한 결과로 보인다. 그 중에서도 교사들은 교과학습지도, 생활지도, 교육연구 등 교육적 목적활동에 더 긍정적 비중을 두는 것으로 나타났다. 이는 선행연구들(맹미경, 2003; 김지종, 2004)과 일치하는 측면이다. 그러나 김풍삼(1992)의 연구에서는 학부모와 학생들은 교사의 연구활

동이 부족하다는 반응을 보이고 있다. 이러한 결과는 교사자신과 학부모·학생 간의 직무수행에 대한 인식의 차를 느낄 수 있는 측면이다. 교과학습지도는 남·여교사 모두 높은 반응을 보였지만, 그 외의 다른 영역에서는 여자교사보다 남자교사가 자신의 직무수행을 더 긍정적으로 평가하고 있다. 교사경력에 따른 차이는 교과학습지도 부분을 제외한 다른 영역에서는 그 차이가 유의미하게 나타났다($p < .01$). 반드시 경력이 많을수록 직무수행을 긍정적으로 인식하고 있는 것은 아니지만, 경력이 1년 미만인 교사들보다는 1년 이상의 경력을 가진 교사들이 직무수행을 긍정적으로 인식하고 있는 것으로 나타났다.

학교조직문화, 교사의 문화성향, 직무수행 간의 관계를 살펴보기 위해 측정된 변인들 간의 단순상관관계를 산출하여 그 결과를 〈표 4-4〉에 제시하였다.

전반적으로 학교조직문화, 문화성향, 직무수행 간에 유의미한 상관을 보이고 있다. 하지만, 학교조직문화가 보존적 문화일 경우에는 직무수행에서 유의미한 상관관계를 나타내지 못하고 있다. 보존적 문화에서 자신들의 직무수행에 대해 교사들의 인식이 유의미한 상관관계를 보여주지 못하는 것에 대해선 학교가 질서나 규정, 계층적 관계를 강조하는 것이 효율적인 직무수행과 관련성이 거의 없다는 것을 말해 준다.

한편 교사 개인의 문화성향과 직무수행과의 관계를 보면, 학교조직에서는 개인주의 성향자보다 집단주의 성향자들이 직무수행과 상대적으로 더 높은 정적상관 관계를 나타내고 있다.

〈표 4-4〉 학교조직문화, 문화성향, 직무수행 간의 상관관계

	친화적 문화 (A1)	진취적 문화 (A2)	합리적 문화 (A3)	보존적 문화 (A4)	개인주의성향 (B1)	집단주의성향 (B2)	교과학습지도 (C1)	생활지도 (C2)	특활지도 (C3)	학교경영 (C4)	교육연구 (C5)	복무관리 (C6)	인간관계 (C7)
A1													
A2	.55**												
A3	.13	.37**											
A4	-.32**	-.50**	.16*										
B1	.28*	.32**	.07	.18*									
B2	.35**	.30**	.33**	.10	.25**								
C1	.09	.22**	.30**	.08	.11	.53**							
C2	.24**	.28**	.33**	.03	.12	.53**	.56**						
C3	.09	.38**	.30**	-.05	.17*	.30**	.36**	.49**					
C4	.24**	.43**	.36**	-.08	.21**	.44**	.41**	.55**	.59**				
C5	.00	.10	.27**	.06	.07	.15	.51**	.40**	.44**	.35**			
C6	.23**	.33**	.51**	.07	.16*	.59**	.50**	.40**	.45**	.59**	.45**		
C7	.30**	.41*	.40**	.01	.22**	.48**	.27**	.50**	.27**	.60**	.22**	.69**	

*$p < .05$ **$p < .01$

(2) 학교조직문화와 문화성향이 직무수행에 미치는 영향

❶ 학교조직문화가 교사 직무수행에 미치는 영향

〈표 4-4〉에서 보듯이, 학교조직문화와 교사 직무수행 간에는 대체적으로 유의미한 상관이 나왔다. 그렇다면 교사들은 어떤 조직문화 상황에서 직무수행이 더 효과적이라고 인식하고 있는지를 더 구체적으로 살펴보기 위해 회귀분석을 실시하였으며, 그 결과는 〈표 4-5〉와 같다.

〈표 4-5〉 직무수행에 대한 학교조직문화의 회귀분석 결과

		Beta	t	F	R^2
하위요인	친화적 문화	.02	.20	15.88***	.28
	진취적 문화	.31	3.18**		
	합리적 문화	.34	4.38***		
	보존적 문화	.11	1.32		

*p < .05　**p < .01　***p < .001

〈표 4-5〉에서 보듯이 직무수행은 합리적 문화(t = 4.38, p < .001)와 진취적 문화(t = 3.18, p < .01)에서 유의하게 예언되었으며, 직무수행에 대한 학교조직문화의 설명력은 28%(F = 15.88, p < .001)로 나타났다. 이는 주어진 여건을 최대한 활용하는 합리적 상황과 창의성 · 적응성 · 혁신성이라는 진취적 덕목은 학교조직의 직무수행에 중요한 역할을 보여주는 부분이다.

직무수행의 요인별 결과에서도 대체로 합리적 문화가 유의한 결과를 나타내 주는 반면, 보존적 문화는 유의한 결과를 보여주지 못하고 있다. 이것은 앞의 단순상관관계의 결과와도 일치한다. 교과학습지도에서는 진취적 문화(t = 2.31, p < .05, β = .25)와 합리적 문화(t = 2.24, p < .05, β = .19)에 의해 유의하게 예언되는 것으로 나타났으며, 학교조직문화의 교과학습지도에 대한 설명력(R^2)은 12%(F = 5.70, p < .001)였다. 생활지도 측면에서는 합리적 문화(t = 2.82, p < .001, β = .24)가 유의한 결과를 보여주고 있다. 생활지도에 대한 학교조직문화의 설명력은 13%(F = 6.34, p < .001)였으며, 특활지도는 진취적 문화(t = 4.38, p < .001, β = .45)

와 친화적 문화(t=-2.17, p<.05, β=-.18)에 의해 유의하게 예언되었으며, 특활지도에 대한 학교조직문화의 설명력은 19%(F=9.68, p<.001)였다. 학교경영에서는 진취적 문화(t=3.12, p<.01, β=.32)와 합리적 문화(t=2.65, p<.01, β=.22)에 의해 유의하게 예언되었으며, 학교경영에 대한 학교조직문화의 설명력은 20%(F=9.91, p<.001)로 나타났다. 교육연구에서는 합리적 문화(t=3.08, p<.01, β=.27)만이 유의하게 예언되었고, 학교조직문화의 교육연구에 대한 설명력은 7%(F=3.16, p<.05)였다. 복무관리도 합리적 문화(t=5.42, p<.001, β=.42)만이 유의하였고, 학교조직문화 전체의 설명력은 27%(F=15.39, p<.001)였다. 인간관계에서는 합리적 문화(t=3.00, p<.01, β=.24)와 진취적 문화(t=2.75, p<.01, β=.28)가 유의하게 예언되었으며, 보존적 문화는 경향성을 나타내었다(t=1.77, p=.08, β=.15). 인간관계에 대한 학교조직문화의 설명력은 23%(F=11.93, p<.001)였다.

이상에서, 특활지도를 제외한 다른 직무수행 요인에 대해 합리적 문화가 의미 있게 나타나는 것을 볼 수 있었다. 이는 직무수행에 영향을 미치는 변인으로서 진취적 문화와 합리적 문화가 상대적인 중요성을 나타내었음을 보여주는 증거라고 할 수 있다. 따라서 이와 같은 결과는 학교조직문화가 학교조직효과성에 미치는 영향을 알아본 신재흡(2001)의 연구에서 진취적 문화일 때 학교조직효과성에 가장 큰 영향을 미쳤으며, 다음으로 친화적·합리적 문화 순이라는 것과 비슷한 결과라 할 수 있다. 특히 보존적 문화가 학교조직효과성을 예측하는 데 있어서 적합하지 못한 변인으로 파악된 것은 본 연구결과와 일치하는 측면이다.

❷ 교사 개인의 문화성향이 직무수행에 미치는 영향

다음은 교사의 개인적인 문화성향이 직무수행에 어떤 영향을 주고 있는지를 알아보고자 회귀분석을 실시하였다.

〈표 4-6〉 직무수행에 대한 교사 개인의 문화성향의 회귀분석 결과

		Beta	*t*	*F*	R^2
하위요인	개인주의 성향	.07	1.10	41.98***	.33
	집단주의 성향	.55	8.53***		

*$p < .05$ **$p < .01$ ***$p < .001$

〈표 4-6〉에서 보듯이 교사의 개인적인 문화성향 중 직무수행은 집단주의 성향($t = 8.53$, $p < .001$)에서 유의하게 예언되었으며, 직무수행에 대한 개인의 문화성향의 설명력(R^2)은 33%($F = 41.98$, $p < .001$)였다. 직무수행의 요인 각각에 대해서도 모두 집단주의 성향이 유의하게 예언되었다. 각각에 대한 유의값은 교과학습지도는 $t = 7.90$, $p < .001$, $\beta = .53$($R^2 = .53$, $F = 32.59$, $p < .001$), 생활지도 $t = 7.85$, $p < .001$, $\beta = .53$($R^2 = .53$, $F = 32.56$, $p < .001$), 특활지도 $t = 3.55$, $p < .01$, $\beta = .27$($R^2 = .31$, $F = 9.14$, $p < .001$), 학교경영 $t = 5.74$, $p < .001$, $\beta = .41$($R^2 = .45$, $F = 21.08$, $p < .001$), 복무관리는 $t = 9.22$, $p < .001$, $\beta = .59$($R^2 = .59$, $F = 45.86$, $p < .001$), 인간관계는 t = 6.56, $p < .001$, $\beta = .46$($R^2 = .49$, $F = 27.04$, $p < .001$)이었다. 하지만 교육연구는 문화성향에 대해 어떠한 유의

한 예언도 보여주지 않았다. 앞의 〈표 4-4〉에서도 교육연구는 개인주의 성향과 집단주의 성향과 상관관계를 보여주지 않은 것과도 일치한다.

❸ 학교조직문화와 문화성향이 직무수행에 미치는 영향

위에서 학교조직문화에 따라, 개인의 문화성향에 따라 교사의 직무수행이 달라짐을 확인하였다. 이러한 결과를 토대로 하여, 교사들의 개인적 성향에 따라 학교조직문화가 교사의 직무수행에 어떻게 영향을 미치는지를 살펴보고자 한다. 이를 위해, 학교조직문화 점수와 교사들의 개인적 성향점수를 평균점을 중심으로 각각 상·하 집단으로 구분하고 직무수행을 종속변인으로 하여 분석하였다. 아래에는 유의미한 상호작용 효과가 나타난 것만 제시하였다.

〈표 4-7〉 개인주의 성향에 따른 합리적 문화 성향별 교과학습지도의 평균과 변량 분석 결과

( ) 안은 사례수

		합리적 문화		계	변량원	자승화	자유도	평균자승화	*F*
		상집단	하집단		A	.45	1	.45	2.33
개인주의 성향	상	3.99(52)	3.65(13)	3.92(65)	B	–	1	–	.33
	하	3.84(45)	3.91(24)	3.86(69)	A×B	1.02	1	1.02	5.24*
	계	3.92(97)	3.82(37)		오차	25.31	130	.20	

A : 합리적 문화, B : 개인주의 성향

*$p < .05$

교과학습지도에 대한 합리적인 문화와 개인주의 성향의 상호작용 효과는 유의하였다($F = 5.24$, df = 1/130, $p < .05$). 개인주의

성향이 높을 경우 합리적 문화가 낮은 경우보다 합리적 문화수준이 높은 경우 교과학습지도를 더 잘하는 반면, 개인주의 성향이 낮은 경우는 합리적 문화가 높은 경우보다 낮은 경우 교과학습지도를 더 잘한다는 것을 보여준다.

〈표 4-8〉에서 보듯이, 교과학습지도에 대한 친화적 문화와 집단주의 성향의 상호작용 효과는 유의하였다($F = 18.17$, df = 1/115, $p < .001$). 집단주의 성향이 높은 경우에는 친화적 문화가 낮은 경우보다 친화적 문화수준이 높은 경우 교과학습지도를 더 잘하는 반면, 집단주의 성향이 낮은 경우는 친화적 문화가 높은 경우보다 낮은 경우 교과학습지도를 더 잘하며, 교과학습지도의 차이가 더 크게 나타났다.

〈표 4-8〉 집단주의 성향에 따른 친화적 문화 성향별 교과학습지도의 평균과 변량분석 결과

( ) 안은 사례수

		친화적 문화		계	변량원	자승화	자유도	평균자승화	*F*
		상집단	하집단		A	1.49	1	1.49	10.09**
집단주의 성향	상	4.15(48)	4.06(24)	4.12(72)	B	8.54	1	8.54	58.06***
	하	3.23(15)	3.81(32)	3.62(47)	A×B	2.67	1	2.67	18.17***
	계	3.93(63)	3.92(56)		오차	16.91	115	.15	

A : 친화적 문화, B : 집단주의 성향

$^{**}p < .01$ $^{***}p < .001$

〈표 4-9〉에서, 교과학습지도에 대한 보존적 문화와 집단주의 성향의 상호작용 효과는 유의하였다($F = 5.11$, df = 1/113, $p < .05$). 집단주의 성향이 높은 경우에는 보존적 문화가 낮은 경우

와 높은 경우 교과학습지도에는 차이가 없는 반면, 집단주의 성향이 낮은 경우는 보존적 문화가 높은 경우가 낮은 경우보다 교과학습지도를 더 잘하는 것으로 나타났다. 이것은 친화적 문화의 경우와는 반대의 결과를 보여준다.

〈표 4-9〉 집단주의 성향에 따른 보존적 문화 성향별 교과학습지도의 평균과 변량분석 결과

( ) 안은 사례수

		보존적 문화		계	변량원	자승화	자유도	평균자승화	F
		상집단	하집단		A	.93	1	.93	5.57*
집단주의 성향	상	4.12(36)	4.11(34)	4.11(70)	B	7.61	1	7.61	45.63***
	하	3.77(28)	3.41(19)	3.62(47)	A×B	.85	1	.85	5.11*
	계	2.96(64)	3.86(53)		오차	18.85	113	.17	

A : 보존적 문화, B : 집단주의 성향

$^{*}p<.05$ $^{***}p<.001$

〈표 4-10〉 집단주의 성향에 따른 친화적 문화 성향별 특활지도의 평균과 변량분석 결과

( ) 안은 사례수

		친화적 문화		계	변량원	자승화	자유도	평균자승화	F
		상집단	하집단		A	-	1	-	.08
집단주의 성향	상	3.51(48)	3.23(24)	3.42(72)	B	3.83	1	3.83	9.09**
	하	2.80(15)	3.16(32)	3.04(47)	A×B	2.53	1	2.53	6.03*
	계	3.34(63)	3.29(56)		오차	48.35	115	.42	

A : 친화적 문화, B : 집단주의 성향

$^{*}p<.05$ $^{**}p<.01$

특활지도에 대한 친화적 문화와 집단주의 성향의 상호작용 효과는 유의하였다($F=6.03$, df$=1/115$, $p<.05$). 집단주의 성향

이 높은 경우에는 친화적 문화가 낮은 경우보다 친화적 문화수준이 높은 경우 특활지도를 더 잘하는 반면, 집단주의 성향이 낮은 경우에는 친화적 문화가 높은 경우보다 친화적 문화가 낮은 경우 특활지도를 더 잘하는 것으로 나타났다.

〈표 4-11〉 집단주의 성향에 따른 합리적 문화 성향별 특활지도의 평균과 변량분석 결과

( ) 안은 사례수

		합리적 문화		계	변량원	자승화	자유도	평균자승화	F
		상집단	하집단		A	2.38	1	2.38	5.87*
집단주의 성향	상	3.42(55)	3.41(17)	3.42(72)	B	5.22	1	5.22	12.86***
	하	3.26(31)	2.63(16)	3.04(47)	A×B	2.29	1	2.29	5.63*
	계	3.36(86)	3.03(33)		오차	46.69	115	.41	

A : 합리적 문화, B : 집단주의 성향

$^*p<.05$ $^{***}p<.001$

특활지도에 대한 합리적 문화와 집단주의 성향의 상호작용 효과는 유의하였다($F=5.63$, df=1/115, $p<.05$). 집단주의 성향이 높은 경우에는 합리적 문화가 낮은 경우와 높은 경우 특활지도에 유의한 차이가 나타나지 않은 반면, 집단주의 성향이 낮은 경우에는 합리적 문화가 높은 경우에 낮은 경우보다 특활지도를 더 잘하며, 그 차이도 크게 나타났다.

〈표 4-12〉에서 보듯이, 학교경영에 대한 합리적 문화와 개인주의 성향의 상호작용 효과는 유의하였다($F=7.32$, df=1/130, $p<.01$). 합리적 문화수준이 낮은 경우보다 합리적 문화수준이 높은 경우 학교경영을 더 잘하는데, 합리적 문화수준이 높은 경우에는 개인주의 성향이 높은 경우에, 합리적 문화수준이 낮은 경

우에는 개인주의 성향이 낮은 경우에 학교경영을 더 잘하는 것으로 나타났다.

〈표 4-12〉 개인주의 성향에 따른 합리적 문화 성향별 학교경영의 평균과 변량분석 결과

( ) 안은 사례수

		합리적 문화		계	변량원	자승화	자유도	평균자승화	F
		상집단	하집단		A	6.31	1	6.31	18.62***
개인주의 성향	상	3.51(52)	2.69(13)	3.35(65)	B	–	1	–	.23
	하	3.25(45)	3.06(24)	3.18(69)	A×B	2.48	1	2.48	7.32**
	계	3.39(97)	2.93(37)		오차	44.05	130	.34	

A : 합리적 문화, B : 개인주의 성향

$^{**}p < .01$ $^{***}p < .001$

〈표 4-13〉 집단주의 성향에 따른 친화적 문화 성향별 교육연구의 평균과 변량분석 결과

( ) 안은 사례수

		친화적 문화		계	변량원	자승화	자유도	평균자승화	*F*
		상집단	하집단		A	1.25	1	1.25	3.19
집단주의 성향	상	3.66(48)	3.56(24)	3.63(72)	B	1.62	1	1.62	4.14*
	하	3.08(15)	3.63(32)	3.45(47)	A×B	2.52	1	2.52	6.42*
	계	3.52(63)	3.59(56)		오차	45.07	115	.39	

A : 친화적 문화, B : 집단주의 성향

$^{*}p < .05$

교육연구의 친화적 문화와 집단주의 성향의 상호작용 효과는 유의하였다($F = 6.42$, df = 1/115, $p < .05$). 집단주의 성향이 높은 경우에는 친화적 문화가 낮은 경우보다 친화적 문화수준이 높은 경우 교육연구를 더 잘하는 반면, 집단주의 성향이 낮은 경

우에는 친화적 문화가 높은 경우보다 낮은 경우 교육연구를 더 잘하며, 교육연구의 차이가 더 크게 나타났다.

〈표 4-14〉 집단주의 성향에 따른 보존적 문화 성향별 교육연구의 평균과 변량분석 결과

( ) 안은 사례수

		보존적 문화		계
		상집단	하집단	
집단주의 성향	상	3.47(36)	3.74(34)	3.60(70)
	하	3.66(28)	3.15(19)	3.45(47)
	계	3.55(64)	3.53(53)	

변량원	자승화	자유도	평균자승화	*F*
A	.39	1	.39	1.05
B	1.11	1	1.11	3.00
A×B	4.33	1	4.33	11.56***
오차	42.27	113	.37	

A : 보존적 문화, B : 집단주의 성향

***$p < .001$

교육연구에 대한 보존적 문화와 집단주의 성향의 상호작용 효과는 유의하였다($F = 11.56$, df = 1/113, $p < .001$). 집단주의 성향이 높은 경우에는 보존적 문화가 높은 경우보다 보존적 문화 수준이 낮은 경우 교육연구를 더 잘하는 반면, 집단주의 성향이 낮은 경우에는 보존적 문화가 낮은 경우보다 높은 경우 교육연구를 더 잘하는 것으로 나타났다.

〈표 4-15〉에서 보듯, 복무관리에 대한 보존적 문화와 개인주의 성향의 상호작용 효과는 유의하였다($F = 3.03$, df = 1/128, $p < .01$). 개인주의 성향이 높은 경우에는 보존적 문화가 낮은 경우보다 보존적 문화수준이 높은 경우 복무관리를 더 잘하는 반면, 개인주의 성향이 낮은 경우에는 보존적 문화가 높은 경우보다 낮은 경우 복무관리를 더 잘하는 것으로 나타났다.

〈표 4-15〉 개인주의 성향에 따른 보존적 문화 성향별 복무관리의 평균과 변량분석 결과

( ) 안은 사례수

		보존적 문화		계	변량원	자승화	자유도	평균자승화	*F*
		상집단	하집단		A	.59	1	.59	1.45
개인주의 성향	상	3.81(42)	3.36(21)	3.66(63)	B	–	1	–	.21
	하	3.44(31)	3.62(38)	3.54(69)	A×B	3.03	1	3.03	7.40**
	계	3.65(73)	3.53(59)		오차	52.35	128	.41	

A : 보존적 문화, B : 개인주의 성향

$^{**}p<.01$

〈표 4-16〉 집단주의 성향에 따른 친화적 문화 성향별 복무관리의 평균과 변량 분석결과

( ) 안은 사례수

		친화적 문화		계	변량원	자승화	자유도	평균자승화	*F*
		상집단	하집단		A	.48	1	.48	1.23
집단주의 성향	상	3.96(48)	3.77(24)	3.90(72)	B	12.74	1	12.74	32.48***
	하	2.92(15)	3.38(32)	3.23(47)	A×B	2.66	1	2.66	6.79**
	계	3.71(63)	3.55(56)		오차	45.11	115	.39	

A : 친화적 문화, B : 집단주의 성향

$^{**}p<.01$ $^{***}p<.001$

〈표 4-16〉에서 보듯이, 복무관리에 대한 친화적 문화와 집단주의 성향의 상호작용 효과는 유의하였다($F=6.79$, df=1/115, $p<.01$). 집단주의 성향이 높은 경우 친화적 문화가 낮은 경우보다 친화적 문화수준이 높은 경우 복무관리를 더 잘하는 반면, 집단주의 성향이 낮은 경우는 친화적 문화가 높은 경우보다 낮은 경우 복무관리를 더 잘하며, 그 차이도 더 크게 나타났다.

〈표 4-17〉 개인주의 성향에 따른 보존적 문화 성향별 인간관계의 평균과 변량분석 결과

( ) 안은 사례수

		보존적 문화 상집단	보존적 문화 하집단	계	변량원	자승화	자유도	평균자승화	F
					A	–	1	–	.02
개인주의 성향	상	3.27(42)	2.94(21)	3.16(63)	B	.25	1	.25	.93
	하	2.86(31)	3.16(38)	3.03(69)	A×B	3.04	1	3.04	11.23***
	계	3.10(73)	3.09(59)		오차	34.68	128	.27	

A : 보존적 문화, B : 개인주의 성향

***$p < .001$

인간관계에 대한 보존적 문화와 개인주의 성향의 상호작용 효과는 유의하였다($F = 11.23$, df = 1/128, $p < .001$). 개인주의 성향이 높은 경우에는 보존적 문화가 낮은 경우보다 보존적 문화 수준이 높은 경우 인간관계를 더 잘하는 반면, 개인주의 성향이 낮은 경우에는 보존적 문화가 높은 경우보다 낮은 경우 인간관계를 더 잘하는 것으로 나타났다.

〈표 4-18〉 집단주의 성향에 따른 보존적 문화 성향별 인간관계의 평균과 변량분석 결과

( ) 안은 사례수

		보존적 문화 상집단	보존적 문화 하집단	계	변량원	자승화	자유도	평균자승화	F
					A	–	1	–	.29
집단주의 성향	상	3.45(36)	3.18(34)	3.32(70)	B	3.50	1	3.50	11.92***
	하	2.88(28)	3.04(19)	2.94(47)	A×B	1.33	1	1.33	4.52*
	계	3.20(64)	3.13(53)		오차	33.14	113	.29	

A : 보존적 문화, B : 집단주의 성향

*$p < .05$ ***$p < .001$

〈표 4-18〉은 인간관계에 대한 보존적 문화와 집단주의 성향의 상호작용 효과는 유의함을 보여준다($F = 4.52$, df = 1/113, $p < .05$). 집단주의 성향이 높은 경우에는 보존적 문화가 낮은 경우보다 보존적 문화수준이 높은 경우 인간관계를 더 잘하는 반면, 집단주의 성향이 낮은 경우에는 보존적 문화가 높은 경우보다 낮은 경우 인관관계를 더 잘하는 것으로 나타났다.

3 종합논의

지금까지 살펴본 결과분석을 토대로 학교조직문화와 개인의 문화성향이 어떻게 상호작용할 때 교사들이 보다 효과적으로 자신의 직무를 수행할 수 있는지에 대해 논의해 보자.

(1) 우리 사회의 학교조직문화는 인정지향적이며 보존적이다

우선 학교조직문화, 개인의 성향, 직무수행에 대한 교사들의 인식을 살펴본 결과, 교사들은 현재의 우리 학교조직문화를 인정지향적이고 공식절차와 규정, 계층을 강조하는 보존적 문화로 인식하고 있으며, 효율성을 강조하는 합리적 문화에 대해서는 가장 낮은 인식을 보여주고 있다(친화적 문화 M = 3.05, 진취적 문화 M = 3.16, 합리적 문화 M = 2.96, 보존적 문화 M = 3.44). 또한 교사들의 개인적 성향은 한국인의 대표적인 특징인 집단주의 성향을 지니고 있으며(개인주의 성향 M = 3.34, 집단주의 성향 M = 3.59), 자신의 직무수행 수준에 대해서는 스스로 상당히 긍정적이고 높게 평가하고 있는 것으로 나타났다(M = 3.12~3.91).

인정지향적이며 보존적이란 두 성향의 공존은 우리의 학교조직문화가 공식절차와 규정을 중심으로 한 계층적인 관계를 중요시하면서도, 인정지향적 성향으로 인해 업무가 명확하게 분담되거나 책임소재가 명확하지 않을 수 있는 모순적 관계를 보여준다. 이런 모순적 현상은 공식절차와 규정이 협의하고 합의하는 평등한 합리적 문화기반에 서 있지 않고, 상급자는 명령을 하달하고 하급자는 하달받은 명령을 수행하는 계층적인 기반에 서 있기 때문인 것으로 보인다.

특히 남자교사(M = 3.27)보다는 여자교사(M = 3.54)들이 이러한 인식을 더 하고 있는 것으로 나타났다($F = 11.11$, $p < .001$). 사립학교(M = 3.38)보다 공립학교(M = 3.63)에서 학교조직문화를 더 보존적 문화로 인식하고 있었으며, 통계적으로 유의미하게 나타났다($F = 8.04$, $p < .01$). 또한 중학교(M = 3.38)보다 고등학교(M = 3.59)에 근무하는 교사들이 학교조직문화를 더 보존적인 것으로 인식하고 있었다($F = 6.23$, $p < .05$). 교사들의 경력에 따른 인식의 차이는 나타나지 않았다.

(2) 교사는 합리적 문화에서 업무를 잘 수행한다고 믿는다

직무수행에 대한 학교조직문화의 회귀분석 결과, 현재의 학교조직문화를 합리적 문화라고 보는 데는 가장 낮은 인식을 보여주는 반면, 직무수행에 대해서는 합리적 문화 내에서 대체로 유의미한 결과를 보여주고 있다($t = 2.24$~5.42, $p < .05$). 반면, 현

재 학교조직문화의 대표적 특성인 보존적 문화는 직무수행에 전혀 영향력을 발휘하지 못하는 것으로 드러났다. 그러나 대다수의 교사들은 우리 사회 학교조직문화가 보존적이라고 인식하는 것으로 드러났다. 다시 말해, 합리적 문화 내에서 직무수행을 가장 잘할 수 있다고 믿는 교사들이 자신이 속한 조직문화는 합리적이지 않다고 믿고 있다는 것이다. 교사들의 직무수행에 전혀 영향력을 주지 못하는 보존적 문화가 현재의 학교조직문화라는 모순을 명확히 인식하고 개선할 수 있다면, 교사들은 더욱 자신의 업무를 효율적으로 수행할 수 있을 것이다.

한편, 문화성향 인식에서는 한국인의 특징이라 할 수 있는 집단주의 성향이 더 높게 나타났다. 남자교사들(M=3.71)이 여자교사들(M=3.53)보다 집단주의 성향을 더 많이 가진 것으로 나타났으며, 통계적으로도 유의미한 수준이다($F=7.62$, $p<.01$). 교사들의 경력에 따라 16년 이상 20년 미만(M=4.06)이거나 20년 이상(M=3.67)일 경우가 경력이 15년 미만인 교사일 때보다 훨씬 높게 나타났으며, 통계적으로도 유의미한 결과를 나타냈다($F=4.56$, $p<.001$). 교사의 문화성향에서는 집단주의 성향의 사람들이 교육연구 부분을 제외한 다른 직무수행에 대해서 유의한 예언력을 보여주고 있다($t=3.55$~9.22, $p<.01$).

이런 결과는 조직헌신 및 교직헌신과 관련해 다음과 같은 두 가지 의미를 보여준다. 첫째, 경력이 많은 교사들일수록 집단주의 성향을 드러낸다는 것은 교사들이 기존의 학교조직문화에 점점 동화되어가고 있음을 보여준다. 둘째, 집단주의 성향의 사람들이 다른 직무사항에서는 유의미한 업무능력을 보여주면서도 교육연구 부분에서는 직무수행이 떨어진다는 점은 학생들을 가르치기 위해 교사 자신의 능력을 개발하는 일과 학교조직의 업무를 수행하는 일은 다르다는 것을 보여준다. 다시 말해 교직헌신과 조직헌신은 다른 개념이라는 의미다.

(3) 교사 개인의 성향과 학교조직문화는 상호작용한다

실질적으로 개인의 성향과 학교조직문화 간의 일치 여부에 의해 직무수행에는 어떠한 차이가 나타나는지를 알아보는 이원변량분석 결과, 개인주의 성향이 높을수록 합리적 문화가 강한 곳에서 교과학습지도, 학교경영을 효율적으로 수행하며, 개인주의 성향이 높을수록 보존적 문화가 강한 곳에서 복무관리, 인간관계를 효율적으로 수행하는 것으로 나타났다. 집단주의 성향이 강한 경우에는 교과학습지도, 특활지도, 교육연구, 인간관계가 더 효율적이지만, 집단주의 성향이 강할 때보다 약할 때 학교조직문화 수준에 따른 직무수행의 차이가 더 크게 나타났다. 그러나 집단주의 성향이 강할수록 보존적 문화수준이 높을 때 교육연구수행이 떨어지는 반면, 인간관계는 향상되었으며, 친화적 문화수준이 높을수록 교과학습지도, 특활지도, 교육연구, 복무관리의 수준은 높아지는 것으로 나왔다.

단편적으로 학교조직문화에 따른 직무수행의 정도를 측정했을 때는 보존적 문화는 어떠한 직무수행과도 유의한 예언을 보여주지 못했지만, 개인의 문화성향과의 상호작용에 따라서는 보존적 문화 내에서도 직무수행에 대한 효과가 달라짐을 알 수 있다. 이처럼 개인의 문화성향과 상호작용 속에서 보존적 문화가 직무수행에 유의미할 수도 있다는 결과는 개인의 문화성향이 조직문화에 의해 일방적으로 결정되는 것이 아니라, 개인의 성향과 상호작용하여 결정됨을 보여준다.

이 연구결과는 교사들 스스로의 직무수행 인식이라는 전제하에서 다음과 같은 의미를 가진다. 첫째, 보존적인 학교조직문화는 교사들의 직무수행에 대체로 긍정적이지 못하다. 둘째, 합리적인 학교조직문화는 개인주의 성향의 교사들의 직무수행능력을 향상시킨다. 셋째, 집단주의 성향의 교사들은 친화적인 학교조직문화에서 긍정적인 직무수행능력을 보이고 있다. 넷째, 개인의 문화성향에 따라서 보존적 학교조직문화 내에서도 특정 업무 사안에 따라 효과적인 직무수행의 결과를 가져올 수 있다.

이 사례연구는 학교조직 내의 주체라고 할 수 있는 교사들이 직접 인식하고 있는 학교조직문화와 자신의 문화성향 정도에 따라 앞으로 학교조직의 발전을 위해 나아가야 할 방향, 즉 구체적으로 직무수행 향상을 위해 어떠한 환경을 조성해야 하는가라는 문제에 대해 대략적인 방향을 제시해 주고 있다.

첫째, 학교효과성을 증대시키기 위한 방안으로 학교의 문화를 단순히 구성원들 간의 화목이나 우호적 관계를 강조하는 반면, 변화에 대해선 소극적인 대처나 절차나 계층만을 강조하는 것만으로는 적절하지 않다는 것이다. 학교조직도 사회의 흐름을 민감하게 반영하고 효율성을 강조하며 구성원들의 도전과 혁신을 강조하는 문화가 정착될 때, 진정한 교육의 효율성을 증대시킬 수 있고 구성원인 교사나 학생들의 헌신이나 만족도를 높여줄 수 있을 것이다. 이와 비슷하게 이정훈(2004)은 "대안적 리더십, 조직문화, 학교 재구조화, 조직효과성의 인과관계 분석"에서 잠재적 문화보다는 표현적 문화가 학교 재구조화와 더 높은 상관관계를 나타내고 있다는 결론을 내렸다. 이 역시 차후 학교조직문화를 개선할 때 어떤 방향으로 가야 하는지에 대한 시사점을 보여준다고 할 수 있다. 신재흡(2001)도 교사들이 학교조직문화에 대해 보존적 문화보다 친화적 · 진취적 · 합리적 문화를 더 강하게 인식하고 있는 것은 교사들이 조직의 인정지향적 운영, 명확한 공식절차의 규정, 표준화 · 관습화로 된 업무처리 방법보다는 교사들의 상호 간의 팀워크나 협동, 창의성 · 적응성 · 혁신성을 강조하며, 결과의 성공 여부를 중요하게 여기는 현상으로 볼 수 있다고 강조한다.

둘째, 학교의 문화를 합리성을 강조하는 방향으로 전환하는 것과 더불어 조직의 효율성을 더욱 극대화시키기 위해서는 교사들의 업무배치에 있어서도 교사 개인의 성향을 사전에 반영하여 조절한다면 더욱 효율적인 조직운영을 기대할 수 있을 것이다. 예를 들어, 개인주의적 성향을 띠는 교사들은 될 수 있는 한 독자적으로 수행할 수 있는 업무를 분담시키는 것이다. 그러나 이런 업무분담 방식에 개인주의자들에게는 독자성을, 집단주의자들에게는 연대책임을 부여하는 업무를 주는 단순한 방식으로 이해하는 것은 바람직하지 않다. 앞에서 밝혔듯 모든 조직의 구성원들은 때로 개인주의적이면서도 집단주의적 성향을 동시에 지닐 수 있을 뿐만 아니라, 교직에 몸을 담고 있는 한 다른 교사들과 협동적 교과과정 수립 등과 같은 일을 피할 수 없기 때문이다. 다만, 업무를 분담할 때, 개인주의적 교사들에게는 보다 독자성을 확보할 수 있는 방식의 배려가 필요하다는 의미다. 이런 배려는 학교의 리더들의 중요한 덕목이 될 수 있다.

우리는 지금껏 학교의 조직문화와 효과적인 교사들의 관계에 대해서 살펴보았다. 조직문화는 고여 있는 우물이 아니다. 모든 것이 그러하듯 조직문화는 변화한다. 다만 학교조직이 기본적으로 보수적이라는 관점에서 본다면, 변화의 속도는 상대적으로 다른 조직에 비해 느릴 수밖에 없다. 보수적 조직에서 조직의 구성원들의 노력을 통해 변화할 수 있는 속도는 한계가 있을 수밖에 없다. 그렇다면 학교조직 문화를 빠르게 변화시킬 수 있는 힘은 학교에 존재하지 않을까? 나의 대답은 '리더십에 있다'이다. 좋은 리더는 조직의 문화와 풍토를 재빠르게 변화시킬 수 있다. 다음 장은 조직의 문화를 재빠르게 변화시키고, 나아가 이런 변화를 통해 효과적인 교사를 만들어낼 수 있는 리더는 누구인가에 대해 살펴보도록 할 것이다.

효과적 교사를 만드는 리더십은 무엇인가

Chapter_5

양적인 리더십 개념 : 거래적 리더십과 변혁적 리더십

지난 수세기 동안 많은 학자들이 리더십에 대한 연구에 관심을 기울여 왔다. 수많은 리더십 이론이 연구자들의 직관적 사색과 실증연구를 통해 지속적으로 발전되어 왔지만, 지금까지도 '리더십 수수께끼(leadership puzzle)'는 여전히 미완의 상태로 남아 있는 실정이다. 최근 새로운 리더십 이론이 요구되는 이유는 리더십과 관련된 패러다임의 변화에서 찾아볼 수 있다. 조직 내·외의 환경이 급변하고 학습조직, 가상조직, 팀경영, 지식경영, 임파워먼트, 연봉제 등의 경영혁신 기법이 강조되면서 리더와 구성원 간의 역할변화의 개념이 요구되기 때문이다.

조직행동 분야에서 최근까지 다루어지고 있는 리더십은 거래적 리더십과 변혁적 리더십이다(Yukl, 1989). 거래적 리더십은 리더와 구성원 간의 심리적·경제적 교환관계에 중점을 두는 이론이다. Bass(1985)는 거래적 리더십에 있어서 교환(exchange)이란, 리더와 계약한 성과수준에 도달하면 이에 상응한 보상이 주어지는 것을 의미하는 것으로서 기존의 리더십 이론들과 동일한 사항들을 강조하고 있다고 본다.

반면, 변혁적 리더십은 리더를 통한 구성원의 가치, 신념, 욕구 등의 변화를 강조한다. 변혁적 리더십은 부하들에게 새로운 비전을 제시하고 부하들의 고차원적 욕구를 자극하여 공식적으로 주어진 역할을 초월하는 기대 이상의 성과를 가져오도록 동기화시킨다. 이런 점에서 변혁적 리더십은 비전을 제시하는 카리스마적인 리더십일 뿐만 아니라, 문화적이며 활력을 불어넣는 리더십 개념이다(Leithwood & Duke, 1998). 이런 리더십은 기대 이상의 노력이 요구되며 엄청난 생산성이 필요하기 때문에, 조직의 목표에 대한 높은 수준의 개인적 헌신과 이런 목표를 달성할 수 있는 탁월한 능력을 전제로 한다. Leithwood 등(1998)에 따르면, 변혁적 리더십을 다루는 많은 문헌들이 공식적 행정기구 내에서 상위의 지위를 차지하고 있는 이들이 변혁적 리더십이 내뿜을 수 있는 권위와 영향력을 가지고 있다고 가정하고 있지만, 반드시 그런 것만도 아니라고 말한다. 조직의 구성원 그 누구라도 집단의 의욕을 자극할 수 있고 이런 능력을 가지고 있다면 변혁적 리더십을 가질 수 있다고 본다.

리더–구성원 관계 이론 : 리더와 구성원들의 관계의 질이 중요하다

거래적 리더십과 변혁적 리더십의 특징은 소위 리더와 구성원들 간의 양적인 관계에 초점이 맞추어진 개념이다. 쉽게 말해 리더와 조직의 구성원 전체가 어떻게 관계를 맺고 있는지에 근거하여 성립된 개념이라 볼 수 있다. 그렇다면, 리더들은 한 조직 내에서 자신의 구성원들 누구라도 상관없이 일정한 수준의 관계를 맺는 것일까? 리더들은 정말 차별 혹은 일정한 선호 없이 자신들의 구성원들과 관계를 맺고 있는 것일까?

이런 질문에 근거해서 리더십 연구에 있어 주목해야 할 연구 방향이 리더와 구성원들 간의 관계에 초점을 둔 리더-구성원 간 교환관계(Leader-Member Exchange) 이론이다. Dansereau, Grean, & Haga(1975)가 설정한 개념인 '수직적 쌍 연결(VDL : Vertical Dyad Linkage)'에서 시작된 이 이론은 대부분의 리더십 이론들이 부정확한 가정에 기초하고 있다고 본다(Schriesheim, Castro, & Cogliser, 1999). 기존의 리더십 이론들에서 주장하는 바와 같이 한 집단의 구성원들이 그들의 리더를 평균적인 동일한 방식으로 지각하고 있다는 가정은 잘못되었다는 것이다(Kreitner & Kinicki, 1998). 특정 집단의 동일한 리더라 하더라도 구성원 개개인들과 차별적인 관계를 맺어나가게 되고 따라서 구성원들도 자신의 리더에 대해 지각하는 내용이 다를 수 있다. 이런 인식에서 리더-구성원 관계 이론은, 한 집단의 리더는 각각의 구성원과 서로 다른 관계를 형성하고 구성원들 역시 리더와의 관계를 각각 다르게 지각함으로써 집단 내 팔로우어 수만큼 서로 다른 리더-구성원의 관계가 형성된다는 것으로, 리더십 범주 내의 구성원 간의 관계를 중시함으로써 리더십을 집단수준에서 일어나는 현상만으로 가정한 평균적 리더십(ALS : Average Leadership Style) 이론들의 기본가정에 도전하는 것이다.

리더와 구성원의 상호작용과정에 대한 인식을 바탕으로 제시된 리더-구성원 관계 이론의 핵심은 리더와 각각의 구성원들이 질적으로 다른 관계를 맺고 있다는 점이다(Hooper & Martin, 2008). 리더는 자신의 구성원들을 하나의 집단으로 묶어 대하는 것이 아니라 구성원 개개인과 각각 다른 성질의 관계를 발전시키는데, 그 대표적 구분이 바로 내집단과 외집단이다. 내집단은 집단 내 구성원들 중 집단공헌도가 높거나, 능력이 있거나, 리더와 구성원들 간의 욕구가 맞는 서로 동질적 집단을 말한다. 리더는 내집단 구성원에게 후원적·위임적·참여적 행동을 하거나 도전적이고 흥미로운 직무를 할당함은 물론 보상에도 혜택을 준다. 반면 외집단에 속한 구성원들에게는 최소한의 관심과 배려만을 하며 이들에 대한 관리자의 역할인 지시, 관리, 감독 등의 업무만을 수행한다.

이런 점에서 리더-구성원 관계 이론은 리더와 구성원 간에 의사결정의 폭과 권한의 위양 정도, 영향력에 대한 상호작용과정 등의 교환관계를 형성하고, 수직적·일방적 관계에서 벗어나 수평적·상호적 관계를 전제로 하며, 양자 간 공유의식에서 출발한다(Schriesheim, Neider, & Scandura, 1999). 리더-구성원 관계 이론가들은 리더와 구성원이 질적으로 성숙된 관계를 발전시킬 수 있을 때 효과적인 리더십이 발휘될 수 있으며, 이에 따라 조직의 성과도 긍정적인 결과를 가져올 수 있다고 본다(Grean & Uhl-Bein, 1991). 또한 이런 질적인 관계의 향상을 위해선 리더와 구성원 간의 상호 개인적인 신뢰가 구축되어야 하며, 이런 신뢰가 양자 간에 통합될 때 더욱 효과적이 된다고 본다(Brower, Schroorman, & Tan, 2000). 이런 다양한 리더-구성원 관계를 리더가 아닌 구성원들의 입장에서 어떻게 인식되고 있는지 알아볼 필요성까지 제기한다는 점에서 리더-구성원 관계 이론은 리더와 구성원들의 다양한 관계의 설정뿐만 아니라, 이 관계에 대한 인식주체의 다양화에까지 이르고 있다(Hooper et al., 2008).

요약하자면, 리더-구성원 관계 이론은 첫째, 한 조직 내에서 리더는 구성원들과 질적으로 다른 관계를 맺는다. 둘째, 한 조직 내에는 리더의 관심을 상대적으로 더 받는 내집단과 리더의 관심을 상대적으로 덜 받는 외집단이 있다. 셋째, 이런 한 조직 내의 집단구분이 생기는 것은 리더와 구성원 간 상호작용의 수준 때문이다. 넷째, 이런 점에서 뛰어난 리더는 구성원들 간의 신뢰를 구축하는 의사소통을 한다. 다섯째, 긍정적인 리더-구성원 관계의 설립은 조직의 성취에도 긍정적이다.

무엇이 어떻게 리더와 구성원 관계의 질에 영향을 주는가

지금까지의 리더-구성원 간 교환관계에 대한 연구는 크게 두 방향에서 진행되어 왔다. 하나는, 리더-구성원 관계의 정도 혹은 질을 결정하는 선행변수들에 대한 것이다. 예로 리더와 구성원 간의 신뢰 정도(Liden & Graen, 1980), 상호 영향력의 정도(Yukl, 1981), 리더와 구성원 간에 느끼는 상호 매력의 정도(Tjosvold, 1984), 리더와 구성원 간의 성격특성의 유사성(McClane, 1991) 등과 같은 다양한 요인들이 탐색되었다.

다른 하나는, 리더-구성원 관계가 영향을 미치는 결과변수들에 대한 탐색이다. 직무만족과 리더-구성원 관계는 긍정적인 상관관계가 있는 것으로 나타났으며, 팀워크, 집단 내 협조, 자율성, 능력의 인정 등 조직분위기 지각과도 관련이 있음을 보여주었다(Kozlowski & Doherty, 1989; Dunegan, Tierney, & Duchon, 1992). 하지만 상사에 대한 만족, 직무, 임금, 승진 등은 리더-구성원 관계와 일치되는 결과를 보여주지 못하고 있다. 이들 선행연구를 통해 탐색하고자 하는 내용에서 알 수 있듯이, 리더와 구성원 간의 교환관계는 그 어떤 선행변수로부터 영향을 받아 형성될 수 있으며 또한 이렇게 형성된 관계는 다른 변수들에도 영향을 미칠 수 있다. 이런 면에서 볼 때, 이들 요인들 간에 하나의 연계성, 즉 '선행변수-리더-구성원 관계-결과변수'라는 연계성을 설정해 볼 수 있다. 그러나 이렇게 리더-구성원 관계가 두 변수들 간에 개입되어 어떤 매개역할을 하리라는 것을 쉽게 가정해 볼 수 있음에도 불구하고, 이에 대한 연구는 극히 제한적으로 이루어져 왔다. 특히 리더-구성원 관계의 일부 연구들에 의해 밝혀진 관계적 유사성(relational similarity)의 리더-구성원 관계에 대한 영향력이 제한적으로나마 다루어지고 있으나, 이것이 리더-구성원 간 교환관계 및 그 효과라는 전체과정에서 어떤 위치를 점하고 있으며 또한 어떻게 영향력을 발휘하는지에 대한 연구는 전무한 실정이다. 이것은 학교조직에서도 마찬가지 현상이다.

리더-구성원 관계 선행요인에 관한 이론과 연구

지난 20년간 다양한 측정들이 리더-구성원 관계를 평가하기 위해 사용되었다. 오리지널 측정은 리더-구성원 관계보다는 협상범위(negotiating latitude)로 언급되었으며, 2개의 문항(Dansereau et al., 1975)이 후에 4개의 문항(Graen & Cashman, 1975; Liden et al., 1980; Vecchio, 1985)으로 바뀌었다. 그 다음에 다섯 번째 문항이 추가되었고, 새로운 측정은 리더-구성원 교환 또는 리더-구성원 관계로 명명되었다(Graen, Liden, & Hoel, 1982; Ferris, 1985). 리더-

구성원 관계는 7개 문항(Graen et al., 1982; Scandura & Graen, 1984; Seers & Graen, 1984; Wayne & Ferris, 1990), 12개(Wakabayashi & Graen, 1984), 14개(Wakabayashi, Graen, & Uhl-Bien, 1990)로 측정되었다. Kozlowski 등(1989)은 리더-구성원 관계를 측정하기 위해 13개 문항의 '정보교환' 측정을 개발했다.

Liden과 Maslyn(1998)은 Dienesch와 Liden(1986)의 리더-구성원 관계요인에 더하여 상사의 직무지식과 능력에 대한 지적 존중(professional respect)을 포함하여 리더-구성원 관계를 4개 요인으로 정의하였다. 이들은 리더-구성원 관계의 질 측정에 있어 협상 허용범위를 확장하여 상사와의 정서적 친밀감(affect), 상사의 보호에 대한 충성심(loyalty), 상사와 조직을 위해서 더 많은 추가적 노력을 기울이려는 기여(contribution), 상사의 직무지식과 능력에 대한 지적 존중(professional respect)을 포함하고 있다.

친밀감(Affect)은 상사와 부하 간 상호 애정의 교환으로 업무나 전문적 가치보다는 개인적 매력에 우선가치를 둔다. 각 애정은 우정같이 인간적으로 가치가 있는 구성요소와 성과가 있는 관계의 요구에서 나타난다. 여기에는 "나는 리더를 인간적으로 좋아한다, 리더는 친구 같은 사람이다" 등이 포함된다.

충성심(Loyalty)은 목적을 위한 공식적 지지의 표현이며 일반적으로 개인의 충실한 기여를 수반한다. 이것은 상사의 보호에 대한 보답이며 여러 가지 상황 속에서도 지속되는 개인에 대한 신뢰이다. 여기에는 "상사는 나의 업무행동을 옹호해 준다, 다른 사람들에게서 나를 보호해 줄 것이다" 등이 포함된다.

기여(Contribution)는 상사와 조직을 위해 더 많은 추가적 노력을 기울이려는 부하의 의욕이다. 기여는 리더와 부하가 공동의 목표를 달성하기 위해 서로 노력하는 업무 관련활동의 수준에 대한 지각으로 이것의 정도에 따라 부하는 직무기술서나 책임의 정도를 넘어서고 계약 이외의 일까지 하려 하고, 리더는 부하에게 그러한 활동에 대한 기회와 자원을 제공하려는 정도가 달라진다(김인오, 2002). 이 요인에는 "규범적으로 요구된 것 이상의 과외노력을 쏟을 것이다" 등이 포함된다.

존중(Professional Respect)은 조직 내·외적으로 상사의 직무지식과 능력에 대한 존경으로 이러한 관점은 그 사람의 역사적 자료에 기초한다. 즉 그 사람과의 경험, 조직 내·외의 개인들로부터의 그 사람에 대한 평, 그 사람에 의해 성취된 보상이나 다른 전문적 인지 등을 포함한다. 문항의 예로는 "리더의 업무에 대한 지식과 업무능력을 존경한다" 등이다.

리더-구성원 관계 결과변수 이론과 연구들

실제 학교에서 대부분의 교사들이 자신의 직업을 선택하는 동기가 학생을 가르치는 일에 대한 열정에서 비롯된다는 데서 알 수 있듯이 교사들은 자신의 직업을 학생들을 가르치는 일로 인식한다. 하지만 실제 학교조직은 학생을 가르치는 일 이외의 많은 다른 업무를 요구한다. 이것은 학교조직이 교장을 중심으로 한 리더집단과 수업과 그와 관련된 교육을 진행하는 평교사를 중심으로 한 교원집단 그리고 교육의 수혜당사자인 학생들로 이루어진 특이한 집단이라는 데 있다.

교직생활을 수행하는 과정에 교사는 학교라는 조직을 매개로 수행하게 된다. 조직의 구성원이 된 개인은 조직의 영향력을 완전히 배제할 수 없으며 항상 조직과의 상호작용 속에서 영향을 받을 수밖에 없다. 학교조직에서도 마찬가지이다. 학교도 하나의 조직체로 개개 구성원의 집합체이며 상호의 영향력 특히 구성원 간의 관계는 상당히 중요하다. 특히 학교는 조직의 목적이 교육이고, 그 대상이 인간이라는 점에서는 다른 어떤 조직체보다 인간관계가 중요한 의미를 가지고 있다. 학교조직에서의 관계는 교장이나 교감과 교사의 관계, 교사 간 관계, 학생과의 관계, 학부모와의 관계 등 다양한 관계가 존재한다. 하지만 교직이라는 특징은 매우 전문성을 가지며 그 전문성은 대부분 개인의 독립적인 영역을 요구한다. 특히 교사들은 교실이라는 공간에서 독립적이고 전문적으로 학생들과의 관계를 통해 교육의 목적을 수행한다. 이런 측면에서만 본다면 교사들에게 있어 관계는 학생들이나 학부모에게 한정되어 있다. 그러나 교사는 교육적 영역 뿐 아니라 관리적 영역의 일도 수행해야 한다는 면에서 본다면, 관리적 영역에서의 업무를 수행하기 위해서는 타인과의 관계형성은 불가피하다. 특히 교사에게 주어진 업무는 대개 학교 업무분장이라는 것에 의해 이루어지며, 이 업무분장을 위해서는 교사 개인은 또 하나의 소집단에 소속하게 된다. 즉 부서에 소속되게 되는 것이다. 이러한 과정에서 자신이 소속된 부서의 부서장과의 관계의 정도는 업무수행에 영향을 받게 된다는 것을 가정해 볼 수 있다. 초등학교 교감의 지도성 유형과 교사의 직무수행과의 관계를 분석한 윤명현(2003)의 연구결과는 교감이 인간지향적, 목표지향적 리더십을 발휘할 경우에는 교사의 직무수행에 정적 영향을 미치지만, 관료지향적 리더십을 발휘할 때는 교사의 직무수행에 영향을 미치지 못하는 것으로 나타났다. 여기서 인간지향적 힘이 교사의 직무수행에 영향을 미친다면, 일선 학교에서 직접 업무를 수행함에 있어 관계가 밀접한 부장교사와의 관계의 질은 교사의 업무수행에 어떠한 영향을 미치는지를 연계시켜 생각해 볼 수 있을 것이다.

교직헌신을 설명하는 변인으로서 리더-구성원 관계

본 장이 리더-구성원 관계를 강조하는 이유는 전문적 헌신으로서 교사헌신과 조직헌신 사이에서 생겨날 수 있는 교수효과성과 업무효과성의 차이 때문이다. 실제 학교에서 대부분의 교사들이 자신의 직업을 선택하는 동기가 학생을 가르치는 일에 대한 열정에서 비롯되기에, 교사들은 자신의 직업을 학생들을 가르치는 일로 인식한다. 하지만 실제 학교조직은 학생을 가르치는 일 이외의 많은 다른 업무를 요구한다. 이것은 학교조직이 교장을 중심으로 한 리더 집단의 교원과 수업과 그와 관련된 교육을 직접 진행하는 평교사를 중심으로 한 교원집단 그리고 교육의 수혜당사자인 학생들로 이루어진 특이한 집단이라는 데 있다.

교사는 자신의 직업을 학생 중심으로 인식하지만, 조직은 조직의 운영에 필요한 교육활동 이외의 수많은 행정적 업무를 교사들에게 요구하고 있다. 더불어 교사들은 교장을 중심으로 한 리더와 학생들 사이에 위치한 중간자적 위치를 가지고 있다. 이런 중간자적 위치는 교사가 학생의 교육에 대한 열정으로서 교직헌신과 조직의 운영에 필요한 조직헌신의 불일치 현상을 설명하는 중요한 요인이 될 수 있다. 한편, 교사라는 직업은 교수효과성과 업무효과성이라는 두 가지의 다른 효과성을 요구하는 특이한 직업이다. 이때 교수효과성은 교사의 자율성에 의지하는 반면, 업무효과성은 리더로부터 상당부분 통제되는 부분이기 때문에, 교사들은 자신의 주 업무라고 여기지 않는 행정적인 일을 짜증스럽게 받아들이거나 싫어하는 경향이 나타난다. 만약 교직헌신이 높은 교사라 하더라도, 교수효과성은 높지만 업무효과성은 낮은 상황이 발생할 것이다. 이 때 효과적이고 좋은 리더라면, 이 두 가지 다른 유형의 효과성의 차이에 적절히 균형을 맞춰줄 수 있어야 할 것이다. 이런 관점에서 본 장에서는 리더-구성원 관계가 실제 업무효과에 영향을 미치는지를 살펴보고, 학교현장에서도 다른 일반조직에서와 마찬가지로 리더-구성원 관계가 어떤 영향을 미치는지를 밝혀보고자 한다.

학교 제 변인들의 관계를 측정함에 있어, 지금까지의 대부분의 연구들은 교사 자신의 자기보고 측면에만 한정된 연구결과들을 제시하고 있다. 교사 자신의 자기보고의 측면의 신뢰성에 대한 타당한 이유를 제시하려 했음에도, 이러한 측면은 객관성에서 많은 지적을 받을 수 있음이 사실이다. 이러한 한계를 극복하고자 제3장에서와 마찬가지로 실질적으로 교사의 수행을 통해 나타나는 결과의 측면을 교사와의 관계를 형성하고 있는 타인들을 통해 측정해 보고자 한다. 즉 교육적 측면에서는 가장 직접적인 수혜자라고 할 수 있는 학생들의 시각을 통해 점검해 보고, 관리적 측면에서는 소속 부서장의 관점에서 측정해 보고자 한다.

1 사례연구 : 연구문제 및 가설

제3장에 제시된 사례연구에서는 성취목표에 따라 교사의 교직헌신도 달라지며, 또한 교직헌신이 높을수록 근무성적평정도 높아진다는 것을 살펴보았다. 즉 숙달목표와 수행접근목표가 교직헌신과 관련 있는 선행요인이며, 상대적으로 근무수행에는 교직헌신이 더 중요한 요인임을 밝혀보았다. 하지만 근무성적평정은 교사평가 차원으로 적용되는 요소이므로 이를 교사 자신들의 평가가 아닌 다차원적인 방법으로 측정해 볼 필요가 있다. 제3장의 사례연구에서 측정된 근무성적평정의 요인을 세분해 본 결과 근무성적평정에는 학습지도나 생활지도 등 교사와 학생 간의 관계를 통해 설명될 수 있는 요인(교직헌신-교수효과성)과 담당업무처럼 교사와 행정가와의 관계를 통해 설명될 수 있는 요인(조직헌신-업무효과성)으로 구성되어 있음을 확인하였다.

현재, 실제 교육현장에서 교사들은 교사와 행정가와의 관계를 통해 설명될 수 있는 요인을 '업무'라고 칭한다. 우리나라 학교교육이 안고 있는 문제점들 중에서 비교적 높은 순위를 차지하고 있는 문제가 관료조직이 요구하는 행정적 업무가 교사들에게 과다하게 부여되고 있다는 점이라고 할 수 있다. 물론 교사들의 업무 중 교육적 목적으로 이루어지는 것도 있지만 대부분 업무는 관리의 목적으로 이루어지고 있으며 일부 교원들은 이를 잡무로 인식하는 경우가 많다. 이렇듯 업무가 교사들에게 문제점으로까지 인식되고 있는 상황임에도 근무성적평정에서 교사들은 자신들의 담당업무를 잘 수행하는 것으로 평가하였다. 하지만 이런 주관적인 입장에서 벗어나 교사 스스로의 평가가 교사의 업무수행을 평가하는 평가자의 입장에서도 실제로 적용될 수 있는 것인가를 객관적으로 측정해 볼 필요가 있다. 이에 본 장에서 제시된 사례연구에서는 교사의 업무수행에 대한 객관적 평가를 업무효과성으로 규정하고 이 업무효과성을 부장교사를 통해 객관적으로 측정해보려 한다.

학교조직은 고용자와 피고용자의 상호작용으로 이루어지는 일반조직과 달리, 교장을 비롯한 부장교사들로 구성되는 리더집단, 교사집단, 학생집단이라는 행위자로 구성된 특수한 조직이다. 이런 상황에서 교사는 중간자적 존재로서 리더 및 학생과 관계를 맺는다. 다시 말해 교장과 부장교사를 중심으로 한 학교업무조직과 학생을 중심으로 한 교수활동 사이에 놓이게 된다. 학교조직은 조직의 목표가 교육이라는 점에서 교사와 학생의 직접적 상호작용이 중요시되어야 당연하다. 하지만 실제 교사들은 현 학교조직의 운영상 학생을 가르치는 일 이외에 다양한 업무를 수행하고 있다. 이런 관점에서 보면, 실질적으로 학교조직 내에서의 조직헌신은 관료적 헌신(bureaucratic commitment)이며, 교직헌신은 전문적 헌신(professional commitment)으로 구별할 수 있을 것이다(김지은, 2006c). 여기서 우리는 학교조직에서 이런 관료적 헌신과 전문적 헌신이 더욱 명확히 구별되어 나타난다는 점을 주목해야 한다.

앞에서 이미 교직헌신은 교수효과성에 서로 상응하는 개념이며, 조직헌신은 업무효과성에 상응함을 밝혔다. 이런 개념의 구분 하에, 본 장의 사례연구는 크게 두 가지 질문에서 시작한다. 첫째, 실제 교직헌신이 업무효과성보다 교수효과성과 더 밀접한 관계를 맺고 있는가? 둘째, 만약 그렇다면 상대적으로 교직헌신보다 조직헌신이 떨어지는 교사들의 업무효과성을 향상시키는 데 리더십이 도움이 되는가? 이런 질문에 대답하기 위해 본 연구는 학교에서 교직헌신과 리더십이란 각각의 요소들이 교사들이 산출하는 교수 및 업무효과성 중 어떤 요소에 더 밀접한 관련을 맺고 있는지를 규명하고자 한다.

본 장에서 교직헌신과 더불어 리더십에 주목하는 이유는 조직의 구성원은 언제나 그 영향에서 자유로울 수 없기 때문이다. 좋은 리더는 좋은 조직의 분위기를 형성할 뿐만 아니라, 그 조직의 구성원들이 효과적으로 자기의 직분을 수행할 수 있도록 돕는다. 그러므로 리더들이 교수효과성과 업무효과성 중 어떤 요소에 더욱 집중할 때 교사들과 효과적으로 관계를 맺는지를 규명할 수 있다면, 리더들이 보다 효과적으로 학교를 운영할 수 있는 단초를 발견할 수 있을 것이다. 이를 위해, 본 장에서의 연구는 리더가 구성원 전체와 일정한 수준의 동일한 관계를 맺는다고 보는 양적인 개념구성을 지양하고, 리더와 구성원 개개인들의 상호작용이라는 보다 질적인 측면에 초점을 맞추기 위해 리더-구성원 간 교환관계(leader-member exchange) 이론을 사용한다. 또한 기존의 리더에 대한 연구가 주로 교장에 초점을 맞춰온 반면, 본 장에서의 연구는 업무수행에서 교사들과 더욱 밀접한 관계를 맺고 활동하는 부장교사 집단을 리더로 규명하고 조사대상으로 삼고자 한다.

기존의 연구들(이성은 · 곽영지, 2005; 인혜영, 2005)은 리더십과 교직헌신 간의 유의미한 관계를 밝혀온 데 반해, 본 장의 연구는 교사들의 성취를 교수효과성과 업무효과성으로 구분하고, 교직헌신과 리더십이 교사의 어떤 측면에 더 많은 영향력을 발휘하고 있는지를 밝히는 데 그 세부적 목적과 의미가 있다. 이를 위해 좀 더 구체적으로, 교직헌신이 교수효과성뿐만 아니라 조직헌신의 결과인 업무효과성과 어떤 관계를 맺고 있는지, 리더-구성원 관계라는 요소가 개입되었을 때 교사들의 교수효과성과 업무효과성은 어떻게 나타나는지 살펴봄으로써, 교직헌신과 리더-구성원 관계가 어떤 효과성과 보다 밀접한 관계를 맺고 있고, 왜 그런 관계가 형성되는지를 규명할 수 있다면, 교직헌신과 리더십이 효과적으로 움직여야 할 방향을 예측해 볼 수 있을 것이다.

학교 제 변인들의 관계를 측정함에 있어, 교사 자신의 자기보고가 아닌 실질적으로 교사의 수행을 통해 나타나는 결과의 측면을 교사와의 관계를 형성하고 있는 타인들을 통해 측정해 보고자 한다. 즉 교육적 측면에서는 가장 직접적인 수혜자라고 할 수 있는 학생들의 시각을 통해 점검해 보고, 관리적 측면에서는 소속 부서장의 관점에서 측정해 보고자 한다. 이를 위해 다음과 같은 연구문제와 가설을 설정하였다.

- **연구문제** : 교직헌신과 리더-구성원 관계(LMX)는 교수효과성 · 업무효과성에 어떤 영향을 미치는가?
  - 가설 1 : 교직헌신은 업무효과성보다는 교수효과성과 정적

상관을 가질 것이다.

- 가설 2 : 리더-구성원 관계는 교수효과성보다는 업무효과성과 정적상관을 가질 것이다.
- 가설 3 : 교직헌신과 리더-구성원 관계의 수준에 따라 교수효과성과 업무효과성에 유의한 차이를 보일 것이다.

(1) 자료수집은 어떻게 했나

본 연구는 서울 및 경기지역의 초등학교 교사와 학생들을 대상으로 실시되었다. 우선, 업무효과성의 측정을 위해, 교사들이 학교에서 담당하고 있는 업무분장표를 중심으로 교무부와 연구부를 담당하는 부장교사와 그 부서의 업무를 담당하는 교사를 대상으로 하였다. 둘째, 교수효과성의 측정을 위해 검사지 내용을 이해할 수 있는 수준을 감안하여 초등학교 4, 5, 6학년을 대상으로 선정하였다. 즉 학교에서 교무부와 연구부 소속의 업무를 담당하는 4, 5, 6학년 담임교사와 그 반 학생, 교무부장, 연구부장이 연구의 대상이었다.

설문지는 75명의 교사, 28명의 교무부장과 연구부장, 2,580명의 학생에게 배부되었으나, 71명의 교사용, 27명의 부장교사용 및 2,425부의 학생용이 회수되었다. 미회수된 설문지는 교수효과성 측정에 대한 거부반응으로 설문응답을 거부한 2명의 교사가 포함된다.

회수된 설문지 중 부장교사의 설문지와 교사의 설문지가 상호 일치하지 않는 4부와 학생용 설문지 155부를 제외하고, 무성의하게 응답된 학생설문지 138부가 제외되었다. 최종적으로 교사용 67부, 부장용 25부, 학생용 2,132부가 분석에 사용되었다.

이 연구의 설문에서는 교직헌신과 리더-구성원 관계에 대한 측정은 교사가 응답했으며, 교수효과성에 대해서는 학생들이, 마지막으로 업무효과성에 대한 측정은 부장교사가 하도록 하였다.

(2) 측정도구는 무엇인가

측정도구는 제3장에서 사용한 교직헌신, 교수효과성과 업무효과성의 측정에 사용된 개념을 그대로 사용하였으며, 리더-구성원 관계요인이 추가로 사용되었다.

❶ 교직헌신

제3장에서 사용한 교직헌신 질문지를 사용하여 교직헌신을 측정하였으며, 본 장의 연구에서 산출된 교직헌신의 Cronbach α는 .75로 나타났으며, 하위요인인 전문의식, 교육애, 열정은 각각 .89, .85, .69였다.

❷ 교수효과성

교수효과성 측정을 위해서는 제3장에서 사용한 교수효과성 설문지를 사용하여 측정하였으며, 본 장의 연구에서 산출된 교수효과성 하위요인인 인성특성, 대인관계, 수업능력 각각의 Cronbach α는 .95, .91, .95였다.

❸ 업무효과성

업무효과성 또한 제3장에서 사용한 업무효과성 설문지를 사용하여 측정하였으며, 본 장의 연구에서 산출된 업무효과성 하위요인인 업무추진실적, 업무수행능력, 업무수행태도 각각의 Cronbach α는 .89, .93, .87이었다.

④ 리더-구성원 관계

리더-구성원 관계를 측정하기 위해서는 Liden 등(1998)이 개발한 리더-구성원 관계의 네 가지 차원을 사용하였으며, 이것은 내용타당성 검증과 조직구성원을 대상으로 한 탐색적 요인분석을 거쳐 완성되었다. 기여에 대한 인식을 공헌, 충성심을 충성심, 정서적 친밀감을 친밀감으로, 전문적 존중을 존중으로 규명하고자 한다. 이들의 내용은 〈표 5-1〉과 같다.

〈표 5-1〉 리더-구성원 관계의 하위요인

하위요인	내 용	Cronbach α
친밀감	상사와 부하 간의 상호 애정의 교환	.92
충성심	상사의 보호에 대한 보답이며 여러 가지 상황 속에서도 지속되는 개인에 대한 신뢰	.87
공 헌	상사와 조직을 위해 더 많은 추가적 노력을 기울이려는 부하의 의욕	.75
존 중	조직 내·외적으로 상사의 직무지식과 능력에 대한 존경	.91

(3) 자료처리는 어떻게 했나

각 척도의 설문문항에 피험자들이 응답한 결과를 활용하여 분석을 실시하였다. 자료를 처리하는 과정에서 고려된 사항 및 분석절차와 방법은 다음과 같다.

첫째, 교수효과성의 점수는 자신의 담임교사에 대해 학생들이 문항별로 응답한 응답점수를 문항별로 평균점을 구하고, 그 평균점을 하나의 데이터 점수로 간주하여 사용하였다.

둘째, 각각의 척도에 대한 신뢰도 분석을 실시하여, Cronbach α 계수를 구하였다.

셋째, 교직헌신, 교수효과성, 업무효과성, 리더-구성원 관계 간의 상관계수를 구하였으며, 교직헌신과 리더-구성원 관계가 미치는 영향력을 통제한 후, 교수효과성, 업무효과성의 준부분 상관분석을 실시하였다.

넷째, 교직헌신과 리더-구성원 관계가 교수효과성과 업무효과성에 미치는 상대적인 예언력을 알아보기 위해 중다회귀분석(multiple regression)을 실시하였다.

다섯째, 교직헌신과 리더-구성원 관계의 수준에 따라 교수효과성과 업무효과성에 어떤 영향을 미치는지를 알아보기 위해 일원변량분석(one-way ANOVA)을 실시하였다.

2 결과 및 논의 1 : 교직헌신, 교수효과성, 업무효과성, 리더-구성원 관계의 관계

(1) 결과 : 교직헌신은 교수효과성과 리더-구성원 관계는 업무효과성과 관련이 있다

우선, 본 연구의 독립변인으로 설정된 교직헌신, 리더-구성원 관계와 종속변인인 교수효과성, 업무효과성의 관계를 파악하기 위해 이들 간의 단순상관계수(Pearson's r)를 알아보았다.

〈표 5-2〉 교직헌신, 리더-구성원 관계, 교수효과성, 업무효과성 간의 상관계수(r)

	교직헌신	리더-구성원 관계	교수효과성	업무효과성
교직헌신				
리더-구성원 관계	.54**			
교수효과성	.42**	.22		
업무효과성	.09	.25*	-.04	

*$p<.05$ **$p<.01$

〈표 5-2〉에서 볼 수 있듯이, 교직헌신과 교수효과성, 리더-구성원 관계와의 상관이 통계적으로 유의했으며($r=.42$, $r=.54$, $p<.01$), 리더-구성원 관계와 업무효과성 간에 통계적으로 유의한 상관을 보여주었다($r=.25$ $p<.05$). 이는 교직헌신이 높을수록 교수효과성도 높아지고, 부장교사와의 관계의 질도 좋다는 것을 의미하며, 교직헌신은 업무효과성과는 상관이 없음을 보여준다. 또한 부장교사와의 관계의 질이 좋으면 업무효과성은 높아지지만 교수효과성과는 상관이 없음을 보여준다.

위의 결과에서 교직헌신과 리더-구성원 관계 간에 유의한 높은 정적상관($r=.54$)을 보이므로, 각각의 독립변인이 각각의 종속변인에 어떤 영향을 미치는지 보다 구체화시키기 위해 교직헌신과 리더-구성원 관계가 미치는 효과를 통계적으로 배제했을 때 교직헌신과 교수효과성의 관계를 살펴볼 필요가 있다. 따라서 리더-구성원 관계가 미치는 영향을 통제한 교직헌신, 교수효과성, 업무효과성의 관계와 교직헌신을 통제한 리더-구성원 관계, 교수효과성, 업무효과성의 관계를 알아보기 위해 준부분상관분석을 실시하였고 그 결과를 〈표 5-3〉에 제시하였다.

〈표 5-3〉 교직헌신, 리더-구성원 관계, 교수효과성, 업무효과성과의 준부분 상관(r)

	교직헌신[1]	리더-구성원 관계[2]
교수효과성	.38**	-.04
업무효과성	-.06	.24*

*$p < .05$ **$p < .01$

1) 리더-구성원 관계와의 상관을 배제한 교직헌신을 나타냄.

2) 교직헌신과의 상관을 배제한 리더-구성원 관계를 나타냄.

〈표 5-3〉에서 보듯이, 리더-구성원 관계가 미치는 효과를 통계적으로 배제했을 때, 교직헌신은 교수효과성과 유의한 상관을 보여주지만, 리더-구성원 관계를 통계적으로 배제하지 않았을 때보다는 낮은 정적상관을 보여준다. 또한 리더-구성원 관계를 통계적으로 배제했을 때 교직헌신과 업무효과성은 통계적으로 유의하지 않은 부적상관을 보여주고 있다. 한편 교직헌신이 미치는 효과를 통계적으로 배제했을 때, 리더-구성원 관계는 업무효과성과 유의한 정적상관을 보여주며, 이는 교직헌신을 통계적으로 배제하지 않을 때와 큰 차이를 보여주지 않는 것으로 나타났다.

이상의 결과를 통해, 교직헌신과 리더-구성원 관계가 미치는 효과를 통계적으로 배제했을 경우에도, 앞에 제시된 세 가지 가설 모두가 여전히 지지됨을 볼 수 있다.

그렇다면 이런 관계에 대해 보다 자세히 분석해 보도록 하자. 우선 교수효과성을 평가한 주체가 학생이라는 점부터 상기해 보자. 교직헌신이 교수효과성과 상관이 있다는 것은 가르치는 일에 대해 자부심과 긍지를 가지고 학생들을 위해 과외의 노력을 기울이는 교사일수록 학생들도 좋은 교사로 인식하고 있다는 것이다. 이것은 김지은(2006c)의 "교직몰입과 교사의 효과성" 연구에서 자기 내적 동기화 요인이 될 수 있는 숙달목표가 높을수록 교직헌신도 높은 것으로 나타난 결과와 일치하는데, 교사가 가르치는 행위 자체를 즐겁게 여기고 능력증대를 위한 개인적 의도가 강할수록 교직에 대해서도 긍지와 자부심을 가지고 적극적으로 학생들을 대하며, 이것은 곧 학생들에게 효과적으로 적용될 수 있다는 의미로 해석될 수 있을 것이다.

리더-구성원 관계가 업무효과성과 정적상관을 보여준다는 것은, 조직의 업무를 수행할 때 혼자만의 독립적 차원으로 이루어지는 부분이 아니기 때문에 나타나는 현상으로 해석된다. 조직의 업무효과가 최대화되기 위해서는 대개의 경우, 구성원들의 적극적인 협조가 필요하다. 구성원은 자신의 전문적 역량향상에 집중하기보다는 조직의 목표를 향상시키는 데 초점을 둘 때 효과적인 결과를 도출해 낼 수 있다. 조직의 목표향상을 위해서는 구성원들 간의 관계가 원활하고 상호 지지를 해주어야 한다. 특히 자신의 업무를 직접적으로 지시하고 평가하는 직속 상사와의 관계에서 이런 원활한 지지관계가 형성되는 것이 중요하다. 무엇보다 자신의 업무수행을 격려하고 지지하며 자신의 실수에 대해 조언해 주는 직속 상사야말로 한 구성원의 조직생활에서의 질을 결정하는 중요한 역할을 하기 때문이다. 이것은 학교조직에서도 마찬가지인데, 교사들이 업무수행 과정에서 직속 상사와의 관계의 질이 좋을수록 자신의 업무에 대한 애착을 가지는 계기를 만들 수 있을 것이다.

두 번째 주목할 점은 리더-구성원 관계가 교사의 교직헌신에도 어느 정도 영향을 미치고 있다는 사실이다. 이것은 우선 본 연구가 설정한 리더가 학교의 부장교사로 대부분 학생을 가르치는 일과 학교의 행정업무를 동시에 하는 이들이거나 이 양자를 동시에 경험해 본 이들이기 때문인 것으로 보인다. 다시 말해, 부장교사는 교사들의 두 가지 측면을 모두 이해하고 있고, 교장보다는 교사들과 훨씬 밀접하게 관계를 맺고 있기 때문에 교직헌신과 업무효과성 양자 모두에 동시에 영향을 줄 가능성이 높다는 것이다.

교직헌신과 리더-구성원 관계, 교수효과성과 업무효과성의 관계를 통해 교직헌신은 교수효과성과 보다 높은 정적상관을 보이며, 리더-구성원 관계는 업무효과성과 보다 높은 정적상관을 보여준다는 것을 알 수 있었다. 나아가 교직헌신과 리더-구성원 관계의 상대적 영향력을 알아보기 위해 교수효과성과 업무효과성을 종속변인으로 하여 이들 간의 중다회귀분석을 실시하였으며, 더불어 교직헌신과 리더-구성원 관계 중 어떤 것이

〈표 5-4〉 교직헌신, 리더-구성원 관계의 교수효과성과 업무효과성에 대한 단계적 회귀분석 결과요약

종속변인	독립변인	Beta	t	R
교수효과성	교직헌신	.43	3.74***	.43
	$R^2 = .18$ $F = 14.00$			
업무효과성	리더-구성원 관계	.25	2.02*	.25
	$R^2 = .06$ $F = 4.06$			

*$p < .05$ ***$p < .001$

교직헌신의 요인인지, 리더-구성원 관계의 요인 중 어떤 것이 주요 효과요인인지 알아보기 위해 중다회귀분석을 실시하였다.

〈표 5-4〉는 교직헌신과 리더-구성원 관계 중 교수효과성과 업무효과성을 결정하는 주요 변인을 알아보기 위하여 (단계적) 중다회귀분석을 실시한 결과이다. 분석결과, 교수효과성에 대해서는 교직헌신이 유의한 예언력을 가지는 것으로 나타났다(R^2 = .18, F = 14.00, p < .001). 그리고 업무효과성에 대해서는 리더-구성원 관계가 유의한 예언력을 가지는 것으로 나타났다(R^2 = .06, F = 4.06, p < .05).

〈표 5-5〉는 교직헌신 하위요인 중 교수효과성과 업무효과성을 결정하는 주요 요인을 알아보기 위하여 (단계적) 중다회귀분석을 실시한 결과이다. 분석결과 교수효과성에 대해서는 교직헌신의 요인인 열정과 전문의식만이 유의한 예언력을 가지는 것으로 나타났다. 이 변인들 중 열정의 예언력은 14%였으며(F = 10.72, p < .01), 전문의식이 추가되었을 경우 20%로 향상되었다(F = 7.93, p < .01). 이들 두 변인을 통제한 나머지 변인인 교직헌신 중 교육애와 리더-구성원 관계요인에서는 유의한 예언력을 보여주지 못하고 있다. 이로써 교수효과성을 설명함에 있어서는 교직헌신 변인이 상대적으로 영향력을 더 발휘한다는 것을 알 수 있다.

〈표 5-5〉 교직헌신의 교수효과성과 업무효과성에 대한 단계적 회귀분석 결과요약

종속변인	독립변인	Beta	t	R
교수효과성	열정	.38	3.27**	.38
	전문의식	.26	2.14*	.45
	$R^2 = .14$ $\Delta R^2 = .06$ $F = 10.72$, $\Delta F = 4.56$			

$^*p < .05$ $^{**}p < .01$

〈표 5-6〉 리더-구성원 관계의 교수효과성과 업무효과성에 대한 단계적 회귀분석 결과 요약

종속변인	독립변인	Beta	t	R
업무효과성	기여	.35	2.88**	.35
	$R^2 = .12$ $F = 8.32$			

$^{**}p < .01$

〈표 5-6〉에서 보듯이, 업무효과성에 대해서는 리더-구성원 관계의 요인인 기여만이 유의한 예언력을 가지는 것으로 나타났다($F = 8.32$, $p < .01$). 기여의 업무효과성에 대한 설명력은 12%였다. 기여를 통제한 나머지 변인에서는 유의한 예언력을 보여주지 못하고 있다. 이것은 상사와 조직을 위해 더 많은 노력을 기울이려는 부하의 의욕이 업무효과성을 증대시키는 것으로 보인다.

〈표 5-4〉, 〈표 5-5〉, 〈표 5-6〉의 결과 역시 교직헌신은 업무효과성보다는 교수효과성과, 리더-구성원 관계는 교수효과성보다는 업무효과성과 더욱 밀접한 관련이 있음을 다시 확인시켜 주고 있다.

(2) 논의 : 교수효과성은 내적 동기화가, 업무효과성은 리더-구성원 관계의 질이 중요하다

우선 이 연구의 첫 번째 질문인 실제 교직헌신이 교수효과성과 더 밀접한 관계를 맺고 있는가를 분석해 본 결과, 교직헌신은 업무효과성보다는 교수효과성과 더 밀접한 연관이 있다는 결과가 나타났다. 이것은 교직헌신이 높을수록 교수효과성이 높다는 것이 증명됨으로써 스스로 교직에 헌신적인 교사일수록 학생 역시 교수효과성이 높다고 인식하고 있음을 다시 보여주었다.

우선, 교직헌신이 교수효과성과 상관이 있다는 것은 가르치는 일에 대해 자부심과 긍지를 가지고 학생들을 위해 과외의 노력을 기울이는 교사일수록 학생들도 좋은 교사로 인식하고 있다는 것이다. 이것은 제3장의 사례연구에서 제시된 성취목표와 교직헌신의 관계와도 맥을 같이한다. 즉 자기 내적 동기화 요인이 될 수 있는 숙달목표가 높을수록 교직헌신도 높은 것으로 나타났는데 이것은 교사가 가르치는 행위 자체를 즐겁게 여기고 능력증대를 위한 개인적 의도가 강할수록 교직에 대해서도 긍지와 자부심을 가지고 적극적으로 학생들을 대하며, 이것은 곧 학생들에게 효과적으로 적용될 수 있다는 것이다. 당연한 결과일 수 있으나 실제 학생들이 느낄 수 있게 하고, 계속적으로 지적되고 있는 교사의 역량에 중요한 관점을 제공해 주는 부분이다. 곧 교육의 현장에서 교사들의 내적 동기를 향상시킬 수 있는 여건이 마련되어야 하는 것이다.

리더-구성원 관계가 업무효과성과 정적상관을 보여주고, 조직의 업무를 수행한다는 것은, 혼자만의 독립적 차원으로 이루어지는 부분이 아니기 때문에 나타나는 현상으로 해석된다. 조직의 업무효과가 최대화되기 위해서는 구성원들의 적극적인 협조가 반드시 필요할 수밖에 없다. 구성원은 자신의 전문적 역량 향상은 배제하고 조직의 목표를 향상시키는 데 초점을 둘 때 효과적인 결과를 도출해 낼 수 있다. 조직의 목표향상을 위해서는 구성원들 간의 관계가 원활하고 상호 지지를 해주어야 한다. 특히 자신의 업무를 직접적으로 지시하고 평가하는 직속 상사와의 관계에서 이런 원활한 지지관계가 형성되는 것이 중요하다. 무엇보다 학교에서도 교사의 업무수행을 격려하고 지지하며 자신의 실수에 대해 조언해 주는 직속 부장교사야말로 한 교사의 학교조직생활의 질을 결정하는 중요한 역할을 하기 때문이다. 즉 교사들이 업무수행 과정에서 부장교사와의 관계의 질이 좋을수록 자신의 업무에 대한 애착을 가지는 계기를 만들 수 있을 것이다.

3 결과 및 논의 2 : 교직헌신, 리더-구성원 관계가 교수효과성, 업무효과성에 미치는 영향

(1) 결과 : 교직헌신은 업무효과성과 상관이 없다

교직헌신과 리더-구성원 관계의 수준에 따라 교수효과성과 업무효과성에 유의한 차이가 나타나는지를 살펴보기 위해, 교직헌신과 리더-구성원 관계를 각각 평균을 기준으로 상·하 집단으로 구분하여 일원변량분석을 실시하였다.

〈표 5-7〉 교직헌신과 리더-구성원 관계의 수준에 따른 교수효과성 차이결과

구분	사례수	평균	표준편차	자유도(df)	F	Duncan
① 교직헌신 높음, 리더-구성원 관계 높음	25	3.79	.59	3	2.74*	①>④
② 교직헌신 높음, 리더-구성원 관계 낮음	10	3.70	.35			
③ 교직헌신 낮음, 리더-구성원 관계 높음	11	3.51	.36			
④ 교직헌신 낮음, 리더-구성원 관계 낮음	18	3.37	.52			

$^{*}p < .05$

〈표 5-7〉은 교직헌신과 리더-구성원 관계의 수준에 따른 교수효과성의 차이를 살펴본 결과이다. 교직헌신과 리더-구성원 관계의 수준에 따라 교수효과성에 차이가 나타났다($F=2.74$, $p<.05$). 이 중 교직헌신이 높고 리더-구성원 관계가 모두 높은 경우(①)가 교직헌신과 리더-구성원 관계 모두 낮은 경우(④)보다 교수효과성에 더 큰 영향을 미치는 것으로 나타났다(①>④). 그리고 교직헌신이 높고 리더-구성원 관계가 낮은 경우(②)보다 교직헌신과 리더-구성원 관계 모두가 높은 경우(①)에 교수효과성에 더 큰 영향을 미치는 것으로 나타났는데, 이는 부장교사가 수업과 업무 두 가지 측면을 모두 이해하고 있고, 동시에 두 가지 모두를 수행하고 있기에 리더-구성원 관계가 좋은 경우에는 교사들의 전문성을 향상시키는 데 적극적인 역할을 수행할 수 있다는 가능성과 연관시켜 볼 수 있다.

〈표 5-8〉에서 보듯이, 교직헌신과 리더-구성원 관계의 수준에 따라 업무효과성에도 차이가 나타났다($F=3.41$, $p<.05$). 교직헌신만이 높은 경우(②)보다 교직헌신이 낮고 리더-구성원 관계 높

은 경우(③)와 교직헌신과 리더-구성원 관계 모두가 높은 경우(①)에 업무효과성에 더 영향을 미치는 것으로 나타났다(③, ①>②). 교직헌신과 리더-구성원 관계 모두가 높은 경우 업무효과성에 유의한 차이를 보여주는 것은 앞서 설명한 것처럼, 교직헌신이 높은 교사가 가르치는 일에 대해서는 중요하다고 생각하는 반면, 상대적으로 업무에 대해서는 중요한 생각을 가지지 않을 경우 리더-구성원 관계의 질을 통해 상대적으로 취약한 업무효과성을 향상시킬 수 있음을 보여주는 측면이다.

〈표 5-8〉 교직헌신과 리더-구성원 관계의 수준에 따른 업무효과성 차이 결과

구 분	사례수	평균	표준편차	자유도 (df)	F	Duncan
① 교직헌신 높음, 리더-구성원 관계 높음	24	4.18	.67	3	3.41*	③, ① > ②
② 교직헌신 높음, 리더-구성원 관계 낮음	10	3.51	.71			
③ 교직헌신 낮음, 리더-구성원 관계 높음	11	4.29	.62			
④ 교직헌신 낮음, 리더-구성원 관계 낮음	18	3.96	.66			

*$p < .05$

(2) 논의 : 리더-구성원 관계는 교사들의 업무효과성 향상에 도움을 준다

우리는 앞에 제시된 분석결과를 통해, 교직헌신과 교수효과성, 업무효과성, 리더-구성원 관계의 관계를 통해 교직헌신은 교수효과성과 정적상관을 보이며, 리더-구성원 관계는 업무효과성과 정적상관을 보여준다는 것을 알 수 있었다. 한편으로 리더-구성원 관계는 교직헌신에도 정적상관을 보여준다는 것을 알 수 있었다.

이 연구가 제시하는 두 번째 질문은, 만약 그렇다면 상대적으로 교직헌신보다 조직헌신이 떨어지는 교사들의 업무효과성을 향상시키는데 리더십이 도움이 되는가이다. 앞서 제시했듯, 현재 우리 학교조직에서는 교사에게 교육적인 측면만을 요구하지 않는다. 교사는 본질적인 교육의 목적수행을 위한 행위 외에 교육수행을 위한 부가적인 행위도 요구받는 것이 현실이다. 이를 위해 분석해 본 결과, 리더-구성원 관계는 교수효과성과는 유의미한 상관관계를 보여주지 못했으며, 업무효과성과 정적상관관계를 보여주었다. 또한 교직헌신과 리더-구성원 관계의 수준에 따라 교수효과성과 업무효과성에 유의한 차이가 나타나는지를 살펴본 결과, 교직헌신이 높고 리더-구성원 관계가 모두 높은 경우가 교직헌신과 리더-구성원 관계 모두 낮은 경우보다 교수효과성에 더 큰 영향을 미치며, 교직헌신만이 높은 경우보다 교직헌신이 낮고 리더-구성원 관계 높은 경우와 교직헌신과 리더-구성원 관계 모두가 높은 경우에 업무효과성에 더 영향을 미치는 것으로 나타났다.

이것은 교직헌신의 결과인 교수효과성은 수업이나 학생들의 인격지도가 교사들이 교실에서 상대적으로 자율성을 가지고 행하는 일에서 비롯되는 것인 반면, 조직헌신의 결과인 업무효과성은 상대적으로 조직 내의 다른 구성원과의 협조가 중요시되기 때문인 것으로 해석될 수 있다. 전문적 헌신의 원동력인 자율성보다는 관료적 헌신의 기초인 조직에 대한 목표와 애착, 협동이 업무효과성을 내는 데 필요하다는 의미이다. 이런 맥락에서 볼 때, 학교조직 내에서 리더(부장교사)-구성원(교사) 관계가 업무효과성과 정적상관 관계를 보인다는 것은, 부장교사들과 교사들이 어떤 관련을 맺고 있는가가 업무효과성에 영향을 미칠 수 있음을 의미한다.

본 장에서의 연구결과와 연관하여, 경영학부 학생들을 대상으로 팀 생산성에 대한 리더-구성원 교환관계의 영향요인을 조사한 한주희(2004)는 리더-구성원 관계의 질이 높아질수록 구성원의 팀에 대한 몰입도가 증가하였고 동시에 팀 혁신을 위한 노력도 증가하였음을 밝혔으며, 리더-구성원 관계의 질은 상호작용을 통해 진화하며 관계의 질이 진화할수록 구성원의 자율성이 증가하는 것을 확인하였다. 김현아와 김인호(2004)도 리더-구성원 관계의 질이 높을수록 조직유효성에 영향을 미치며, 조직의 유효성 증대를 위해서는 리더와 구성원간의 신뢰를 바탕으로 한 사회적 관계가 형성되어야 하며 기업문화 및 조직환경을 이러한 측면으로 구축할 필요가 있음을 시사하고 있다. 본 연구는 조직헌신이 강조되는 상황에서 리더-구성원 관계가 업무효과성을 향상시킨다는 선행연구와 그 궤를 같이하고 있다.

본 결과와 관련하여 유의할 점은, 교직헌신과 리더-구성원 관계 간에 높은 상관이 발생했다는 점이다. 하지만 이런 관계에도 불구하고 리더-구성원 관계는 교사의 교수효과성과는 상관이 없고 업무효과성에만 상관이 있다는 점이다.

이러한 현상은 첫째, 본 연구에서는 교수효과성과 업무효과성 변인에 대한 판단의 주체가 각각 학생과 부장교사이기 때문에 판단의 주체의 불일치에서 나타난 결과로 해석해 볼 수 있을 것이다. 같은 사안에 대해서도 판단의 주체에 따라 다르게 판단할 수 있기 때문이다. 예를 들어, 교사들은 선배 교사들의 조언을 따라 전문성을 개발하고 학습방법을 개발하는 한편, 학생들의 인성지도에서도 다양한 노력을 하여 자기 스스로는 교사향상성을 이루어냈다고 믿지만, 정작 받아들이는 학생은 그렇다고 생각하지 않을 수 있다는 것이다.

둘째, 노종희(2004)가 교사들의 교직헌신을 순수하게 교사들 스스로의 교직에 대한 애착으로 규정함으로써 내적 동기화의 개념으로 교직헌신을 규정한 것과 관련시켜 본다면, 리더-구성원 관계가 교직헌신과 높은 상관관계를 보이고는 있지만 결국 리더-구성원 관계는 외적 동기로 볼 수 있다. 이런 외적 동기화는 내적 동기화보다 강할 수 없다. 다시 말해, 교수효과성을 높이기 위해 실질적으로 가장 중요한 것은 교사로서의 인격을 갖추고 전문적인 지식의 향상과 수업접근방법의 개선인데, 이런 부분은 부장교사들이 일정부분 도움이 될 수는 있지만 대신해 줄 수는 없는 교사들이 자발적으로 성취해 낼 부분이라는 점이다. 이것은 학습결과에서 학생 자신의 내적 동기(자기 스스로 공부하겠다고 결심)와 자신을 둘러싼 외적 동기(부모의 공부의 중요성에 대한 조언)의 차이가 어떤 결과의 차이를 낳는지를 유추해 보면 쉽게 이해될 수 있다. 만약 공부의 필요성을 알지만, 학습의 필요성이 자신의 내적 동기화가 되지 않은 학생은 내적 동기가 있는 학생보다 좋은 결과를 내기 힘들 것이다. 특히 교수효과성은 지속적인 전문적 지식의 향상과 수업방법의 개선과 개발이 요구된다는 점에서 교사들 스스로의 자발적인 노력이 반드시 필요하다. 이런 자발적 노력은 외적 동기화보다는 내적 동기화가 강할 때 더욱 지속될 수 있다. 결국, 이것은 교직헌신의 개념이 교사의 자발적 헌신이라는 내적 동기화의 중요성이 근본적으로 강조되는 개념이며, 이런 내적 동기화가 있을 때, 보다 나은 교수효과성을 낳는 것이라고 볼 수 있다.

4 시사 및 제한점

결과적으로 본 연구는 다음과 같은 두 가지 사항을 제시한다. 첫째, 스스로 헌신적이라고 믿는 교사들을 학생들도 헌신적인 교사로 평가한다는 점이다. 그러나 학생에게 헌신적인 교사들이 학교의 업무에 헌신적인 것은 아니라는 것이다. 이는 교직헌신이 교수효과성과는 정적상관을 보여주지만, 업무효과성과는 상관을 보여주지 않는 결과를 통해 알 수 있다.

둘째, 리더-구성원 관계와 업무효과성이 정적상관을 보여주고 있음을 통해, 학교조직에서 부장교사와 같은 리더의 위치에 있는 사람들이 교사들과 내집단적인 관계를 맺을 때 업무효과성의 향상에 도움이 된다는 것이다. 그러나 이러한 리더-구성원 관계가 교수효과성을 향상시키는 데는 한계가 있다. 즉 리더-구성원 관계와 교수효과성 간에 유의미한 상관이 없다.

그렇다면 이런 결과가 보여주는 시사점은 무엇인가? 이런 두 사항은 학교조직에서 좋은 리더십은, 학생들에게 자발적이고 지속적으로 헌신하는 교사들이 학교조직이 요구하는 행정업무에서는 낮은 성과를 보일 때, 교사들과 수평적인 내집단 관계를 통해 업무효과성을 높이는 데 기여할 수 있다는 것이다. 즉 학교에서 효율적인 리더십은 교직헌신이 높은 교사가 상대적으로 소홀해질 수 있는 조직과 관련된 요인을 향상시키는 데 좀 더 많은 노력을 기울일 때라는 의미다. 대부분의 교사가 학생을 가르치는 일에 대한 매력 때문에 교사가 된다는 점에서 교직헌신은 조직의 리더가 강요하지 않아도 교사 스스로 향상시킬 수 있는 가능성이 높은 반면, 교사들이 자신의 본연의 일이 아니라고 여기는 성향이 강한 가르치는 일 외의 업무에 대해서는 조직을 이끌어가는 리더들이 체계적으로 향상시키고 주입하지 않으면 그 정도를 향상시키기 어려울 수 있기 때문이다.

마지막으로, 본 연구의 제한점을 제시하면 제3장에서 드러난 문제와 거의 동일하다. 하지만 문제를 분명히 하기 위해 다시 그 문제점을 제시해 본다면 다음과 같다.

첫째, 교수효과성의 측정에 있어, 설문문항에 의존하고, 학생들을 집단적으로 측정함으로써 학생 자신의 생각에 동료학생들의 의견이 반영되는 것을 완벽하게 배제하지 못했다는 것이다. 교수효과성을 좀 더 객관적으로 측정하기 위해, 추후 연구에서 학생 개별면담이나 개별측정이 병행된다면 학생들의 더 솔직한 답변을 통해 교수효과성을 명확하게 정립할 수 있을 것이다. 또한 교직헌신의 측정에 있어서도 현장교사들과의 개별면담이 병행된다면 교직헌신의 하위요인에서 검토하지 못한 교직헌신에 관련된 부분을 좀 더 면밀히 밝혀낼 수 있을 것이다.

둘째, 공립학교에 근무하는 교사만을 대상으로 했다는 것이다. 공립학교는 특성상 교사들이 일정기간이 지나면 이동이 이루어진다. 이러한 특성은 가르치는 일에 대한 애착이라는 교직헌신의 특성을 더욱 분명히 측정할 수 있다는 판단에 공립학교 교사들만을 대상으로 하였으나, 추후 연구에서는 사립학교의 교사들에 대한 측정을 통해 공립학교와 사립학교 교사들 간에 헌신의 차이가 나타나는지 검토해 본다면, 교사들의 헌신형성을 위한 조직환경 조성에도 시사점을 제공해 줄 것으로 보인다.

셋째, 대상선정에 있어 조사대상을 보다 광범위하게 선정하지 못했다는 점이다. 교사들의 사례수가 충분하지 못했던 중요한 이유 중의 하나는 교수효과성 측정에 대한 교사들의 거부반응의 문제가 작용했다. 아직 교원평가라는 측면이 정착되지 못한 환경에서 학생들에게 자신에 대해 질문하는 것 자체를 우회적인 교사평사의 한 형태로 이해하여 상당한 거부반응과 오해가 있었다. 연구자가 교사들에게 일대일로 연구의 의도를 설명하지 못한 점도 이런 거부반응과 오해를 풀지 못한 이유가 될 수 있을 것이다. 이러한 충분하지 못한 조사대상은 연구결과를 도출하기 위한 분석에 제한을 초래하게 되었다.

교사와 한국교육을 위한 제안

PART 3

1990년대 이후 경제적 자유주의와 맞물려 급격히 진행되고 있는 글로벌화는 이전의 국내적 가치 중심의 교육과는 다른 새로운 교육의 내용을 요구하고 있다. 특히 현대의 글로벌화가 지식과 정보의 혁신을 토대로 이루어지고 있다는 점에서 교육과 글로벌화는 밀접한 관계를 맺고 있다. 제3부에서는 이런 현실에서 우리 사회의 미래세대를 교육시키는 데 적합한 교육내용을 한국과 유사한 교육체계 및 사회적 환경을 가지고 있는 일본과의 비판적 비교를 통해 검토하고 다음과 같은 네 가지 과제를 제시해 보려 한다.

첫째, 상호 문화이해의 증진과 교육시장 개방에 대비하여 우리 사회구성원의 정체성 확립을 위한 교육제도의 도입이 필요하다. 둘째, 국내적·세계적 시민의 동일한 자질의 토대로서 민주적인 협력학습을 강화해야 한다. 셋째, 정보기술 발전과 더불어 정보를 판단하는 능력을 향상시키는 논리적 사고능력을 배양하며, 정보의 습득과 활용이 사회 및 문화와 상호 교류의 차원에서 실천되는 교육과정이 필요하다. 넷째, 영어 및 외국어 교육과정을 개편하되 언어가 정체성에 미치는 영향을 고려하는 정책이 수립되어야 한다. 이런 글로벌 시대의 교육내용은 교육시장 개방에 적절하게 대처한 일본 및 싱가포르 등 다른 국가의 사례에서 배울 수 있듯이 정부의 공교육에 대한 세심한 배려 아래 실행되는 것이 바람직하다.

글로벌화 시대의 교육과제 : 일본교육의 비판적 검토를 통한 제안

Chapter_6

글로벌화에 적합한 교육의 필요성

1990대 이래 경제적 신자유주의가 급격하게 진행되면서, 전 세계는 "글로벌화(globalization)"[4]라는 새로운 정치·사회·문화적 변동에 휩싸여 있다. 과거 국제사회의 이동의 중심이 단순히 상품이었다면, 현란한 기술의 발전과 자본주의 시장의 급속한 확산은 국가 간 인구의 이동을 포함하여 문화, 경제, 나아가 정치적으로도 서로 분리되어 있지 않음을 보여주고 있다. 현재 진행되고 있는 유럽의 경제적·정치적 통합은 이런 현상을 단적으로 보여주고 있다.

하버드 대학의 McGinn 교수는 1996년 『*Comparative Education Review*』에서 비교교육을 실천하고 있는 학자들이 주목해야 할 것으로 다음의 네 가지 과제를 제시한 바 있다(McGinn, 1996: 342).

4) "globalization"과 관련하여 "세계화", "국제화", "전지구화"라는 번역어가 혼용되어 쓰이고 있으나 전체적으로 무엇을 세계화, 국제화, 전지구화라고 하는지에 대한 합의는 없는 상황이다. 본 장의 연구는 다음과 같은 두 가지 이유로 "글로벌화"라는 용어를 선택했다. 첫째, 다양한 시각에서 해석될 수 있는 용어 사용의 혼란을 피하고 "globalization"이란 용어의 의미를 있는 그대로 전달하고자 최근 사용되고 있는 글로벌화를 선택했다. 둘째, "globalization"을 바라보는 일본과 한국의 시각차이를 구별해 주는 용어로 활용한다.

첫째, 산업화된 세계에서 민주주의의 실천과 참여의 쇠퇴, 둘째, 왜 교육이 민주주의의 실천과 참여의 쇠퇴문제를 해결하는 데 도움이 되지 않는가에 대한 교육학자들 스스로의 혼란, 셋째, 경제적 글로벌화가 교육과 민주주의에 미치는 영향, 넷째, 개인적 차이보다는 문화적 다양성에 대한, 정치·경제적 동일화(homogenization)보다는 사회적 통합(integration)에 대한 비교연구의 긴급성이다.

이런 McGinn의 문제제기가 단순히 일시성을 띠는 주제가 아닌 것은 2001년 『*Comparative Education Review*』에서 Torres가 "세계 체계 속에서 글로벌화와 비교교육"이란 주제를 편집자의 글로 실어 글로벌화와 반글로벌화 운동 사이에서 교육의 위치와 역할을 점검하는 데서도 확인된다. 더욱이 『*Comparative Education Review*』 2002년 2월의 특별호 전체가 비교접근에서 본 글로벌화와 교육의 변화 사이의 관계에 관한 연구라는 점도 이 주제의 중요성을 확인시켜 준다. 이 주제가 중요한 까닭을 Carnoy와 Rhoten(2002)의 말을 빌려 간략히 요약해 본다면 다음 두 가지로 볼 수 있다(pp. 1-2).

첫째, 사회경제적 변화가 교육의 구조와 내용에 영향을 주기 때문이다. 글로벌화가 한 사회 내의 가치와 삶의 양식을 재생산하는 데 집중되어 있었던 이전의 교육내용과는 다른 내용의 교육을 요구한다는 것이다.

둘째, 보다 중요한 것은 현재의 글로벌화가 지식과 정보의 전달과 상당히 밀접해 있다는 점이다. 지식이 글로벌화를 추진하는 핵심이며 글로벌화는 자신을 확장시키기 위해 새로운 지식과 정보를 생산해내고 있다. Foucault(1984)의 진리의 레짐(a "regime" of truth)에 나타나는 권력 / 지식의 함수관계(p. 74)에서 이 경향을 분석해 본다면, 지식이 글로벌 시대의 권력을 만들고 글로벌 시대의 권력은 자신을 정당화하려는 지식을 생산해내는 체계로 가고 있다는 것이다. 이런 측면에서 볼 때, 글로벌화와 지식의 재생산의 중심인 교육은 아주 밀접한 관계를 맺고 있을 수밖에 없다.

지식과 글로벌화가 밀접한 관계를 맺고 있는 현실에서 우리 사회는 글로벌화를 새로운 사회적 과제로 삼고 있지만, 과연 그에 적합한 교육의 내용들이 확립되어 있는지는 의문스럽다. 컴퓨터 교육을 확산시키고 영어교육을 초등학교에 도입하는 것이 글로벌화를 위한 준비라고 한다면, 우리 사회의 교육의 공허함을 그대로 드러내는 일일 것이다. 글로벌화는 근본적으로 국경을 허물고 있는 현상이다. 물리적 국경은 유지되고 있지만, 이미 서구의 문화가 우리 사회 곳곳에 들어와 있고 이 문화가 우리의 전통적 문화를 밀어내고 있다. Maira(2004)의 지적처럼 음악, 패션, 게임, 휴대폰 등의 십대들의 문화가 시장을 점령해나가고 있는 것은 세계적 현상이며(pp. 203-204), 우리나라의 경제산업 역시 이런 현상을 중심으로 재편되고 있음은 주지의 사실이다. 이런 현실은 한 사회에 내재한 고유한 문화적 정체성의 유지가 어려워지고 있음을 뜻하는 동시에, 이에 대응할 수 있는 새로운 교육정책과 체계가 필요함을 의미한다.

특히 통신기술이 세계적 수준을 유지하고 있는 우리 사회의 현실에서 자라나는 미래세대들이 글로벌화의 변화에 더욱 높은 수준으로 노출되어 있는 것이 사실이며, 이런 현실은 글로벌화에 적합한 교육의 내용과 체계를 요구하고 있다. 특히 글로벌화가 서구 중심적으로 이루어지고 있는 현상이기 때문에, 비서구 사회에서 상이한 문화를 유지해 온 우리 사회는 당연히 서구 사회와는 다른 내용과 과제를 갖는다. 이런 점에서 McGinn(1996)이 글로벌화 시대의 비교교육 연구는 국가교육 체계를 분석단위로 하는 단순한 국가 대 국가의 비교는 지양해야 한다고 지적한 것(p. 355)은 적절하다.

본 장에서의 연구는 이런 필요성과 상이성을 고려하여, 우리와 가장 유사한 교육체계와 교육시장 개방, 유사한 문화적 풍토, 동일하게 글로벌화에 따른 정체성의 문제를 고민하고 있는 일본과의 비판적 비교를 통해 글로벌화에 적합한 우리 사회의 교육내용이 무엇이 되어야 하는지를 점검하려 한다.

경제적 글로벌화, 지식, 교육

우선 글로벌화가 어떤 의미를 지니고 있는지부터 살펴보자. 글로벌화에 대한 연구를 선도적으로 이끌고 있는 Held는, 글로벌화란 관계연결망(interconnectedness)의 급격한 성장을 유발하는 초대륙적 사회적 상호작용의 행위 패턴과 흐름이 급격히 팽창하고, 그 규모가 거대한 수준이며, 그 속도가 매우 빠르며, 그 영향이 매우 깊어지는 현상을 의미한다고 말한다. 이러한 현상은 현존하고 있는 인간의 조직과 사회의 전반적 권력관계의 변동이나 변혁을 요구한다. 글로벌화의 기존 연구들은 이런 현상이 정치, 경제, 사회, 문화, 환경, 군사 등 다양한 분야에 걸쳐 일어나고 있다고 말한다(Held & McGrew, 2002: 1-2).

이런 글로벌화는 20세기에 등장한 새로운 현상이 아니다. 글로벌화는 이미 역사가 기록되기 이전의 선사시대부터 존재했던 것으로 지속적으로 반복되며 나타나는 현상으로 시대마다 그 특성이 다를 뿐이다. 그렇다면, 20세기에 등장한 글로벌화의 특징은 무엇인가? 그 중심에는 신자유주의라는 국가 간 거래에서 규제해제와 개방을 핵심으로 자유무역을 주장하는 경제 이데올로기가 있다. 독일의 정치이론가 Beck(2002)은 현재의 글로벌화의 특징을 다양한 분야에서 일어날 수 있는 모든 글로벌화의 경향이 경제영역의 글로벌화로 환원되는 현실이라고 주장한다(pp. 100-101). 이런 경제적 글로벌화에는 앞서 Carnoy 등(2002)이 지적했듯이 지식과 정보가 중심적 역할을 하고 있다. 이런 까닭에 McGinn(1996: 351)이 지적하듯 글로벌 시대의 교육 개혁은 대개의 경우, 소위 시장세력들의 요구에 교육을 맞추는 형식으로 이루어지고 있다. 즉 교육이 시장이 필요로 하는 인력을 공급하는 공장으로 전락한 것이다. 또한 글로벌화에서 교육이 맞닥뜨리는 또 하나의 문제가 많은 국가에서 자라나는 세대들이 글로벌화에 관계된 지식들을 다양한 학교활동을 통해서라기보다는 텔레비전 시청, 인터넷 검색과 같은 학업 이외의 활동에서 얻는데, 이런 방식의 정보습득이 수동적인 소비와 고립을 조장한다는 점을 지적한다.

McGinn(1996)이 이런 현실을 지적하는 이유는 글로벌화, 민주주의, 교육이 서로 밀접한 관련을 맺고 있기 때문이다. 그는 이를 설명하기 위해 경제적 발전이 자본주의적 민주주의에 이

른다는 근대화 이론에서 출발한다. 근대화 이론에서 제시되는 핵심적 주장의 하나가 성숙한 경제발전을 이루는 과정 동안은 대중의 정치참여가 경제발전에 지장을 주기 때문에 자제되어야 한다는 것이다. McGinn은 글로벌화가 경제적인 요소를 강조하기 때문에 너무 많은 대중의 정치참여는 경제발전에 이롭지 않다는 근대화 이론이 글로벌화를 통해 설득력을 얻게 되는 것이 문제이며, 실제로도 수동적 소비와 고립 속에서 성장한 세대들이 민주적 정치참여에 적극적이지 않음을 지적하고 있다(pp. 351-353). 이런 점에서 McGinn은 참여적 민주주의를 지지해야 하는 교육이 글로벌화는 지지하지 말아야 한다고 주장하는 인상을 준다.

그러나 수출지향적인 경제구조와 분단국가라는 독특한 정치환경에 놓여 있는 우리 사회는 글로벌화를 지지하거나 거부할 수 있는 선택적 입장에 놓여 있지 않으며, Ilon(1997)이 지적하는 것처럼, 글로벌화 자체가 교육이 반드시 선택이나 거부를 표명해야 하는 대상도 아니다(p. 352). 오히려 Torres(2001)가 이해하는 것처럼, 글로벌화를 '세계의 협력적 룰의 표현(an expression of the corporative rule of the world)'이라고 이해한다면, 협력적 룰을 저해하는 글로벌 세력이나 현상에는 동의하지 않음을 표명할 수 있는 충분한 공간이 만들어질 것이다. 그는 이런 공간 속에서, 신자유주의가 세계 대다수의 사람들과 협력하기보다는 오히려 다양한 문화를 배제하고 쇠퇴시키고, 신자유주의에 적합한 방식으로 삶의 방식을 전환하도록 하는 획일적인 강요에 동의하지 않을 수 있을 것이라고 말한다(p. viii).

이런 Torres의 이해방식은 서론에서 제시된 McGinn(1996)의 네 가지 비교교육의 관심사 중 하나인 문화적 다양성의 증진과 사회적 통합에도 기여한다. 예를 들어, 다문화교육(multi-cultural education)이 그 예가 될 것이다. Coastworth(2004)는 이와 관련하여 세 가지 대답을 준다(pp. 51-53).

첫째, 교육은 이민을 통해 어떤 사회로 인구가 유입되는 것을 관리하는 데 중요한 역할을 한다. 가난한 나라로부터 잘 사는 나라로 인구가 유입될 경우, 많은 국가들에서 민족주의자들이 적대적인 입장을 보인다고 한다. 현재 우리 사회에서 문제가 되고 있는 외국인 노동자들이 이에 적합한 경우일 것이다. 미국의 경우는 교육이 이민자들의 자녀들을 자신들의 사회로 동화시켜 자신들의 시민들로 바꾸는 데 유용한 역할을 해왔다.

둘째, 현재의 글로벌화는 상당한 교차-문화적 기술(great cross-cultural skills)을 생산하고 요구하고 있다. 이런 현상은 다른 문화와 언어에 대한 이해를 요구하며, 교육은 이에 부응하고 있다. 특히 언어가 그 언어를 쓰는 집단의 문화를 반영한다는 점에서, 언어교육은 문화교육과 분리될 수 없다.

셋째, 교육은 글로벌화의 과정에서 가속화되고 있는 불평등의 문제를 이해하고 해결하려는 의지를 마련하는 데 중요한 역할을 한다. 여기서 '불평등을 미래세대가 이해하도록 한다'는 의미는 글로벌화를 반대한다는 것이 아니라, 글로벌화 과정이 만들어내는 불가피한 불평등을 미래세대들이 잘 이해하도록 하여 이웃의 삶을 보살필 수 있는 하나의 인격체로 길러내야 한다는 의미이다.

글로벌화 시대의 교육과 관련하여, Bloom(2004)은 상대적으로 부유하지 못한 국가의 경제적 입장에서 또 다른 견해를 내놓는다. 첫째, 강력한 교육체계는 경쟁력 있는 정책수립자들이 출현할 수 있는 원천이 될 것이다. 둘째, 교육은 사회 의료체계, 여성의 권리신장, 가난으로부터의 탈출을 도와 인간의 발전에 영향을 미칠 수 있는 힘이 있다. 셋째, 국가의 노동집단이 생산적이고 새로운 산업을 재교육할 수 있는 지적 민첩성이 있다면 글로벌 시장에서 경제발전을 보다 쉽게 할 수 있을 것이다(p. 57).

현재의 글로벌화가 지식과 정보가 중심적 역할을 하는 경제적 신자유주의의 확산이라고 볼 때, 교육이 전체적인 경제적 능력을 향상하여 세계시장 경쟁에서 생존하는 데 필요한 지식을 재생산하는 역할을 하고 있다는 점을 부정할 수는 없다. 그러나 교육은 앞서 보았듯, 한편으로는 다른 문화를 이해하고 다른 사회와 협조하며 글로벌화의 부정적 측면을 이해하고 완화하는 데 유용한 것으로 판명되고 있다. 앞의 것이 경쟁이라면, 두 번째 것은 협력이라는 점에서 교육은 서로 다른 역할을 하고 있다. 그렇다면, 교육은 글로벌화에 적합한 서로 다른 두 가지 도덕과 기술을 가르치는 것인가? 정말 바람직한 교육이라면, 실력으로 경쟁하여 글로벌화 속에서 생존할 수 있도록 하며, 나아가 글로벌화 속에서 다른 사회와 협력하거나 다른 사회가 겪는 어려움에 관심을 보일 수 있도록 해야 할 것이다. 그러나 이 두 가지를 조화롭게 하는 일은 무척이나 까다롭고도 많은 노력을 요구한다.

요약하자면, 본 절에서는 경제가치가 우선되는 현상으로서의 글로벌화를 교육의 입장에서 이해해야 할 글로벌화와 구분한다.

본 장에서 제시한 글로벌화란 '세계적 협력적 룰의 표현'이란 정의를 조금 수정하여, 교육이 지향해야 할 글로벌화가 '공정한 세계적 협력적 룰의 표현 또는 확장'이라고 본다. 이 정의는 타국에 대하여 부당한 방식의 협력요구를 방지할 뿐만 아니라, 타국이 우리 사회에 부당하게 요구하는 협력을 거부할 수 있는 근거를 교육적으로 형성한다. 근본적으로는 이런 정의가 글로벌화 시대에 적합한 인간형을 제시하고 교육하는 데 적합한 근거가 되리라 본다. 이런 정의가 현상으로서 글로벌화가 요구하는 경쟁력 있는 인간형을 무시하거나 연관이 없는 것이 아니다. 협력이 경쟁과 정반대의 개념으로 조화될 수 없다는 것은 잘못된 인식이다. 오히려 협력적 인간형은 부당한 경쟁을 방지하고 최대한 공정한 입장에서 경쟁하려 할 것이기 때문이다. 결국 협력적 인간은 공정한 경쟁에 기여한다. 다시 말해, 글로벌화가 공정한 세계적 협력적 룰의 표현 또는 확장이란 정의를 바탕으로, 글로벌화에 필요한 인간형이 협력적 인간형이며, 이런 협력적 인간형은 공정한 경쟁에 기여한다고 본다. 이런 정의를 바탕으로 다음 절에서는 글로벌화 시대에 요구되는 협력과 경쟁이란 두 가지 가치를 조화롭게 하기 위해 우리 사회에 필요한 교육의 내용이 무엇인지에 대해서 살펴보고자 한다.

글로벌화와 한국과 일본의 교육개혁 비교

본 절에서는, Torres(2001)가 제안하는 교육에 있어서의 글로벌화를 세계의 협력적 룰의 표현으로 이해하는 가운데, 글로벌화 시대에 우리 사회가 미래세대를 위해 제공해야 할 교육의 내용들에 대해서 본격적으로 점검해 보려 한다. 이런 제안들을 보다 분명히 하기 위해 오래전부터 세계와의 관계 속에서 교육의 위치와 역할을 고민해 온 일본의 사례를 고찰한다. 일본은 초(6년)·중(3년)·고(3년)·대학(4년)의 기본 교육체계와, 중학교까지의 의무교육제도, 일부 유명대학에 입학하기 위한 치열한 입시환경이란 사회적 문제가 있다는 점에서 우리와 유사한 교육환경을 공유하고 있다. 뿐만 아니라 전체적인 학생들의 학습 능력저하의 문제, 인구의 감소 등으로 인한 대학정원이 실질적 입학생보다 많은 현실, 재정·경제적인 측면에서 볼 때, 국립대학의 비효율적 운영과 같은 동일한 환경에 놓여 있어(Yonezawa, 2003: 150), 교육체계와 환경상 우리와 비교하기 적절한 대상이기 때문이다.

일본은 이미 글로벌화와 교육의 역할에 대한 논의가 상당히 진척이 되어 있는 상태이다. Yonezawa(2003)는 경제성장을 통해 국력을 신장한 일본은 오래전부터 1980년대 이후, 일본교육의 목표를 세계의 지도적 국가로서 사회경제적 번영과 발전을 지속적으로 이룬다는 데 두고 이 사안을 연구해 왔다. 하지만 이런 교육적 목표는 1990년대부터 본격적으로 부각되어 지금까지 일본경제가 장기적 침체를 지속하고 있는 반면, 주변국가들은 1997년 아시아 경제위기에도 불구하고 지속적으로 성장을 보여주고 있다는 점에서 일본의 경제체제에 대한 확신을 상실하게 되었고, 더불어 확장되는 글로벌화의 위협 속에서 일본사회가 과연 건강하게 성장하고 있는가라는 질문은 일본 자체에 '정체성의 위기(identity crisis)'를 불러일으켰다고 한다. 이런 질문은 곧 일본의 교육체계에 대한 질문으로 이어졌고 이런 질문은 일본정부가 지속적으로 교육개혁을 준비하는 계기가 되었다고 한다(p. 148). 실제 일본정부는 2000년 3월 내각 수상 직할로 교육개혁국민회의(The National Commission on Educational Reform)를 설치하고 본격적인 교육개혁에 나섰다. 마지막 보고서를 제출한 지 불과 한 달 뒤인 2001년 1월 일본의 교육개혁계획을 발표했는데, 2차 대전 이후 지속되어 온 사회경제적 번영을 지속하기 위한 문부성의 핵심 개혁내용은 주로 엘리트 교육의 증진, 교과내용의 축소, 국립대학의 경쟁력 강화에 초점이 맞추어져 있다. 세부적으로는 대학 및 공립 엘리트 고등학교의 조기입학, 공립 영어우수고교 설립, 국립대학에 기업의 관리방식 도입 등 주로 대학과 엘리트 위주의 고등교육의 개혁에 초점이 맞추어져 있다(Yonezawa, 2003: 150). 반면 초・중・고등학교 수준의 교육에는 고등학교 수준에서 엘리트들을 위한 영어학교의 설립과 부분적 영어교육의 내용, 엘리트를 위한 과학교육만을 강화시켰을 뿐, 이전의 정책과 별다른 변화를 주지 않고 있다. 이런 정책결정은 초등학교부터 개혁하려는 우리의 교육정책과는 상당히 다른 측면을 보여준다. 본 절에서 다루는 글로벌화와 교육의 내용들은 이런 일본 교육정책의 방향결정과 밀접한 관련을 맺고 있다.[5)]

5) 1996년 대통령자문 교육개혁위원회에서 제시된 일본교육개혁에 대한 이진숙의 보고서(일본 경제단체연합회가 제시한 「창조적인 인재육성을 위한 정부에의 5가지 제안과 기업의 7가지 행동」이란 표제의 교육개혁 자료와 일본 문부성에서 발행하는 문부시보 8월 임시 중간호에 게재된 일본 중앙교육심의회의 제1차 답신 내용인 '21세기를 전망한 일본교육에 대하여'의 요지를 번역한 것임)는 2001

본 장은 현재 글로벌화와 교육에서 가장 중요하게 다루고 있는 사안을 다음 네 가지로 압축하여 제시한다. 첫째, 정체성 둘째, 민주교육 셋째, 기술교육 넷째, 언어교육이다. 이 네 가지 문제는 실질적으로 일본 역시 매우 심각하게 고민하고 있는 문제이기도 하다.

현재 글로벌화는 국가 간의 협력과 경쟁이라는 상반되어 보이는 두 가지 요소를 강조하고 있다. 위에 제시된 네 가지 제안은 협력과 경쟁이란 요소가 복합적으로 얽혀 있으며, 궁극적으로 이 두 요소가 조화될 수 있는 정책의 방향을 제안하고 있다. 이제 이어지는 절에서는 우리와 유사한 교육체계, 환경, (교육이 국가의 성장에 기여해야 한다는) 과제 등을 안고 있는 일본의 교육을 비판적으로 검토하여 글로벌 시대에 우리에게 필요한 교육내용에 대해 보다 구체적으로 살펴보고자 한다.

글로벌화, 문화, 교육시장 개방, 정체성

1995년을 전후로 우리 사회에 글로벌화라는 문제가 제기된 이후, 교육에서도 글로벌화와 관련된 연구들이 이루어졌다. 이런 기존의 연구는 글로벌화에 적합한 교육교과과정 자체의 개정(한명희, 1997), 사회 · 역사교과에서 국제이해교육(김성건, 2002; 정선영, 2003), 영어교육(이복희 · 여도수, 2001; 부경순, 2003), 교육을

년 본격적으로 일본정부가 제시한 엘리트 주도적인 일본의 교육개혁방안이 1980년대 이후 글로벌화와 사회경제적 관계에 대한 고민 속에서 지속되어 온 교육개혁에 대한 오랜 논의의 결과였음을 보여준다(교육개혁위원회 참고자료 96-3, '일본의 교육개혁').

통한 국제협력(천세영 · 김용주 · 김재웅, 2001), 정보화를 위한 기술적 환경개선(노영순, 1999) 등과 같이 다양한 형태로 제시되고 있다. 특히 한명희(1997)는 '세계시민교육'이란 용어를 통해 글로벌화가 새로운 정체성을 가진 새로운 인간형을 요구하고 있음을 명확하게 하고 있다. 그 내용도 명확하여 ① 다양한 이해관계의 갈등을 타협할 수 있는 시각, ② 세계현상을 현실적으로 이해, ③ 고유성과 다원성의 의식, ④ 타국인에 대한 도덕적 정감을 성취하고 세계시민정신을 갖는다는 정확한 지표를 제시하고 있다(p. 370). 이상에서 볼 수 있듯이, 글로벌화 시대에 접어든 이후, 새로운 교육과정 등을 강조한 논문들이 세계시민교육을 강조해 왔지만, Beiner(1999)가 『민족주의의 이론화(*Theorizing Nationalism*)』에서 주장하듯, 세계시민의 정체성은 반드시 문화적 정체성과 충돌하게 되어 있고, 이 양자 사이에 반드시 하나를 선택해야 하는 순간이 있음(pp. 7-10)을 지적한 연구는 없었다.

세계화와 정체성의 문제와 관련해 일본의 경우는 우리에게 많은 시사점을 준다. 우선 일본이 글로벌화와 정체성의 문제를 어떻게 다루고 있는지를 보기 위해 우선 "국제화(internationalization)"라는 말부터 이해할 필요가 있다. 정치 · 경제적인 차원에서 보자면, 일본의 국제화라는 말은 경제성장 및 그에 따른 확장된 세계와의 관계를 어떻게 설정할 것인가라는 문제의식에서 시작되었고, 교육적인 차원에서 보면, 2차 대전 이후 UNESCO가 일본에 국제교육이란 개념을 도입한 이후 본격적으로 사용되기 시작했다(Sato, 2004: 210). Sato는 일본의 국가적 정체성에 관한 논쟁이 이런 국제화란 용어의 등장과 동시에 등장했음을 지적하는데(p. 211), Hashimoto(2000)는 이와 동일한 맥락에서 국제화란 용어가 함의하고 있는 뜻은 국가 간의 접촉이 확대되는 세계적인 경향 속에서 일본이 어떻게 일본의 문화와 정체성을 잃지 않는가라는 것이라고 말한다(p. 43). 결국 일본에선 글로벌화와 관계된 논쟁이 국제화라는 용어 아래 이미 50여 년이 넘게 지속되어 왔다는 것이다. 이 국제화 논쟁과 궤를 같이한 논쟁이 바로 '일본인론(日本人論 : nihonjinron)'으로 Sato(2004)에 따르면 '일본의 문화, 사회국가 성격의 본질은 무엇인가'라는 학문적 연구와 논쟁을 의미한다고 한다. 일본에서는 이에 관한 엄청난 분량의 책과 논문들이 쏟아졌는데, 수많은 일본인들이 이런 문헌을 접했다는 점에서 '일본인론'은 단순한 학문적 연구나 논쟁을 넘어선 하나의 거대한 사회적 현상이라고 볼 수 있다(p. 212). 이런 사회적 현상이 여전히 지속적이라는 것은 '일본어란 무엇인가'라는 1999년 이후의 논쟁에서 나타나는데, 일본에서는 이런 경향을 타고 1999년 이후, 출판 시장에서 '일본어 붐(Japanese Boom)' 현상이 일어났다. 한 예로 『일본어 연습장(日本語鍊習帳)』이라고 불리는 책이 천8백만 부라는 경이적인 판매를 기록한 것은 잘 알려진 사실이다.

이런 맥락에서 볼 때, 일본에서 글로벌화 이전에 사용되고 있던 '국제화'는 일본을 더욱 일본답게 한다는 맥락에서 사용되고 있는 용어로 세계의 보편성에 반해 일본의 특수성을 강조하고 있다. Hashimoto(2000)가 지적하는 것처럼 일본의 국제화라는 말 뒤편에 내재해 있는 국내적 동기는 서구의 "글로벌화"라는 것과는 근본적으로 다른 개념인 것이다. 실제 일본 문부성의 공식 홈페이지(www.mext.go.jp)에서 확인할 수 있듯이, 여전히 일본정부는 교육에 있어 글로벌화보다는 국제화라는 용어를 주로 사용하고 있다.

반면 한국사회가 김영삼 정부 이후 사용해 온 세계화라는 용어는 글로벌화라는 용어가 담고 있는 본래의 의미와 더욱 가깝다. 우리 사회의 세계화는 우리의 갇힌 정체성에서 탈피하여 세계의 요구에 부응하자는 의미에서 사용되고 있는 것이 상식이다. 세계화의 현상 속에서 한국사회, 문화, 한국어의 본질은 무엇이며, 나아가 궁극적으로 누가 한국인인가에 대한 일관된 논쟁을 찾기 어려운 실정이다. 오히려 이런 질문은 세계화에 역행하는 질문으로 한국사회가 그다지 반기고 있지 않은 실정이다. 이런 세계화라는 사회적 경향 속에서 한국 미래세대의 정체성은 국제화라는 사회적 경향 속에서 성장한 일본 미래세대의 정체성보다 더욱 글로벌화의 영향력에 노출되어 있다고 볼 수 있다.

글로벌화 시대에 선진국가들이 제일 고민하고 있는 문제 중의 하나가 바로 정체성이다. 특히 미국, 캐나다 등과 같이 이민집단으로 형성된 사회조차 새롭게 대량으로 유입되는 새로운 인구들과 기존의 사회구성원들 간 정체성의 혼란을 걱정하고 있다. 예를 들어, 새천년을 기준으로, 세계적으로 이민자이거나 난민인 인구가 1억7천5백만이나 되며, 미국은 약 11.5%(미국 인구조사통계(U.S. Bureau of the Consensus, 2000)의 인구가 이민자이고, 영국은 4.2%, 프랑스는 5.6%의 인구가 외국에서 태어난 사람들이다. 스웨덴은 11.8%, 캐나다는 17.4%, 오스트레일리아는 23.6%가 외국에서 태어났다(이민통계 : Migration information, 2003).

이에 관해, Suárez-Orozco(2004)는 새롭게 이민해 온 집단과 기존 집단 간의 정체성을 통합시키는 것이 글로벌 시대의 새로운 과제가 되었다고 지적한다. 그리고 이런 세계적 이동으로 인해 생겨나는 새로운 정체성을 인정하는 진정한 세계적 정신(truely "global soul")을 우리의 마음 한가운데 형성할 필요가 있음을 강조한다(p. 173).

그러나 우리 사회는 인구이동이 급격히 증가하고 있는 서구 사회와는 다른 맥락에서 미래세대의 정체성을 어떻게 형성할 것인가가 문제가 된다. 서구 사회가 자신의 사회로 유입된 인구들을 어떻게 같은 정체성 내로 통합시켜내는가를 고민하고 있다면, 우리 사회는 글로벌화라는 현상에 적응하기 위해 경제산업, 대중매체, 인터넷 통신, 해외(조기)유학 등을 통해 비체계적으로 유입된 문화를 기존의 우리 문화의 정체성과 어떻게 조화시키느냐가 문제가 되고 있다.

글로벌화가 동반하는 현상 중의 하나는 작은 집단 및 문화를 소멸시키는 것이다. 글로벌화는 기본적으로 자본주의 시장에 상이한 문화를 동질화시킨다. 글로벌화를 지지하는 세력은 Anderson (1983)이 『상상의 공동체(*imagined community*)』에서 제시하는 '민족은 만들어진(constructed) 상상의 공동체에 불과하다'는 논리와 거의 같은 맥락의 주장을 통해 민족국가의 정체성을 위협하는데, 시장규제의 해제와 자유무역과 같은 주장이 이런 맥락에서 형성되고 있다. 나아가 Parmenter(2000)가 지적하듯이 글로벌화를 지지하는 세력은 '전체로서 세계를 의식하는 일의 강화(the intensification of consciousness of the world as whole)'를 주장하며, 이런 발상은 저절로 개개 구성원이 '나는 누구인가'라는 정체성의 혼란을 겪게 만든다(p. 240).

그러나 민족주의에 대한 반대가 한 사회체계의 해체를 의미하는 것은 아니다. 현실적으로 여전히 국가단위의 삶이 삶의 주류이며 국가단위의 삶이 주류인 이상, 한 사회는 그 유지를 위해 정치공동체의 단결을 필요로 한다. Habermas(1998)는 '입헌적 애국주의(constitutional patriotism)'라는 개념에서 한 사회의 구성원은 같은 헌법을 공유하고 있다는 점에서 서로 연대감을 맺는다고 말하고 이런 연대가 필요하다고 말한다(pp. 465-466). 이런 연대가 필요한 것은 결국 개인이 어떤 공동체에 소속되는 일이 개인의 자아정체성을 형성하는 일에 매우 중요한 역할을 하기 때문이다.

실제 한 사람을 사회의 바람직한 구성원으로 교육하고자 한다면, '나는 누구인가'를 가르치는 일은 중요한 교육의 지표이다. 글로벌화가 요구하는 것과는 다른 문화를 가진 사회에서 살아가고 있는 우리 청소년들은 '나는 세계인인가' 아니면 '한국인인가'를 두고 질문하게 될 것이다. 소위 민주적 정체성인 "데모스(demos)"와 문화적인 정체성인 "에스노스(ethnos)" 간의 충돌이 일어나기 때문이다. 만약 우리가 너무 우리 문화의 중요성만을 강조할 경우 청소년들은 글로벌화를 배척하게 될 것이고, 너무 글로벌화만을 강조한다면 문화적 자부심을 잃을 수 있기 때문이다.

Sato(2004)는 일본의 국제이해에 대한 교육이 일본의 특수성(일본인으로서의 정체성)과 보편적 가치(세계인으로서의 정체성)가 충돌하는 것을 염두에 두고, 이런 상황에 대처하기 위해 교육의 이상과 목표를 어디에 두어야 하는가를 고민해 왔다고 말한다. 하지만 국제화라는 이름 아래 진행된 일본교육은 일본인들을 하나의 집단적 자아(a collective self)로 동일시해 왔다(p. 212, p. 217). Sato(2004)는 이렇게 일본인들을 집단적 자아로 동일시하는 일은 교차-문화적 이해에 장애가 될 수 있음을 지적하며, 오히려 양자의 정체성을 조화롭게 양립할 수 있는 방향으로 교육의 방향을 수정할 것을 요구한다.

이런 Sato의 지적에서 읽을 수 있는 함의는 두 가지 정도이다. 첫째, 특수성과 보편성의 충돌의 해결을 어느 한쪽을 택해 해결하려는 방식은 글로벌화 시대의 정체성을 유지하는 데 적합하지 않다는 것이다. 둘째, 집단적 특수성을 옹호하는 가운데, 자아의 정체성을 개인이 아닌 집단적 차원에서 규정했다는 것이 문제라는 것이다.

일본을 통해 글로벌화와 정체성에 관해 배울 수 있는 중요한 사실은 다음과 같다. 첫째, 글로벌화가 요구하는 세계시민의 정체성과 한 사회의 문화를 지속시키는 데 필요한 특수성의 정체성이 양립할 수 있는 균형 있는 교육이 필요하다. 둘째, 한국인이란 거대한 집단적 자아의 부분이 아니라, 한국인으로서 한 독립적인 시민적 자아를 길러주어야 한다는 것이다. 즉 거대한 기계적 장치의 부분이 아니라, 자신의 독립적 역할을 갖춘 사회구성원의 자아를 형성하도록 도와야 한다는 것이다.

우리 사회에서 현실적으로 정체성의 문제가 교육적으로 더욱 심각한 이유는 우루과이 라운드 이후 글로벌화가 우리 사회에 초등교육에서 대학교육에 이르기까지 광범위한 교육시장을 개방할 것을 오래전부터 요구하고 있기 때문이다. 정영홍(1995)은 "교육시장 개방과 한국교육의 미래"에서 '한국문화의 정체성 확립이 전제되지 않는' 교육개혁방안의 공허함과 맹목성을 지적한다. 정영홍은 정체성의 확립은 일방적 민족주의의 주장이 아니라 '세계자본주의의 새로운 질서라는 맥락에서 민족의 미래에 대한 현실성 있는 대안'에 근거해 이루어져야 한다고 주장한다(p. 163).

그리고 시장개방에 대비하여 문화적 정체성을 확립하는 일에는 공적 교육정책을 통한 사회 전반적인 교육체계의 강화가 동반되어야 한다. 예를 들어, Parmenter(2000)가 분석한 글로벌화와 교육시장 개방에 대한 일본의 대처를 살펴보자. 일본의 문부성은 초 · 중 · 고등학교 수준에서 각 학년, 각 과목에 해당하는 목적과 내용, 수업시간 수를 분명히 하고, 학년이 낮을수록 다른 국가에 대한 지식보다는 자국의 역사나 문화에 대한 지식을 강조하며, 외국어 교육을 모국어(일본어) 교육보다 강조하지 않으며, 생각하는 것과 사물을 보는 방식에 있어서도 일본인의 자질, 가치, 태도를 강조하는 정책을 사용해 왔다(pp. 241-250). 더불어 Yonezawa(2003)가 제시하듯, 고등교육의 개혁내용은 '국립대학의 급격한 재조직화와 통합의 추진', '사적 영역의 효율적 관리법의 국립대학 도입', '국립대학 평가를 제3자에게 맡기는 경쟁의 원리 도입' 등으로 나타났다(p. 512). 이것은 단지 대학의 경쟁력을 높이는 효율적 관리를 위한 제도적인 개혁이었을 뿐, 교육의 내용에 대한 변화는 핵심적 내용에서 거의 찾기 힘들다.

이런 일본의 교육개혁은 일본정부의 교육에 있어 이중적 전략을 보여준다. 대학수준에서는 시장개방 등에 대비한 경쟁력을 강화할 수 있는 국립대학의 제도적 개혁을 선택한 반면, 정체성에 민감한 초·중·고 수준의 교육에서는 철저하게 국가주도적인 공교육의 지속을 포기하지 않았다는 점이다.

이런 일본의 교육정책에서 우리가 배울 수 있는 점은 정부가 글로벌화 시대에도 교육의 사적 영역으로의 분산(decentralization)보다는 공교육의 강화로 나갔다는 점이다.[6] 정영홍(1995)은 일본에 진출한 미국 대학들의 폐교 추세는 내실 있는 일본의 공교육의 강화를 그 원인으로 제시한다(p. 147). 같은 맥락에서 Mok(2000)은 홍콩과 싱가포르의 고등교육에 관한 연구에서 홍콩과 싱가포르가 글로벌화에 성공적으로 대처한 이유는 정부가 공교육의 강화에서 물러서지 않았기 때문이라고 말한다. Mok은 두 정부가 직접적으로든 간접적으로든 교육에 대한 공적인 영향력을 줄이지 않고 고등교육을 성실히 규제하고 모니터하는 데 성공했다고 말한다(p. 173). McGinn(1996)이 글로벌화 시대에 비교교육 연구들의 새로운 초점을 말할 때, 비교 연구들이 사회경제적 삶에서 공적 정치의 역할을 줄이는 것이 아니라 증진시

6) 글로벌화는 기본적으로 공교육의 위상과는 반대된다. 글로벌화는 경제적으로 이익이 되는 지식에 관심이 있고, 교육 역시 경쟁시장으로 여기기 때문에 각자의 교육상품을 팔 수 있도록 하기 위해 공교육의 규제에 저항한다. 이런 측면에서 글로벌화는 국가가 교육과정에 대한 통제능력을 분산시킬 것을 요구하므로 글로벌화에서 공교육의 위상은 대개 약화되는 위치에 놓이게 된다. 이와 관련해서는 M. F. Astiz, A. W. Wiseman, & D. P. Parker(2002). Slouching toward decentralization : Consequence for globalization for curricular control in national educational system, *Comparative Educational Review*, 46(1), 66-88을 참조할 것.

키도록 설계되어야 한다(p. 356)고 주장하는 것도 이런 맥락과 상통한다고 볼 수 있다.

글로벌화, 협력, 민주교육

우리 사회에서 꾸준히 민주교육 자체에 대한 연구가 이루어져 왔지만, 글로벌화 시대의 민주적 교육에 대한 연구는 아직 활발하지 않다. 이와 관련해 서춘식(1997)은 미국, 독일, 일본의 민주시민교육을 비교하고, 21세기 정보화 시대에 필요한 민주시민교육을 강조하고 있다. 그러나 시민교육은 서춘식이 지적하듯, 평생교육의 개념이다. 초·중등학교에서의 민주시민교육에 관해서는 최은수(1997)의 연구가 있다. 최은수는 민주시민교육에 대해 교과서를 분석하고 교사상담을 통해 민주시민교육이 현장에서 어떻게 진행되고 있는지를 분석하고 있다. 기존 연구에서 볼 수 있듯이 상대적으로 글로벌화, 민주주의, 교육의 관계에 대한 연구가 상대적으로 소홀했던 것이 사실이다.

앞서 근대화 이론을 통해서 제시되었듯이 실제 민주주의는 경제발전과 비협조적 관계에 있다고 여겨져, 경제성장을 원하는 국가들은 민주주의에 적대적이거나 별다른 관심을 보이지 않은 게 사실이다. 이런 경제발전과 민주주의의 비협조적 관계는 일본의 사례에서도 확인된다. Yamasita와 Williams(2002)는 2차 대전 이후 경제성장을 이룩하던 시기에 일본의 교육은 경제발전과 민주주의를 서로 대립적인 관계로 파악하는데, 1966년 일본 문부성이 제시한 일본시민의 자질들에는 이런 관계가 명확히 드러난다. 첫째, 적절한 애국심, 둘째, 국기 및 국가와 관련된 상징물에 대한 존경, 셋째, 일본인으로서 자격의 발전 등이 그 예이다(p. 282). Okada(2002)는 교과서와 학교 교과과정을 통해 사회의 단결을 증진시킬 필요성은 일본에서 교육문제를 논의할 때 항상 제기되어 온 문제이며, 더 많은 국가에 대한 애국심과 사회에 대한 도덕심이 교육에서 요구되었다고 말한다(p. 426).

Yamasita 등(2002)은 현재에도 일본의 교실에서 민주주의란 죽은 단어나 다름없는 것이라고 말한다(p. 284). 초·중등학교 교사들은 '교육'과 '민주주의'의 관계에 대하여 분명한 연결을 짓지 못하고 있는 실정이며, 실제로 민주주의와 관련된 다양한 실천의 예를 학생들에게 제공하지 못하고 있다고 한다. 일본에서 민주주의와 교육을 연결짓는 고리라고 할 수 있는 것은 겨우 학생회 정도인데, 학생회의 도입도 민주적 이유에서 비롯된 것이라기보다는 학생들이 공동체에서 지도자와 관리자들이 될 수 있도록 훈련하기 위해 비롯된 것이라고 말한다. 실제 학생회에 실질적 권한은 거의 허용되지 않는다고 말한다. 이렇게 교육과 민주주의를 학교에서 적절하게 연결시키기 못하고 있는 상황은 우리 사회 역시 마찬가지로 볼 수 있다.

그러나 글로벌화에 필수적인 조건이 있다면 그것은 바로 자본주의 시장과 민주주의 체제라고 할 수 있다. 글로벌화라는 현상은 기본적으로 신자유주의라는 경제적 현상에서 비롯된 것이다. 신자유주의의 핵심은 자유로운 경제시장을 세계 경제구조에 형성하려는 것이기에, 자본주의 시장이란 필수적인 요소이다. 이러한 자본주의 시장은 Habermas(2001)가 주장하듯이 개인의 자율성이 보장되지 않고는 유지될 수가 없다(p. 124). 글로벌화는 이러한 시장에서 개인의 자율성을 보장해야만 유지할 수 있는 정치체계가 바로 (자유적인) 민주주의라고 본다. 실제 현상에 있어서도 자본주의 시장은 언제나 민주적 질서를 보장하라는 요구와 함께 전달되고 있다.

하지만 글로벌화의 현실에서 민주주의는 앞서 McGinn(1996)의 주장을 통해 제시했듯이 쇠퇴하고 있다. 그것은 대중의 정치에 대한 활발한 참여가 경제적 성장에는 도움이 되지 않는다는 주장과 밀접한 관련을 맺고 있다. 쉽게 말해, 글로벌화가 경제에 순종적인 민주주의 체계만을 요구할 뿐, 경제에 부정적일 수 있는 민주적 참여에는 반대하기 때문이다.

이런 모순 속에서도 글로벌화 시대에 필요한 교육은 반드시 민주적 교육을 동반해야 한다. Torres(2001)가 말하듯, 글로벌화를 세계의 협력적 룰의 표현으로 이해한다면, 사회적 협력을 교육의 핵심으로 하는 민주적 교육은 필수적일 수밖에 없다. 이런 민주적 교육은 사회적 지식을 형성하는 방법 역시 민주적인 과정을 거쳐야 한다는 과제를 제시한다. 이런 민주적인 사회적 지식 형성은 국제사회에서 다른 국가와 민주적으로 협조하는 데도 필수적이다.

민주적 지식의 형성과 관련하여, 교실에서는 민주주의가 부재한 일본이 사회적 지식을 형성하는 데 있어서는 상당히 민주적 과정을 거치고 있다. 그리고 일본은 이 과정에서 얻은 민주적 지식형성의 방법을 타국과의 관계에서 일본만의 독특한 민주적 협력의 형태를 정당화시키는 논리로 사용하고 있다. Sawamura(2002)는 일본이 국제사회의 협력요구에서 자신의 역할과 지위를 찾고 있지만, 그 역할과 지식이 현재 지배적인 서양의 발상에서 비롯된 발전을 향한 국제적 지식을 따르는 것을 반기지는 않고 있다고 말한다(p. 339). 또한 현재 일본은 국제협력에서 많은 자금을 대고 있는 국가 중에 유일하게 서구적 문명화의 뿌리를 가지고 있지 않다고 말한다(p. 342).

Sawamura(2002)는 자신들의 경제발전의 경험 등을 통해 일본에 필요한 지식들을 개발하고 있다는 것이다. 예를 들어, 농업보조금 등을 제공하는 일은 국제적 통상관례에 따르기보다는 일본이 가지고 있는 지역적 조건을 더 살피고, 일본인들의 목소리에 귀 기울이고, 그들의 목소리를 통해 배운 내용을 국가가 책임지고 정책화시켰다는 것이다. 그리고 이 과정에서 일본의 경쟁력을 강화시키는 방향으로 친환경적인 혁명적 기술을 농업에 도입하는 동시에 기후, 소비자들의 취향, 나머지 가능한 보조적인 투자들이 따랐다고 말한다. 그는 이런 정부와 지역민간의 원만한 협력을 교육적으로 적용해 본다면 기본교육을 확대하고 향상시키는 데 있어 일본정부가 그 실질적 관련 및 수혜당사자들로부터 무엇이 필요한지를 배우려고 했다는 것으로, 이런 일본의 맥락에 따른 노력들이 국제적 경쟁력의 강화를 가져왔다고 말한다(p. 344).

이런 Sawamura의 주장은 일본정부가 말하는 국제화와 연결시켜 보면 쉽게 알 수 있는데 짧게 요약해 보면, '가장 일본적인 것이 세계적인 것이다'라는 발상으로, 가장 일본적인 것이 세계시장에서 그 고유함의 가치를 인정받아 실질적 경쟁력의 토대가 된다는 것이다. Sawamura는 이런 정책의 토대가 되는 지식의 개발은 각 국가에 내재해 있는 가치와 전통을 이해할 때만 가능하다고 말한다. 이런 방식의 지식개발은 국가 간 협력에 있어 기술을 전수하는 국가의 가치 및 기술을 일방적으로 전달하는 방식이 아닌 기술을 전수받는 국가의 전통·문화·가치를 이해하며 해당지역 및 국가에 필요한 개발방식을 도입한다는 점에서 보다 민주적이고 협력적 방식이 된다.

요약하자면, 일본은 민주주의에 대한 교육에 있어 이중적 태도를 취하고 있다. 첫째, 국내 사회에서 초·중·고등학교 수준에서는 민주주의에 대해 교육이 거의 관심을 가지고 있지 않으며 다른 교육내용과는 달리 민주적 교육에 대한 정확한 지표도 존재하지 않는다. 둘째, 국내 사회에서 자신들의 경제발전을 위해 사용했던 지식 형성방법을 국제사회의 협력에서는 어려운 국가를 지원하는 지도적 국가로서 상대방의 문화를 인정하는 일본식의 독특한 민주적 협력 방법으로 정당화시키고 있다. 이런 일본의 이중적 태도는 결국 일본의 '국제화'라는 세계 속에서 일본인으로서 집단적 정체성 방어를 이해하지 못하면 올바르게 이해할 수 없다. 결국 일본정부의 민주주의에 대한 관심은 두 번째인 것이다.

실제 한국은 일본처럼 국내적으로는 지속적인 경제발전을 목표로 하고 있고, 국제사회의 협력관계에서는 지도적 역할을 수행하려 한다는 점에서 같은 근본적 목표를 공유하고 있기에 일본의 사례는 우리에게 많은 시사점을 준다. 그러나 교육이 올바른 인격을 가진 사람을 길러내는 것이 그 근본적 목적이라면, 사회경제적 목적에 충실한 일본의 민주주의에 대한 이중적 태도는 분명히 비판적으로 걸러져야 하며, 우리 교육은 국내 사회와 국제사회에 일관적으로 적용될 수 있는 교육정책을 개발해야 할 것이다. 그렇다면 일관된 교육정책은 어떻게 형성될 수 있을까?

우선 민주적 교육이란 원칙을 가지고 시행되어야 한다. 민주적 교육 원리의 필요성과 관련해 미국의 펜실베이니아 대학교 총장인 Gutmann(1999)은 『민주적 교육(*democratic education*)』에서 미국의 기초교육 강화운동에 대해 언급하며, '더 나은(better)' 교육이라는 개념을 제기하고 더 나은 교육을 하고 싶다면, 더 나은 교육을 위한 원칙이 있어야 한다고 말한다. 만약 이런 원칙과 원칙을 뒷받침해 줄 이론이 없다면 그 대답이 명료하지 않은 것이기에 기초교육 강화운동은 합리적이지 않은 것이 된다고 지적한다(pp. 3-4). 이처럼 올바른 교육이란 충분한 이론이 뒷받침된 원리와 지표에서 출발해야 하는 것이다.

교육의 지표와 관련해 볼 때, 우리의 7차 교육과정은 글로벌화 · 정보화 시대에 적응할 수 있는 교육내용을 담고 있는 듯 보인다. 7차 교육과정에 제시된 세계시민적 자질의 특성은 ① 폭증하는 정보사회에서 정보의 수집 · 처리 · 활용하는 능력, ② 객관적인 정보와 가치준거에 따른 합리적인 판단과 의사결정능력, ③ 지역사회와 세계에 대한 이해를 통한 개방적이고 창의적인 사고력과 자기주도적인 학습능력, ④ 인간의 존엄성을 인식하고 인간관계를 중시하는 도덕성, ⑤ 우리의 국토와 지역, 전통문화에 대한 이해를 바탕으로 한 한국인의 문화적 정체성과 공동체에 대한 헌신의 태도, ⑥ 전 지구적 관점에서 세계의 문제를 이해하고 해결하려는 세계시민의 자질함양 등이다.

이상에서 보듯, 7차 교육과정은 글로벌화라는 변화에 적응하고 주도할 수 있는 자질의 추구를 목표로 하고 있는 듯 보인다. 그러나 문제는 이 지표들에 민주주의에 대한 내용이 보이지 않는다는 점이다. 위의 지표만 놓고 보자면 글로벌화와 민주주의는 별다른 관련이 없어 보인다. 글로벌화를 세계의 협력적 룰의 표현이라고 이해할 때, 협력을 배울 수 있는 가장 중요한 요소인 민주적 교육에 대한 지표가 없는 것이다. 현대 민주주의 담론의 중심에서 참여가 갈등이나 대결의 형식을 갖는 것이 아니라 끊임없는 토론과 심의의 형식임을 강조하는 '심의민주주의(deliberative democracy)'임을 생각해 본다면, 민주주의에 대한 교육의 강화를 통한 참여의 증진은 사회적 갈등보다는 합리적 협력의 방식을 배우는 데 더 많은 기여를 할 수 있을 것이다.

이런 관점에서 가장 중요한 민주적 교육내용의 핵심은 협력에 관한 것이 되는 것이 바람직하다. 같은 사회성원과의 협력뿐만이 아니라 타 사회성원과의 협력은 민주적 생활의 바탕이 되기 때문이다. 협력의식은 지나친 애국심을 완화해 줄 것이며, 한 사회 자체의 단결력도 강화하는 계기가 될 것이기 때문이다. 이런 협력을 연습하기에 가장 좋은 곳이 바로 학교이다. 이런 측면에서 교사들이 기본적으로 학급 내에서 특정 학생들을 소외시키지 않고 모든 학생들이 협력하도록 수업을 이끌어가는 능력은 필수적인 것이라 할 수 있다.

Cohen, Brody & Sapon-Sehvin(2004)이 편집한 『협력적 배움에 대한 교육(*Teaching Cooperative Learning : The Challenge for Teacher*

Education)』은 이런 협력적 배움을 어떻게 가르칠 것인가라는 연구로 이루어지고 있다. 예를 들어, 왜 이런 협력적 배움에 대한 전략이 필요한지부터 시작해서, 대학에서 협력적 배움을 가르치는 교사를 어떻게 양성하고 있는지 사례연구를 통해 보여주고 있고, 4년간의 과정, 석사과정에서 어떻게 교사를 양성해낼 수 있는지에 대해 모델을 세워 보여주고 있다. 그뿐만이 아니라 외국어 교육을 통해 협력하는 법을 가르치는 것을 보여주고 있다.

민주적 교육을 위해서는 교사의 지도방식뿐만 아니라 민주적 협력의 배움터인 학교의 조직, 구성, 문화 역시 민주적으로 변모해야 한다. 정영홍(1995)은 한국의 교사를 '교실의 독재자'라고 표현하며, 학교에서 교사와 학생의 관계가 교사 중심의 일방적인 권위주의 방식임을 지적한다. 더 심하게는 교사의 무능과 비민주성을 학생의 책임으로 넘기는 비민주적인 행위를 한다고 지적한다(p. 155). 일련의 민주적인 조직이 사안의 내용과 규모를 고려해 특정 책임을 지는 일정한 서열화된 조직을 갖고 있다는 점을 감안한다고 볼 때, 학교 내의 비민주성은 교장, 교감, 부장교사, 평교사, 학생이라는 조직의 서열화를 통해 명령을 주로 하는 대화 없는 서열화 관계로 이해하기에 나타나는 현상이다. 민주적 조직과 비민주적 조직의 분명한 차이는 전자가 관계를 맺는 방식을 이해와 대화에 집중하는 반면 후자는 명령을 위주로 한다는 점이다. 이런 명령 위주의 조직문화를 바꿀 수 있는 예라고 한다면, 학생들과 관련된 업무들은 학급회의나 학생회를 통해 학생들이 직접 의사결정을 할 수 있는 기회를 가급적 많이 주는 일일 것이다.

이렇듯 지금까지 제시된 다양한 개선을 통해 기본적으로 민주주의가 공유하고 있는 근본정신, 예를 들어, 인간들은 자유롭고 평등하기 때문에 인간으로서 모두가 보호받을 권리가 있고, 보호할 권리가 있다는 것 그리고 이런 일은 사회성원들과 혹은 타 사회의 성원들과 협력할 때만이 가능하다는 것을 교육을 통해 인식시킬 수 있다면, 우리는 다음과 같은 효과를 누릴 수 있을 것이다.

첫째, 우리 미래세대들이 국제사회에서의 정치·경제적 협력의 필요성을 알게 될 것이다. 둘째, 우리 사회가 시행하는 민주적 교육은 다른 사회들이 우리 사회가 신뢰할 만한 사회라는 것을 인식하게 만들 것이다. 셋째, 글로벌화의 과정이 만들어내는 불평등을 미래세대들이 인식하고 그 불평등을 수정하려는 세계의 도덕적 노력 – 가난한 국가에 대한 원조의 제공과 같은 일 – 에 보다 적극적으로 협력하게 될 것이다.

실천적 방법론과 관련해서는 앞에서 말했듯이 우리 사회에 적합한 협력교육은 어떤 것이며, 학사, 석사, 혹은 박사과정에서 어떻게 협력적 교육방법을 갖춘 교사들을 양성해 낼 것인지를 연구해야 할 것이다. 학습방법과 관련해서도, 같이 수학문제를 풀도록 한다든지, 체육시간에 개인운동보다는 협동운동을 장려한다든지 여러 방법이 있을 수 있으며, 특히 남녀가 같이할 수 있는 협력과정은 남녀평등 의식을 향상하는 효과도 거둘 수 있어 민주적 교육과정에 기여하게 될 것이라 기대된다.

글로벌화, 정보기술, 지적·문화적 가치창조

본 절에서 언급하는 정보기술은 우리 사회가 국제사회의 경쟁에서 어떻게 생존할 수 있는가와 직접적으로 연관되어 있다. 새로운 정보와 통신기술의 발전, 특히 인터넷의 보급은 글로벌화의 근본적 구성요소라고 할 수 있다. 이런 기술의 발전은 교육분야에서 볼 때 가족, 교육자, 학생들의 삶의 방식까지도 바꾸고 있다.

정보기술 분야에 관한 한 우리 사회의 전망을 타국과 비교할 때 상당히 긍정적인 측면을 가지고 있다. 통계청의 보고에 따르면, 2002년을 기준으로 우리나라 PC 보급률은 56%(2,648만대)에 이르렀으며, 2004년 6월을 기준으로 인터넷 이용자수 3천6백여 만 명, 인터넷 이용률 74.8%에 이르러 세계 1위를 고수하고 있다. 이런 현실은 교육인적자원부의 「제2차 인적자원개발기본계획('06~'10)」의 보고서에서도 잘 드러나는데, 이 보고서는 IT 산업의 기반확충 등으로 지식정보화에 따른 기술 및 연구개발 인프라는 선진국 수준에 진입했음을 '산업이 국가경제에서 차지하는 비중(IT 특화도) : OECD 1위('02), 기술인프라 분야 세계 경쟁력(60개국 중 2위 : IMD, '05), 과학인프라 분야 세계 경쟁력(60개국 중 15위 : IMD, '05)'의 지표를 통해 보여주고 있다.

이상에서 알 수 있듯이, 우리 사회가 하드웨어적인 측면에서는 글로벌화의 선두에 있음은 분명한 듯하다. 기존의 정보화에 대한 연구들 역시 이런 하드웨어의 개선에 초점이 맞추어져 있다. 예를 들어, 첨단 매체(컴퓨터)를 활용한 정보화 교육(이종연,

1998), 초고속 정보망의 구축에 대한 요구(김인석, 1999), 학교현장의 정보화 시설보급 및 운용(노영순, 1999) 등이다. 이런 연구들에서 나타나듯 교육정보화 사업은 하드웨어 인프라의 개선이 중심이 되어 중요한 교육개혁의 일환으로 추진되어 왔다.

그러나 교육인적자원부의 「제2차 인적자원개발기본계획('06~'10)」의 보고서가 솔직하게 인정하고 있듯이 무형자산(인적자본, 사회적 자본 등)이 국가의 부(富)를 좌우하는 지식기반사회 도래에도 불구하고 지식 및 인적자원개발 분야에서의 질적 수준은 세계기준에 미흡한 것이 사실이다. 이 보고서는 우리나라 지식국력을 1로 했을 때, 미국의 지식국력 지수는 17.0, 일본은 7.4, 독일은 4.0(한국교육학술정보원, 2005)이라는 지표를 통해 우리 사회의 인적자산의 개발교육에 대한 낙후를 보여주고 있다.

반면, 일본정부가 지향하는 과학 및 기술목표는 일본 문부성의 2005. 9. 9, 「과학과 기술 향상을 위한 연간보고서」 '제1부 과학과 기술 기본법 시행 10년에 대한 평가와 그 미래를 평가'에서 잘 드러나고 있다. 이 보고서에서 가장 눈에 띄는 것은 과학과 기술의 사용과 발전을 경제적 가치뿐만 아니라 지적·문화적·사회적 가치를 창조하는 데 사용할 것임을 강조하고 있는 대목이다. 더불어 역으로 어떻게 일본의 지방적인 문화적 가치가 세계적인 경제적 가치를 창조했나를 일본의 전통적 종이 제작기술에서 나온 현대의 기능적인 종이 제작기술 등의 예와 연관시켜 제시하고 있다. 뿐만 아니라 과학과 기술의 발전이 어떻게 일본의 근대화에 기여하였나를 점검하고, 21세기를 맞아 지난 경제발전의 꿈을 잊고 현실을 정확하게 인식하는 것이 중요하다고 역설하고 있다. 그리고 단순한 목표와 지표뿐만 아니라 과학과 기술 기초법에 근거하여 어떻게 과학과 기술의 발전을 추진해 왔는지를 제시하고 있으며, 기초과학의 중요성을 강조하며 이 분야의 지식향상을 위한 방안을 구체적으로 제시하고 있다. 뿐만 아니라 일본이 개발한 구체적 기술의 예가 어떻게 사회에 기여해 왔는지, 이런 창조적 지식의 개발을 위해 구체적으로 어떻게 미래세대들이 교실에서부터 과학과 기술에 관심을 가지게 되는지 그리고 이런 구체적 연구가 사회의 결실이 될 수 있도록 연구자와 사회를 어떻게 연결할 것인지를 구체적으로 점검하고 있다. 좀 더 구체적으로 일본 과학과 기술의 특색을 점검하고 그것의 강점과 약점을 세밀하게 분석하여 일본 과학과 기술의 미래의 방향을 제시하고 있다.

이 보고서에서 일본정부가 미래의 과제로 강조하는 커다란 지표는 다음과 같다. 첫째, 경제발전과 환경보호의 공존, 둘째, 글로벌화에 따른 국제경쟁 심화에 대한 대처, 셋째, 선진사회로 진입함에 따라 나타나는 사회의 고령화와 인구감소, 넷째, 세 번째 지표의 연장선상에서 사람들의 필요에 의한 구체화와 다양화이다. 그리고 과학과 기술이 미래에 지속적으로 해야 할 역할의 첫 번째가 사회의 제반 문제를 해결할 수 있는 지적·문화적 가치의 창조로 두고 있으며, 두 번째가 국제경쟁사회에서 경제적 가치의 지속적 창조, 세 번째가 사회·공적 가치의 창조로 사회가 세분화되고 다양화되는 경향에 맞추어 그것을 수용할 수 있는 방식의 과학과 기술을 발전시킬 것을 제시하고 있다.

이 보고서의 핵심은 과학과 기술이 경제적 자산일 뿐만 아니라 사회의 지적·문화적·사회적·공적 자산임을 강조하고 과학과 기술이 사회와 문화와 지식적으로 작용하며 발전해야 함을 제시하고 있다.

반면 한국정부가 제시한 「제2차 인적자원개발기본계획('06~'10)」에는 단지 과학과 기술이 경제발전에 중요하다는 것과 이를 위해 좀 더 많은 석·박사를 배출해내야 한다는 것이 지속적으로 강조되고 있을 뿐이다. 즉 과학과 기술의 발전이 사회와 공적 가치에 어떻게 기여해야 할 것인가에 대한 구체적 논의(사실상의 인적자원개발의 목적에 대한 강조와 그것에 상응하는 인적자원개발의 사회적 체계구축)가 거의 배제되어 있는 것이다.

이것을 정보기술교육 영역과 연관시켜 보자. 현재 우리 사회의 교육은 정보의 습득능력만을 강조할 뿐, 그 정보를 어떻게 활용할 것인지에 대한 구체적인 내용을 제시하지 못하고 있다. 정보기술교육은 컴퓨터와 교육용 프로그램의 보급, 컴퓨터 활용수준에 대한 교육뿐만 아니라 정보윤리교육, 정보의 바람직한 사회적 활용방법 등 질적인 개선이 병행되어야 할 것이며, 이와 관련한 통계자료의 수집 및 세부분석이 이루어져야 할 것이다. 즉 우리 사회가 지속적으로 정보기술 분야에서 경쟁력을 갖추고자 한다면, 우리 사회가 집중해야 할 부분은 소프트웨어적인 측면이 될 것이며, 일본의 성공적인 과학과 기술의 발전사례에서도 볼 수 있듯이, 사회문화적 가치와 정보지식의 획득이 상호 교류할 수 있는 교육의 체계를 만들어야 할 것이다.

예를 들어, 정보기술이라고 할 때 교육에서 요구되는 측면은 정보를 판단하는 능력일 것이다. 정보를 판단하는 능력을 향상시키는 일에 가장 적합한 교육내용은 우선 논리적으로 사고하게 하는 것이다. Battro(2004)는 이런 정보판단 능력을 '클릭 옵션(click option)'이라고 표현한다(p. 87). 그에 따르면, 이 클릭 옵션은 하나의 시스템의 명백한 변화를 만들어내는 결정능력이다. 소위 컴퓨터 내의 "예 / 아니오"라는 간단한 선택이 정보의 질과 내용을 다르게 한다는 것이다. 그러므로 무엇을 클릭하고 무엇을 클릭하지 않아야 하는지를 판단하는 능력을 길러주어야 하는데, 이에 가장 적합한 교육이 바로 수학적인 사고방식이라고 말한다. 클릭을 A라 하고 클릭하지 않는 것을 ~A라고 할 때, 클릭할 것인지(A), 클릭하지 않을 것인지(~A)는 수학에서의 명제 사고와 밀접한 관련이 있다는 것이다. 이렇듯 논리적으로 합리적 사고를 키울 때에만 정보의 올바른 판단능력이 가능하다는 것이다.

우리가 이런 합리적 판단능력을 우리 사회의 문화적 · 공적 가치와 연결시켜 활용하고자 한다면, 이런 기초적인 합리적 사고판단 능력을 도덕적 · 사회적 판단능력과 연관시켜 주는 구체적인 교육내용이 필요할 것이다. 이런 방식의 교육은 세계가 디지털 기술능력을 같이 공유하고 있는 시점에 보다 정확한 판단능력으로 우리 미래세대들이 세계경쟁에서 뒤처지지 않는 능력을 갖도록 해줄 것이며, 나아가 획득한 정보를 문화적 · 공적 가치와 연결시킬 뿐만 아니라, 문화적 · 공적 가치로부터 경제발전에 필요한 지식을 획득하는 능력도 개발시켜 줄 것이다.

과학과 기술의 개발에서 무엇보다 중요한 것은, 일본의 사례가 증명하듯, 이런 작업은 사회의 개인이나 기업이 할 수 있는 일이 아니며 정부 주도적인 치밀한 계획 아래서 지속적인 교육 연구와 개발이 진행될 때 가능하다는 점이다. 과학과 기술의 지식개발이 사회와 문화와 상호 교류하는 방식의 교육내용과 체계가 만들어진다면 우리 사회의 미래세대들이 우리 사회를 이해하는 데 도움이 될 뿐만 아니라 사회적 협력을 구축하는 데도 많은 도움이 될 것이다.

글로벌화와 언어

언어교육은 여러 모로 중요하다 할 수 있지만, 특히 인터넷 정보수집에 있어 중요한 역할을 한다. 인터넷상에서 중요한 정보는 영어나 불어, 중국어와 같은 세계의 모든 사람들이 널리 쓰는 언어에 포함되어 있기 때문이다. 만약 언어능력이 부족하다면 인터넷 능력은 국내적인 능력으로 한정되기 쉬우며 하드웨어를 뛰어넘은 정보화 능력을 배양하는 데 뒤처지는 요소가 될 것이다.

기존의 연구들은 이런 현실적 조건을 반영하고 있다. 특히 글로벌화의 중심이 미국이기 때문에 영어교육에 대한 강화가 필요하다는 것(부경순, 2002), 좀 더 구체적으로는 영어교육의 변천사 점검을 통해 세계의 변화에 적합한 생활영어 중심으로의 전환이 요구되며, 보다 풍부한 정보를 흡수할 수 있는 전문인력의 양성이 필요하다는 점을 강조하는 연구(이복희 · 여도수, 2001) 등이 있다. 그러나 이 연구들은 영어교육을 기술적인 측면에서 파악하는 데는 정확했으나 언어교육 자체가 인간의 정신에 미치는 영향에 대해선 지적하고 있지 않다.

언어가 더욱 중요한 까닭은 한 사람이 사용하는 언어가 정체성과 관련되어 있기 때문이다. 유럽에서 인종분쟁이 언어의 경계를 따라 일어났다는 말은 바로 언어가 민족이나 인종의 정체성을 규정하는 데 중요한 역할을 하고 있다는 사실을 증명하는 사례일 것이다(Patten & Kymlica, 2003: 3). 유럽의 통합과정에서 공식언어가 20개 국어가 넘는 것만 보아도 언어가 한 인간의 정체성이나 한 집단의 문화와 밀접하게 연결되어 있음을 쉽사리 알 수 있다. 실제 언어를 자유롭게 구사하는 것은 정체성의 문제에 도움이 된다. 언어가 자유로운 정도에 따라 그 언어가 사용되는 사회나 문화에 접근하기가 용이하기 때문이다. 이런 이유로 실제 우리 사회에서도 글로벌화에 맞춰 영어를 공용어로 지정해야 한다는 논의가 활발하게 제기된 적이 있다. 그러나 영어를 우리말과 함께 공용어로 지정하는 것은 한 사회의 정체성 문제는 고민하지 않은 문제제기에 불과하다.

여기서 주의해야 할 것은 우리말만을 공용어로 사용해야 한다는 것이 타 문화에 대한 배타성이 아니라는 점이다. 실제 한국어는 한반도라는 특수한 지역에서만 쓰이는 지역어이고 이런 점에서 우리 언어는 영어와 동등한 위치를 점할 수 없다. 이런 점에서 국어만을 공용어로 지정하는 것은 우리 문화를 방어하는 일과 밀접히 연관되어 있다. 이런 점에서 우리가 시도하는 영어교육의 강화가 우리 미래세대들에게는 필요성의 차원으로 인식되어야 할 것이다.

일본은 언어가 개인의 정체성에 영향을 준다는 데 착안하여 오래전부터 영어교육을 어떻게 시킬 것인가에 대해 연구해 왔다. Butler(2005)가 제시하는 초등학교 영어교육에 대한 한국, 대만, 일본의 비교 중에서 한국과 일본의 사례만을 비교해 보자.

〈표 6-1〉 한국과 일본의 초등학교 영어교육정책(2004. 12 기준)

	한 국	일 본
정부정책	· 강력한 정부 주도적 정책	· 공식적 기준 없음(각 학교의 선택)
도입형태	· 학과 주제	· 국제이해의 일부로 소개될 수 있음
공 식 도입시기	· 1997년 3학년에서 시작 · 2002년까지 3~6학년으로 확대	· 2002년 각 학교의 선택에 따라 3학년 이상에서 선택
수업시간	· 3~4학년 1년 34시간(40분 기준) · 5~6학년 1년 78시간(40분 기준)	· 다른 교과와의 통합형 · 학습시간 이내에서만 실시(즉 각 학교마다 다름
교과서 및 자료	· 각 학년별로 정부 승인 1개의 교과서	· 세부적으로 승인된 교과서 없음
영 어 지도교사	· 기본적으로 담임지도 · 일부 영어교사	· 기본적으로 담임지도 · 교사들 간의 다양한 팀 지도방식
원어민 교 사	· 2004년 현재 소수만이 공립학교에서 지도	· 많은 원어민 교사 · 자질은 다양함
영어강의	· 2002년까지 주 1회 영어만으로 영어수업 진행	· 현재 정부가 지시한 분명한 정책 없음
영 어 문헌지도	· 말하기 우선 원칙 · 읽기 / 쓰기는 수업전체 시간의 10% 넘을 수 없음	· 말하기에만 집중

출처 : Yuko Goto Butler(2005). Comparative perspective towards communicative activities among elementary school teachers in South Korea, Japan, and Taiwan. *Language Teaching Research, (9)4*, p. 429에서 대만부분을 제외하고 정리한 것임.

〈표 6-1〉에서 보듯이, 2004년을 기준으로 볼 때 글로벌화가 직접적으로 영향을 주는 시기에도 일본은 초등학교에 대해서는 국가적 차원에서 영어교육에 관심을 두지 않는 정책을 취하고 있다. 그러나 2004년 일본 문부성이 발표한 영어교육 개혁방안에는 중·고등학교 학생들의 영어능력 향상과 영어성취도에 관한 기준이 세부적으로 명시되어 있는데, 간략히 요약해 보면 〈표 6-2〉와 같다.

〈표 6-2〉 일본의 중·고등학교 영어교육 개혁방안

구 분	정책 내용
중등학교	STEP(Society for Testing English Proficiency) 시험 평균 3등급 달성
고등학교	STEP 시험 준 2급-2급 달성 · 첫째, SELH(Super English Language High School)의 설립 -100개의 우수한 영어교육 학교를 선정 · 둘째, 교사의 질 : STEP시험 평균 준 1급 언어능력을 갖춘 자들(토플 550, 토익 730) -교사교육의 지속적 증가 · 셋째, 보조언어 교사 -JET program(Japan Exchange Teaching program)을 통한 영어 원어 사용자의 채용 · 넷째, 영어 원어 사용자의 공식적 임용의 증가 -중학교 300명, 고등학교 1,000명 · 다섯째, 초등학교에서 영어 대화활동의 증가(일부 초등학교에서 영어교육을 실시하고 있으나 공식적 통계자료 없음) · 여섯째, 정확하고 바르게 전달하는 일본어 능력의 향상

출처 : http://www.mext.go.jp/b_menu/shingi/chousa/shotou/020/sesaku/020702.thm과 http://www.mext.go.jp/english/index.htm에서 발췌하여 정리(2005. 1)

일본정부의 영어교육정책을 보면, 초등학교에선 각 학교의 자율적 선택에 맡기며, 중학교부터 공식적인 영어교육이 시작된다. 특히 자율적 선택인 초등학교에서도 영어는 통합형 교과시간에 자연스럽게 들어가 있는 타자의 문화 일부를 이해하는 과정으로 여겨지고 있다. 중·고등학교 수준에서 일본정부의 영어교육정책에서 특이한 점은 영어교육 능력의 향상이 모든 학생들의 능력향상보다는 우수 영어고등학교 등의 설립 등을 통해 엘리트들을 중심으로 시킨다는 점이다. 그렇다면, 이런 정책을 어떻게 이해할 것인가?

Hashimoto(2000)는 일본의 외국어 정책이란 실질적으로 영어 및 외국어를 배우는 일본인 각 개인을 '일본화(Japanisation)'시키는 것이라고 말한다. 그는 일본정부가 강조하는 말은 타자의 문화를 이해하여 문화를 공유한다는 말(shared culture)로 실질적으로 일본인화(Japaneseness)의 핵심적인 요소라고 말한다. 이런 정부의 태도는 일본의 영어교육정책은 영어가 교과과정과 학습지도에서 어디에 정확하게 속하는지 분명하게 밝혀놓지 않는 것으로 이어지고 있는데(pp. 47-49), 이것은 '개별성(individuality)'이라는 관념을 담고 있는 영어문화에 대해 모호한 태도를 취하는 것이라고 분석한다.

이런 일본정부의 영어를 비롯한 외국어 정책은 우리 사회의 영어 및 외국어 교육정책 형성에 있어 몇 가지 방향을 제시해 준다.

첫째, 정체성과 언어가 연결되어 있다는 점에서 언어교육이 중요하다는 점을 인식하고 영어교육정책을 입안해야 한다는 것이다. 현재 한국의 영어교육정책의 문제는 영어교육이 미래의 경제적 이익을 가져다줄 것이라는 수단적 요구에만 집착해 있다는 점이다. 만약 그것이 수단적으로만 이해된다면 일본정부처럼 경제발전을 주도해 갈 엘리트들을 집중적으로 교육하는 것으로도 충분할 것이다.

둘째, 언어교육이 집단으로서 배타적 민족주의 정체성보다는 하나의 문화집단에 속한 한 사람의 시민으로서 건강한 정체성을 길러주는 데 집중되어야 한다는 것이다. 일본의 영어 및 외국어 교육정책은 일본인이란 집단으로서의 정체성의 방어에 집중되어 있다는 점에서 문제가 있다. 만약 한 개인들이 한국 사람으로서의 정체성을 잘 인식하고 있다면, '개별성(individuality)'라는 교육의 이상 중 하나를 포기하지 않고서도 우리 문화의 집단적 정체성을 잘 보호할 수 있을 것이다. 현실적으로 말하자면, 일본처럼 외국어 교육의 시기를 될 수 있는 한 늦추기보다는 외국어 교육의 강화에서 비롯되는 정체성의 약화에 상응할 수 있는 교육방법이 제시되어야 한다는 것으로 국어와 역사교육의 재정비와 그것이 영어 및 세계사 교육과의 조화를 이루는 교육내용과 방법의 개발이 이에 해당될 수 있을 것이다.

이와 관련해 하나의 사례를 보자. 지난 2006. 1. 11 교육인적자원부는 초등학교 1, 2학년도 영어교육을 실시하는 것을 포함하는 제2차 국가인적자원개발 기본계획(2006~2010)을 확정・발표했다. 2008년부터 경제특구와 국제자유도시 초・중등학교에서 수학과 과학을 영어로 가르치고 영어로 학습하는 영어 집중교육(English Immersion Program)을 시범 실시하고, 2010년엔 모든 중학교에 원어민 영어 교사가 배치된다. 또한 초등 1, 2학년생도 방과후 특기적성 교육이 아닌 정규 교육과정 중 일부인 재량활동이나 특별활동 시간에 영어를 배우게 하겠다는 것이다. 또한 2008년부터는 초등학교 전면 영어교육실시와 더불어 수업방식도 말하기 위주로 수업하며, 놀이와 게임을 통해 영어에 흥미를 갖도록 하는 방식으로 진행할 계획이다.

하지만, 이런 정부정책의 수립과정에서, 초등학교부터 수학과 과학조차도 영어로 가르치는 것이 정말 바람직한가라는 문제에 대해선 충분한 논의는 없었다. 이것은 단적으로 우리 정부가 영어교육을 경제적 수단으로만 바라볼 뿐, 언어가 가지고 있는 정체성의 역할은 충분히 고려하지 않았음을 보여주는 것이다. 우리의 모국어인 국어보다 영어를 지나치게 강조하는 것은 자라나는 아이들의 정체성 문제에 영향을 미칠 수 있으므로 세심히 경계되어야 할 것이다.

그렇다고 도구로서의 영어교육을 고려의 대상에서 배제하자는 의미는 아니다. 영어와 글로벌화는 불가분의 관계를 맺고 있다. 특히 국제사회에서 정보와 지식을 기반으로 하는 정보지식 사회로 발전하게 되면서, 고급정보를 얻기 위한 도구로서의 영어의 필요성은 어느 때보다 높아졌다. 영어를 모국어로 하는 국가에서 유용한 정보를 생산할 뿐 아니라 영어를 모국어로 쓰지 않는 나라들에서도 중요한 학술논문이나 책들을 거의 영어로 발표하고 있거나 중요한 정보를 영어로 제공하는 비중이 더욱 높아지는 등 이제 영어교육 문제는 개인의 차원을 넘어 국가적 과제로 발전하고 있다. 그러나 우리가 지나치게 경제적 차원에서만 영어를 비롯한 외국어 교육을 강조하는 것은 한 사회의 정체성의 문제를 무시할 수 있다는 점에서 경계되어야 한다. 요약하자면, 경제적 필요성과 문화적 정체성의 균형을 맞출 수 있는 영어 및 외국어 교육과정과 내용이 개발되어야 한다.

실제 영어교육 전공 교과과정 자체의 글로벌화가 필요하다는 것은 주지의 사실이다. 교과과정의 핵심비중에서도 문학이 아닌 국제사회의 정치, 경제, 사회, 문화, 역사에 관련된 교과목이 개발·설치되고 또한 확대되어야 한다. 이것은 오늘날 범람하는 외국문화, 특히 미국문화에 대한 올바른 대응을 위해서도 반드시 필요한 교육이다.

또한 영어교육을 담당할 교사를 충분히 확보하는 것이 중요하다. 현재 초등학교의 경우 영어를 가르칠 교사가 충분치 않아 일반교사들을 상대로 연수를 실시한 뒤 학생을 가르치고 있는 실정이다. 얼마 전 경기지역 초등학교에서는 외국인을 초청해 초등영어 시간에 직접 배치를 하였다. 그러나 이들 외국인들이 초등교육 전공자가 아닌 언어전공자이거나 학생들을 가르칠 수 있는 정식교육을 받지 않은 사람들이 많아 어린 학생을 가르치는 데 어려움을 느끼는 경우가 많은 실정이다. 이런 실정에도 교육인적자원부는 앞으로 초등학교 영어 원어민 강사를 늘리려는 방침을 세우고 있다. 하지만 이런 문제를 해결하기 위해서는 앞으로 증가될 원어민에 대한 철저한 자격검증이 이루어지지 않고서는 교육의 질을 장담할 수 없다. 또한 현재와 같이 일반교사를 연수를 통해 영어 전담교사로 활용하는 것이 아니라 초등교원 양성과정 체계에 영어 전담교사 양성반을 별도로 두는 것도 한 방법이 될 것이다. 한편으로는 원어민 채용 시 영어권 문화에서 자라난 해외동포들을 적극 활용하는 방법이 있을 수 있다. 예를 들어, 한국 방문을 원하는 해외동포 2세나 3세가 영어 회화를 전담하는 교사로서 고국에 체류할 수 있는 기회를 제공하는 것도 방법이 될 것이다. 이 방법은 해외에 체류하는 2세나 3세들이 자신의 모국에 대한 애정을 통해 문화적 정체성을 확립한다는 또 하나의 이득을 얻을 수 있을 것이다. 그러나 이 경우 역시 제대로 된 영어교육을 위해 자격검증이 필수적인데 예를 들어, 정규대학에서 일정 정도의 교육과정을 이미 수료한 자들로 자격을 제한할 필요가 있을 것이다.

글로벌화를 생존 아닌 세계적 협력의 확장으로 교육하자

본 장은 교육이 글로벌화를 단순한 생존경쟁의 심화가 아니라 세계적 협력의 확장으로 이해해야 하고, 경쟁과 협력, 한국인과 세계인의 정체성을 조화시켜 주어야 한다는 것을 바탕으로, 우리와 비슷한 교육체계, 환경, 문제를 안고 있는 일본의 사례를 비판적으로 검토하여 다음과 같은 네 가지 사안을 글로벌 시대의 교육정책에 반영시키는 것이 바람직하다고 제안한다.

첫째, 글로벌화 시대에 적합한 교육의 지표(즉 세계인으로서의 삶과 우리 사회구성원으로서의 삶에 대한 조화)를 가지고, 우리의 미래세대가 우리 사회의 가치와 문화를 소중히 하면서도 자신 안에 있는 다층적인 정체성을 누릴 수 있도록 해야 한다. 이 정체성의 문제는 교육시장 개방의 문제와도 깊은 관련을 맺고 있다.

둘째, 글로벌화에 적합한 삶의 방식으로서 토론과 심의, 협력이 중심이 되는 민주적 교육을 강화해야 한다. 이런 민주적 협력의 배움터는 학교이기 때문에 교사의 지도방식, 학교조직, 문화의 개선이 필요하다.

셋째, 개인들이 발전하는 기술과 정보를 다루는 능력을 배양할 수 있도록 해야 하며, 습득된 정보를 정확하게 판단할 수 있는 능력을 배양시키며, 지식의 습득과 습득된 지식의 활용이 사회와 문화와 상호 교류라는 측면에서 이해할 수 있도록 해야 한다.

넷째, 글로벌화에서 기술적 능력의 바탕이 될 수 있는 언어교육을 강화하되, 언어의 습득이 정체성에 미치는 문제를 면밀하게 고려하여 한국인의 정체성과 세계인의 정체성이 고루 성장될 수 있도록 배려해야 한다. 물론 이것은 글로벌화 시대에 적합한 교육방식으로서 우리 교육을 향상시키고자 하는 하나의 제안이다.

글로벌화 시대의 교육과 관련하여 주목해야 하는 중요한 점은 글로벌화가 교육시장의 개방과 같은 국가의 공교육 역할을 분산시키는 요구를 하고 있지만, 개방을 요구받는 입장에 놓인 사회의 정부는 공교육의 역할을 더욱 강화하는 역할을 해야 한다는 점이다. 일본, 홍콩, 싱가포르 등의 사례에서도 알 수 있듯이 건강한 공교육 체계의 강화는 교육시장 개방에 대한 가장 좋은 대처방안이라는 점이다.

우리 사회는 글로벌화가 시작된 서구 사회와는 다른 문화를 가지고 있기 때문에, 우리 사회가 필요로 하는 글로벌 시대에 적합한 교육은 더욱 많은 숙고와 연구를 필요로 한다. 실제 이 문제는 교육의 문제 자체만으로는 해결될 수 없다. 정치와 경제, 교육의 학문 간 연구가 유기적으로 이루어져야 하며, 교육정책 역시 이를 장려하고 이들 간의 고리를 만들 수 있도록 설립되어야 한다. 사회가 필요로 하는 정확한 원리를 모르는 경제학자가 쓰는 교과서는 그냥 사회의 삶과는 분리된 공허한 교과서이다. 그것으로는 우리 사회가 필요로 하는 사회성원들을 미래세대들로부터 수급할 수 없다. 우리 교육의 목표가 건강한 인격을 가진 인간을 기르는 것이 목적이라고 한다면, 변하는 시대에 위치지워진 우리의 삶의 조건을 이해하고 그에 적합한 인성과 능력을 길러주어야만 할 것이다. 그런 다음에야 우리는 우리의 미래세대가 이 사회를 건강히 길러줄 것이라고 기대할 수 있을 것이다.

닫는글

이 책은 학교는 학생과 교사, 교사와 교장을 중심으로 하는 특수한 조직임을 강조하며, 학생과 리더들 사이에 놓여 있는 교사의 존재론에서 시작했다. 그리고 학교가 학생들을 교육하는 것을 목적으로 한다면, 진정 교사가 해야 할 일은 학교업무의 수행이 아니라 교실에서 학생들을 가르치는 일이라고 주장했다. 이를 위해 구성원들의 조직에 대한 헌신을 강조하는 기존의 조직헌신 개념에서 교육을 하고자 하는 교사의 열정과 성의를 강조하는 교사헌신의 개념을 구별했다. 이런 개념의 구분은 교수효과성과 업무효과성의 구분으로 자연스럽게 이어졌다.

이런 구분은 단지 개념의 분리 이상의 의미가 있다. 예를 들어, 우리 교육은 교사의 직무를 평가함에 있어 교수효과성이라 부르는 요소에 집중해 왔는가는 중요한 질문이 될 것이다. 오히려 교사들의 동료교사들에 대한 평가, 리더의 일반교사들에 대한 평가는 학교조직을 위한 업무에 더 초점이 맞추어져 있었던 것은 아닐까? 이런 개념의 구분은 교사들을 진정으로 평가할 수 있는 또 하나의 주체가 있음을 알려준다. 바로 교실에서 직접 교사들을 대하는 학생들이다. 학생들이 교사들을 평가한다는 것에는 여러 가지 논란이 있을 수 있다. 그러나 대학에서 교수들의 강의를 학생들이 평가하는 일은 아주 자연스러운 일이 되었다. 아직 성숙하지 못한 학생들이 교사의 효과성을 측정한다는 것에 우려가 있다면, 우리는 그 문제를 걸러내는 일에 집중해야지 그 평가 자체를 거부하는 일은 바람직하지 않다. 이 책이 제시하듯 학생들은 누가 열의 있는 교사인지 알고 있고, 그 교사들의 수업을 좋아하고 즐긴다.

한편 이런 개념의 구분은 교사들이 수업에 몰두할 수 있도록 그 환경을 조성할 수 있어야 한다는 교육정책 방향을 제시한다. 이런 교육정책은 단순히 교사들에게 자신들을 개발하라고 채찍질 하는 것이 아니라, 교사들이 스스로를 개발할 수 있는 다양한 정책과 보조가 필요함을 의미한다. 예를 들어, 기존의 교사들이 5년마다 한 학기 혹은 1년 정도 대학으로 돌아가 새롭게 교육을 받는, 대학의 안식년제와 같은 정책도 유용하게 사용될 수 있을 것이다. 이런 정책은 대학교와 초·중·고등학교의 사이를 좁혀놓을 수 있는 계기를 제공할 뿐만 아니라, 대학의 인력을 활용할 수 있는 다양한 기회를 제공할 것이다. 한편 학교의 리더들 역시 학교조직에서 교사들에게 주어지는 업무를 최소화시키고, 업무를 빠르게, 많은 노력을 들이지 않고 처리할 수 있는 환경을 제공하는 데 자신들의 능력을 발휘해야 할 것이다.

A. J. 크로닌의 『천국의 열쇠』라는 소설에서 주인공인 치셤 신부는 "지옥이란 희망이 없는 상태를 말하는 겁니다"라고 했다. 사회와 교육 현실이 어려워질 때 가끔 우리는 말한다. 희망이 없다고. 치셤 신부의 말이 옳다면 우리는 지옥에서 살고 있다. 하지만 교육이 어려워질수록 우리는 버티게 하는 것은 희망이다. 난 그 희망을 교사라고 말했다.

"교직헌신"이라는 개념을 처음 접했을 때, 나는 그 말이 주는 무게를 고스란히 느꼈다. 헌신이란, 무엇인가를 향해 자신의 열정을 고스란히 바친다는 의미다. 우리 미래세대를 키우는 교실에는, 때로 우리가 가르치는 합리성과 이성만으론 견디기 힘든 현실이 있다. 그 교실에서 우리 교사들이 인내하고 버틸 수 있는 힘은 언제나 열정에서 나온다. 물론 교육현장을 둘러싼 외부의 현실이 그 열정을 꺼뜨리기도 하지만, 미래세대라는 거창한 명목을 넘어 교실에 앉아 있는 아이들 하나하나에 대한 애정은 교사들이 스스로 길러내는 열정에서 나올 수밖에 없다.

미래세대는 언제나 희망이다. 그러나 좋은 선생님이 없는 좋은 미래세대는 존재할 수 없다. 그래서 우리 교사들은 희망의 뿌리이다. 그 뿌리가 썩는다면 희망이라는 나무가 자랄 수 없고 꽃이 필 수가 없다. 땅 속 깊이 단단히 뿌리를 내린 나무는 어려운 날씨와 일기를 견뎌낼 수 있는 힘이 있다. 교사들이 희망의 뿌리로 우리의 삶에 단단히 뿌리 내릴 때 우리의 미래세대는 좋은 나무가 되고 꽃이 되어 울창한 가지와 무성한 잎들을 길러내고 탐스런 꽃봉오리를 열 것이다. 현장에 서 있는 우리 교사들, 여러분이 희망이고 그 희망의 뿌리이다. 여러분의 헌신이 그 희망의 뿌리를 썩지 않게 버티는 힘이란 사실을 잊지 않았으면 하는 바람이다.

참고문헌

강내경(1998). 성취목표가 조직몰입과 직무스트레스에 미치는 영향. 석사학위논문, 한양대학교 교육대학원.

교육인적자원부(2006). 제2차 인적자원개발기본계획(2006-2010).

구옥란(1987). 중등학교 여교사의 주관적 지각이 직무수행에 미치는 영향에 관한 연구. 석사학위논문, 고려대학교 교육대학원.

기순신(2001). 교사론. 서울: 학지사.

김경희(1998). 초등교사의 근무부담에 관한 연구. 석사학위논문, 고려대학교 교육대학원.

김기범(1996). 대인관계 속에서의 도덕성과 내집단-외집단 구별 : 문화비교 분석 연구. 석사학위논문, 중앙대학교 대학원.

김만배(1996). 조직몰입에 관한 연구. 학술논문집(건국대학교), Vol. 43, 133-154.

김명숙(2003). 초등학교 담임교사의 수업외 업무부담이 교수학습활동에 미치는 영향. 석사학위논문, 순천대학교 교육대학원.

김민성(1996). 학생들이 지각한 잘 가르치는 교사의 수업행동. 석사학위논문, 서울대학교 대학원.

김성건(2002). 중등 사회과 교육과정 중 국제이해교육에 관한 고찰. 교육논총(서원대학교), Vol. 6, 37-56.

김영조 · 박상언(1998). 조직문화유형, 조직문화강도와 조직성과간의 관계에 관한 연구. 인사조직연구, 6(2), 195-238.

김용조(1999). 초등교사의 인성적 자질에 관한 연구. 논문집(대구교육대학교), Vol. 34, 429-458.

김인석(1999). 정보화 시대에 따른 21세기 우리 생활의 변화. 영어언어과학(한국영어언어과학학회 조기영어교육연구소), 2호, 5-15.

김인오(2002). 리더와 부하간의 관계가 부하의 심리적 임파워먼트와 창의적 행동에 미치는 영향 고찰. 석사학위논문, 고려대학교 대학원.

김정규・권낙원(1988). 교사와 교육. 서울: 형설출판사.

김준기(1991). 학교조직문화 진단에 관한 연구. 박사학위논문, 전북대학교 대학원.

______(2000). 학교조직문화의 분석. 교육연구(원광대학교 교육문제연구소), 19호, 1-36.

김중양(2002). 한국인사행정론. 서울: 법문사.

김지은(2006a). 글로벌화 시대의 교육 과제 : 일본교육의 비판적 검토를 통한 제안. 비교교육연구, 16(1), 75-107.

______(2006b). 직무수행과 관련한 학교조직문화와 교사의 문화성향의 상호작용 효과 연구. 한국교원교육연구, 23(1), 51-79.

______(2006c). 교직몰입과 교사의 효과성. 박사학위논문, 한양대학교 대학원.

______(2008). 교직헌신과 리더-부하 관계(LMX)가 교수효과성 및 업무효과성에 미치는 영향. 교육행정학연구, 26(2), 363-389.

김지종(2004). 인문계 고등학교 교사의 역할갈등과 직무수행과의 관계 연구. 석사학위논문, 창원대학교 교육대학원.

김풍삼(1992). 한국 교원문화의 형성요인에 관한 연구. 박사학위논문, 단국대학교 대학원.

김현아・김인호(2004). LMX의 질, 자아개념, 조직유효성간의 관계 연구. 인사관리연구, 28(4), 171-213.

남정걸(1998). 교육행정 및 교육경영. 서울: 교육과학사.

노영순(1999). 학교현장의 정보화 시설보급 및 운용과 정보화 교육정책에 대한 중등학교 수학교사들의 의식조사. 교육연구(공주대학교 교육연구소), 15권, 59-76.

노종희(1992). 교육행정학. 서울: 문음사.

______(2004). 초·중등교사의 교직헌신의 개념화 및 측정도구 개발. 교육행정학연구, 22(2), 215-232.

맹미경(2003). 초등학교 교사의 직무수행과 스트레스와의 관계. 석사학위논문, 인천교육대학교 교육대학원.

박용헌(1981). 학교와 사회. 배영사.

배호순(1992). 교수효과 평가를 위한 준거체제 탐색 연구. 교육학연구, 30(4), 157-172.

부경순(2002). 초등영어교육의 정체성에 관한 연구. 청주대학교 논문집, Vol. 39, 239-260.

서정화(1995). 교육인사행정론. 서울: 한국교육행정학회.

서준석(1998). 초등교사가 지각하는 근무부담에 관한 연구. 석사학위논문, 수원대학교 교육대학원.

서춘식(1997). 21세기를 대비한 민주시민교육에 관한 연구. 사회과학연구(조선대학교), 19호, 185-221.

신용준(1982). 학교행사의 계획과 관리. 교육관리기술, Vol. 143, 38-41.

신재흡(2001). 교사가 지각한 학교장의 변혁적 지도성과 학교조직문화 및 학교조직효과성 간의 관계연구. 박사학위논문, 건국대학교 대학원.

신중식·강영삼·김명한·신철순·윤정일(1982). 현대교육행정학. 서울: 교육출판사.

안관영(2003). 조직몰입과 직업몰입 간의 갈등과 이직의도와의 관계에 대한 연구-초·중등학교 교사집단을 중심으로-. 직업교육연구, 22(2), 129-145.

여성렬(2001). 학교조직문화와 교사의 사기와의 관계. 석사학위논문, 서강대학교 교육대학원.

유민봉·임도빈(2003). 인사행정론. 서울: 박영사.

유윤선(2000). 교사의 수업계획과 학생이 지각한 교사의 수업행동이 학생의 학업성취에 미치는 영향. 석사학위논문, 서울대학교 대학원.

윤명현(2003). 초등학교 교감의 지도성 유형과 교사의 직무수행과의 관계 연구. 석사학위논문, 부산교육대학교 교육대학원.

이대식(1997). 초등교사의 수업외적 업무부담이 교수활동에 미치는 영향. 석사학위논문, 전남대학교 교육대학원.

이복희 · 여도수(2001). 한국의 영어교육에 관한 역사적 고찰과 전개방향에 관한 연구. 공주영상정보대학 논문집, Vol. 8, 377-392.

이성은 · 곽영지(2005). 초등교사가 지각한 학교장의 변혁적 지도성과 교사의 교직헌신도 간의 관계. 열린교육연구, 13(3), 167-187.

이영란(1989). 교사의 학교조직에 대한 헌신도 연구. 석사학위논문, 이화여자대학교 교육대학원.

이용채(2003). 공무원 근무성적평정제도의 개선방안에 관한 연구 – 국립대학을 중심으로 –. 박사학위논문, 목포대학교 대학원.

이정훈(2004). 대안적 리더십, 조직문화, 학교재구조화, 조직효과성의 인과관계 분석. 박사학위논문, 창원대학교 대학원.

______(2004). 학교조직문화 형성변인 탐색. 교육행정학연구, 22(4), 85-104.

이종연(1998). 첨단매체를 활용한 정보화 교육 – S기업 정보화 교육사례를 중심으로 –. 교과교육학연구(이화여자대학교 교과교육연구소), 2(2), 249-276.

이진숙(1996). 일본의 교육개혁. 교육개혁위원회 참고자료 96-3.

이칭찬(1996). 교사론. 서울: 동문사.

이훈구 역(1983). 성격심리학. 서울: 법문사.

인혜영(2005). 학교장의 변혁적 지도성과 교사의 교직헌신의 관계. 석사학위논문, 충남대학교 교육대학원.

장성수(1999). 성취목표의 동기적 결정요인과 인지적 결정요인. 교육논총(한양대학교), 15, 39-58.

전수현(1999). 기업조직에서 성취목표의 결정요인과 그 효과. 석사학위논문, 한양대학교 대학원.

정선영(2003). 세계사 교육에서의 국제이해교육. 교육연구논총(충북대학교), 24(3), 115-152.

정양숙(2004). 청소년의 문화성향과 자기노출, 분노수준 및 분노표현양식과의 관계. 석사학위논문, 서강대학교 교육대학원.

정영홍(1995). 교육시장 개방과 한국교육의 미래. 민족문제논총(부산대학교 민족문제연구소), 4(1), 145-170.

정은선(1999). 상담자의 성취목표와 자의식이 상담효과성에 미치는 영향. 석사학위논문, 한양대학교 대학원.

정태범(1998). 교육행정학 : 기초와 발전. 서울: 양서원.

조긍호(1996). 문화유형과 타인이해 양상의 차이. 한국심리학회지 : 임상, 15(1), 104-139.

조긍호 · 김소연(1998). 겸양편향자의 선호현상. 한국심리학회지 : 사회 및 성격, 12(1), 169-189.

조긍호 · 김은진(2001). 문화성향과 동조행동. 한국심리학회지 : 사회 및 성격, 15(1), 139-165.

조긍호 · 명정완(2001). 문화성향과 자의식의 유형. 한국심리학회지 : 사회 및 성격, 15(2), 111-139.

조영남(2001). 초등교사의 교육효과성 평가준거 개발에 관한 연구. 초등교육연구, 14(3), 243-267.

주동범 · 강현석(2000). 교사효과성에 대한 요인분석. 한국교사교육, 17(1), 207-224.

주삼환 · 신현석 · 윤인숙(1999). 학교문화, 수업지도성 및 학업성취도간의 관계분석에 따른 학교정책에의 적용 가능성 탐색. 교육행정학연구, 17(4), 167-193.

지강용(1996). 개인성격과 조직문화간의 적합성이 업무수행성과에 미치는 영향. 지역개발연구(강원대학교 지역개발연구소), 4호, 231-247.

천세영 · 김용주 · 김재웅(2002). 교육을 통한 적극적 국제협력방안 연구. 비교교육학연구, 12(1), 25-44.

최은수(1997). 학교교육에 의한 민주시민교육 연구 - 초 · 중등학교를 중심으로 -. 교육사회학연구, 7(4), 19-41.

최재거(1993). 국민학교 교사의 근무부담에 관한 연구. 석사학위논문, 단국대학교 교육대학원.

한규석(1991). 사회심리학 이론의 문화특수성 : 한국인의 사회심리학 연구를 위한 고찰. 한국심리학회지 : 사회 및 성격, 6(1), 132-155.

한명희(1997). 세계화 시대 한국의 교육과정 - 교육과정의 세계화 -. 교육과정연구, 15(1), 367-399.

한주희(2004). 팀생산성에 대한 리더-구성원 교환관계의 영향 요인 : 종단적 연구를 중심으로. 생산성논집, 18(2), 1-20.

허철부(1983). 조직 코미트멘트에 관한 연구. 박사학위논문, 중앙학교 대학원.

홍창남(2005). 학교특성과 교사헌신의 구조적 관계. 박사학위논문, 서울대학교 대학원.

Ames, C.(1984). Achievement attributions and self-instructions under competive and individualistic goal structures. *Journal of Educational Psychology, 76(3)*, 478-487.

_______(1992). Classrooms : Goals, structures, and student motivation. *Journal of Educational Psychology, 84(3)*, 261-271.

Ames, C., & Archer, J.(1987). Mothers' beliefs about the role of ability and effort in school learning. *Journal of Educational Psychology, 79(4)*, 409-414.

Anderman, E. M., Belzer, S., & Smith, J.(1991). *Teacher commitment and job satisfaction : The role of school culture and principal leadership.* Paper Presented at the Annual Meeting of the American Educational Research Association, Chicago. ERIC Document Reproduction Service No. ED 375 497.

Anderson, B.(1983). *Imagined communities*. London: Verso.

Aranya, N., Pollock, J., & Amernic, J.(1981). An examination of professional commitment in public accounting. *Accounting, Organizations and Society, 6(4)*, 271-280.

Astiz, M. F., Wiseman, A. W., & Parker, D. P.(2002). Slouching toward decentralization : Consequence for globalization for curricular control in national educational system. *Comparative Educational Review, 46(1)*, 66-88.

Bar-Hayim, A., & Berman, G. S.(1992). The dimensions of organizational commitment. *Journal of Organizational Behavior, 13(4)*, 379-387.

Battro, A. M.(2004). Digital skills, globalization, and education. In M. M. Suárez-Orozco & D. B. Qin-Hiliard(Eds.), *Globalization : Culture and education in the new millennium*(pp. 78-96). Berkeley: University of California Press.

Beck, U.(2002) What is globalization? In R. D. Held & A. McGrew(Eds.), *The Global transformations readers : An introduction to globalization debate*(pp. 99-104). Cambridge: Polity.

Beiner, R.(1997). *Theorizing Nationalism.* New York: SUNY.

Berg, C. L., & Lindseth, G.(2004). Student's perspectives of effectiveness and ineffective nursing instructors. *Journal of Nursing Education, 43(12)*, 565-568.

Berliner, D.(1985). Laboratory settings and the study of teacher education. *Journal of Teacher Education, 36(6)*, 2-8.

Billingsley, B. S.(1993). Teacher retention and attrition in special and general education : A critical review of the literature. *The Journal of Special Education, 27*, 137-174.

Billingsley, B. S., & Cross, L. H.(1991). Teachers' decision to transfer from special to general education. *The Journal of Special Education, 24 (4)*, 496-511.

Bloland, P. A., & Selby, T. J.(1980). Factors associated with career change among secondary school teachers : A review of the literature. *Education Research Quarterly, 5*, 13-24.

Bloom, D. E.(2004). Globalization and education. In M. M. Suárez-Orozco & D. B. Qin-Hiliard(Eds.), *Globalization : Culture and education in the new millennium*(pp. 56-77). Berkeley: University of California Press.

Bond, R., & Smith, P. B.(1996). Culture and conformity : A meta-analysis of studiesusing Asch's(1952b, 1956) line judgement task. *Psychological Bulletin, 119(1)*, 111-137.

Borich, G. D.(1988). *Effective teaching methods*. Columbus, Ohio: Merrill.

Brophy, J.(1981). Teacher praise : A functional analysis. *Review of Educational Research, 51(1)*, 5-32.

Brower, H. H., Schoorman, F. D., & Tan, H. H.(2000). A model of relational leadership : The integration of trust and leader-member exchange. *Leadership Quarterly, 11(2)*, 227-250.

Buchanan, B.(1974). Building organizational commitment : The socialization of managers in work organizations. *Administrative Science Quarterly, 19(4)*, 33-546.

Butler, Y. G.(2005). Comparative perspective towards communicative activities among elementary school teachers in South Korea, Japan, and Taiwan. *Language Teaching Research, (9)4*, 423-446.

Carnoy, M., & Rhoten, D.(2002). What does globalization mean for educational change? A comparative approach. *Comparative Education Review, 46(1)*, 1-9.

Carole, A., & Russell, A.(1984). Systems of students and teacher motivation : Toward a qualitative definition. *Journal of Educational Psychology, 76(4)*, 535-556.

Clark, C., & Peterson, P. L.(1986). Teachers' thought processes. In M. C. Wittrock(Ed.), *Handbook of research on teaching*(3rd. ed., pp. 255-296). New York: Macmillan.

Coastworth, J. H.(2004). Globalization, growth, and welfare in history. In M. M. Suárez-Orozco & D. B. Qin-Hiliard(Eds.), *Globalization : Culture and education in the new millennium*(pp. 38-55). Berkeley: University of California Press.

Cohen, A.(2000). The relationship between commitment from and work outcomes : A comparison of three models. *Human Relations, 53(3)*, 387-417.

Cohen, E. G., Brody, C. M., & Sapon-Sehvin, M.(2004). *Teaching cooperative learning : The challenge for teacher education.* Albany: SUNY.

Cruickshank, D. R., Bainer, D. L, & Metcalf, K. K.(1995). *The act of teaching.* McGraw-Hill.

Cruickshank, D.(1990). *Research that informs teachers and teacher educators.* Bloomington, IN: Phi Dela Kappa.

Csikszentmihalyi, M., & McCormack, J.(1986). The influence of teachers. *Phi Delta Kappan, 67(6)*, 415-419.

Dansereau, F., Grean, G., & Haga, W. J.(1975). A vertical dyad linkage approach to leadership within formal organizations. *Organizational Behavior and Human Performance, 13(1)*, 46-78.

Deal, T. E. & Peterson, K. D.(1990). *Principal's role in shaping school culture*. Washington D. C.: U. S. Goverment Printing Office.

Deci, E. L., & Ryan, R. M.(1985). *Intrinsic motivation and self-determination in human behavior*. New York: Plenum.

____________________(1990). A motivation approach to self : Integration in personality. In R. Dientsbier(Ed.), *Nebraska Symposium on Motivation*(Vol. 38, pp. 237-288). Lincoln: University of Nebraska Press.

Denison, D. R., & Spreitzer, G.(1991). Organizational culture and organizational development : A competing-values approach. In R. W. Woodman & W. A. Passmore(Eds.), *Research in Organizational Change and Development*(5th ed., pp. 1-21). Greenwich, Ct: JAI Press.

Dessler, G.(1999). *Essential of human resource management*. Upper Saddle River, N. J. Printice Hall.

Dienesch, R. M., & Liden, R. C.(1986). Leader-member exchange model of leadership : A critique and further development. *Academy of Management Review, 11(3)*, 618-634.

Dunegan, K. J., Tierney, P., & Duchon, D.(1992). Perceptions of an innovative climate : Examining the role of divisional affiliation, work group interaction, and leader / subordinate exchange. *Transactions on Engineering Management, 39(3)*, 227-236.

Dweck, C. S.(1986). Motivational process affecting learning. *American Psychologist, 41(10)*, 1040-1048.

Dweck, C. S., & Bempechat, J.(1983). Children's theories of intelligence. In S. Paris, G. Olsen, & H. Stevenson(Eds.), *Learning and motivation in the classroom*(pp. 239-256). Hillsdale, NJ: Erlbaum.

Dweck, C. S., & Leggett, E. L.(1988). A social-cognitive approach to motivation and personality. *Psychological Review, 95(2)*, 256-273.

Dworkin, A. G.(1985). *When teachers give up : Teacher burnout , teacher turnover, and their impact on children.* Austin, TX: University of Texas. Gogg Foundation for Mental Health. ERIC Document Reproduction Service No. ED 273 575.

____________(1987). *Teacher burnout in the public schools : Structural causes and consequences for children.* Albany : State University of New York Press.

Elliot, A. J., & Church, M. A.(1997). A hierarchical model of approach and avoidance achievement motivation. *Journal of Personality and Social Psychology, 72(1)*, 218-232.

Elliot, A. J., & Harackiewicz, J. M.(1996). Approach and avoidance achievement goals and intrinsic motivation : A mediational analysis. *Journal of Personality and Social Psychology, 70(3)*, 461-475.

Elliott, E. S., & Dweck, C. S.(1988). Goals : An approach to motivation and achievement. *Journal of Personality and Social Psychology, 54(1)*, 5-12.

Farber, B. A.(1984). Stress and burnout in suburban teachers. *Journal of Educational Research, 77(6)*, 325-331.

Fennema, E., Carpenter, T. P., & Peterson, P. L.(1989). Learning mathematics with understanding : Cognitively guided instruction. In J. Brophy (Ed.), *Advances in Reserch on Teaching*(Vol. 1, pp. 195-222). Greenwich, CT: JAI.

Ferris, G. R.(1985). Role of leadership in the employee withdrawal process : A constructive replication. *Journal of Applied Psychology, 70(4)*, 777-781.

Fimian, M. J.(1986). Social support and occupational stress in special education. *Exceptional Children, 52(5)*, 436-442.

Fimian, M. J., Pierson, D., & McHardy, R.(1986). Occupational stress reported by teachers of learning disabled and nonlearning disabled handicapped student. *Journal of Learning Disabilities, 19(3)*, 154-158.

Firestone, W. A.(1996). Images of teaching and proposals for reform : A comparison of ideas from cognitive and organizational research. *Educational Administration Quarterly, 32(2)*, 209-210.

Firestone, W. A. & Pennell, J. R.(1993). Teacher commitment, working conditions, and differential incentive policies. *Review of Educational Research, 63(4)*, 489-525.

Firestone, W. A., & Rosenblum, S.(1988). Building commitment in urban high schools. *Educational Evaluation and Policy Analysis, 10(4)*, 285-299.

Firestone, W. A., Rosenblum, S., & Webb, A.(1987). *Building commitment among students and teachers : An exploratory study of 10 urban high school.* Philadelphia : Research for Better Schools.

Foucault, M.(1984). *The Foucault reader*. ed by P. Rainbow. New York: Pantheon Books.

Graen, G., & Cashman, J. F.(1975). A role making model in formal organizations : A developmental approach. In J. G. Hunt & L. L. Larson(Eds.), *Leadership Frontiers*(pp. 143-165). Kent, OH: Kent State Press.

Graen, G. B., & Liden, R. C., & Hoel, W.(1982). Role of leadership in the employee withdrawal process. *Journal of Applied Psychology, 67(6)*, 868-872.

Graen, G. B., & Uhl-Bien, M.(1991). The transformation of professional into self-managing and partially self-designing contributions : Toward a theory of leader-making. *Journal of Management Systems, 3(3)*, 33-48.

Gutmann, A.(1999). *Democratic education*(2nd). Princeton: Princeton University Press.

Habermas, J.(1998). *Between facts and norms*. Cambridge MA: The MIT Press.

__________(2001). *The postnational constellation : Political essay*. Cambridge MA: The MIT Press.

Hashimoto, K.(2000). 'Internationalisation' is 'Japanisation' : Japan's foreign language edcuation and national identity. *Journal of Intercultural Studies, 21(1)*, 39-51.

Held, D., & McGrew, A.(2002). *Globalization / Antiglobalization.* Cambridge: Polity.

Heyman, G. D., & Dweck, C. S.(1992). Achievement goals and intrinsic motivation : Their relation and their role in adaptive motivation. *Motivation and Emotion, 16(3)*, 231-247.

Hooper, D. T., & Martin, R.(2008). Beyond personal leader-member exchange(LMX) quality : The effects of perceived LMX variability on employee reactions. *The Leadership Quarterly, 19(1)*, 20-30.

Hui, C. H. & Triandis, H. C.(1986). Individualism-collectivism : A study of cross-cultural researchers. *Journal of Cross-cultural Psychology, 17(2)*, 225-248.

Ilon, L.(1997). Education, honesty, and globalization : A response to the presidential address of Noel F. McGinn. *Comparative Education Review, 41(3)*, 351-357.

Jauch, L. R., Glueck, W. F., & Osborn, R. N.(1978). Organizational loyalty, professional commitment, and academic research productivity. *Academy of Management Journal, 21(1)*, 84-92.

Knox, J. E., & Mogan, J.(1985). Important clinical teacher behaviors as perceived by university nursing faculty, students and graduates. *Journal of Advanced Nursing, 10(1)*, 25-30.

Kozlowski, S. W., & Doherty, M. L.(1989). Integration of climate and leadership : Examination of neglected issue. *Journal of Applied Psychology, 74(4)*, 546-553.

Kreitner, R., & Kinicki, A.(1998). *Organizational behavior*. Chicago: Richard D. Irwin, Inc.

Kushman, J. W.(1992). The organizational dynamics of teacher workplace commitment : A study of urban elementary and middle schools. *Educational Administration Quarterly, 28(1)*, 5-42.

LeCompte, M. D., & Dworkin, A. G.(1991). *Giving up on school : Student dropouts and teacher burnouts*. Newbury Park, CA: Corwin.

Leggett, E. L.(1985). *Children's entity and incremental theories of intelligence : Relationships to achievement behavior*. Paper presented at the annual meetings of the Eastern Psychological Association, Boston.

Leithwood, K., & Duke, D. L.(1998). Mapping the conceptual terrain of leadership : A critical point of departure for cross-cultural studies. *Peabody Journal of Education, 73(2)*, 31-50.

Liden, R. C. & Maslyn, J. M.(1998). Multidimensionality of leader-member exchange : An empirical assessment through scale development. *Journal of Management, 24(1)*, 43-72.

Liden, R. C., & Graen, G.(1980). Generalizability of the vertical dyad linkage model of leadership. *Academy of Management Journal,*

23(3), 451-465.

Littrell, P., Billingsley, B. S., & Cross, L.(1994). The effects of support on general and special educators stress, job satisfaction, health, commitment, and intent to say in teaching. *Remedial and Special Education, 15*, 297-310.

Maehr, M. L.(1989). Thoughts about motivation. In C. Ames & R. Ames (Eds.), *Research on motivation in education : Goals and cognitions* (Vol. 3, pp. 299-315). San Diego, CA: Academic Press.

Maehr, M. L., & Nicholls, J. G.(1980). Culture and achievement motivation : A second look. In N. Warren(Ed.), *Studies in cross-cultural psychology*(Vol. 2, pp. 221-267). New York: Academic Press.

Maira, S.(2004). Imperial feelings : Youth culture, citizenship, and globalization. In M. M. Suárez-Orozco & D. B. Qin-Hiliard(Eds.), *Globalization : Culture and education in the new millennium*(pp. 203-234). Berkeley: University of California Press.

McClane, W. E.(1991). The interaction of leader and member characteristics in the leader-member exchange(LMX) model pf leadership. *Small Group Research, 22*, 283-300.

McGinn, N. F.(1996). Education, democratization, and globalization : A challenge for comparative education. *Comparative Education Review, 40(4)*, 341-357.

McManus, M. E., & Kauffman, J. M.(1991). Working conditions of teachers of students with behavioral disorders : A national survey. *Behavioral Disorders, 16(4)*, 247-259.

Meece, J. L., Blumenfeld, P. C., & Hoyle, R. H.(1988). Students' goal orientations and cognitive engagement in classroom activities. *Journal of Educational Psychology, 80(4)*, 514-523.

Metz, M. H.(1988). *Teacher's ultimate dependence on their students : Implication for teachers' responses to student bodies of differing social classes*. Paper Presented at the Annual Meeting of the American Educational Research Association, New Orleans.

Metzke, L. K.(1988). *A study of the causes of teacher attrition in regular an special education in wisconsin*. Doctoral Dissertation, Marquette University.

Mok, K. H.(2000). Impact of globalization : A study of quality assurance system of higher education in Hong Kong and Singapore. *Comparative Education Review, 44(2)*, 148-174.

Mowday, R. T., Porter, L. W., & Steers, R. M.(1982). *Employee organizational linkages : The psychology of commitment, absenteeism, and turnover*. New York: Academic Press.

Nicholls, J. G.(1984). Achievement motivation : Conceptions of ability subjective experience, task choice, and performance. *Psychological Review, 91(3)*, 328-346.

______________(1989). *The competitive ethos and democratic education*. Cambridge, MA: Harvard University Press.

Nicholls, J. G., Patashnick, M., Cheung, P., Thorkildsen, T. A., & Lauer, M.(1989). Can achievement motivation theory succeed with only the conception of success? In F. Halisch & J. Van den Beroken (Eds.), *International perspective on achievement motivation*(pp. 187-208). Lisse, The Netherlands : Swets & Zeitlinger.

Nir, A. E.(2002). School-based management and its effect on teacher commitment. *Leadership in Education, 5(4)*, 323-341.

Okada, A.(2002). Education of whom, for whom, by whom? Revising the fundamental law of education in Japan. *Japan Forum, 14(3)*,

425-441.

Orenstein, A.(1990). *Strategies for effective teaching*. New York: Harper Collins.

Ouchi, W.(1981). *Theory z*. Reading, MA: Addison-Wesley.

Owens, R. G.(1987). *Organizational behavior in education*. Third Edition, Englewood Cliffs, New Jersey: Prentice-Hall.

Parmenter, L.(2000). Internationalization in Japanese education : Current issues and future prospects. In N. P. Stromquist & K. Monkman (Eds.), *Globalization and Education : Intergration and Contestation across Cultures*(pp. 237-254). New York: Rowman & Littlefield Publishers, INC.

Patten, A., & Kymlicka, W.(2003). Context, issues, and approaches. In A. Patten & W. Kymlicka(Eds.), *Language Rights and Political Theory* (pp. 1-51). Oxford: Oxford University Press.

Platt, J. M., & Olson, J.(1990). Why teachers are leaving special education : Implications for preservice and inservice educators. *Teacher Education and Special Education, 13(3)*, 192-196.

Porter, A., & Brophy, J.(1988). Synthesis of research on good teaching. *Educational Leadership, 45(8)*, 74-85.

Porter, L. W., Steers, R. M., Mowday, R. T., & Boulian, P. V.(1974). Organizational commitment, job satisfaction and turnover among psychiatric technicians. *Journal of Applied Psychology, 59(5)*, 603-609.

Price, J. L., & Mueller, C. W.(1986). *Absenteeism and turnover among hospital employees*. Greenwich, CT: JAI Press.

Quinn, R. E.(1988). *Beyond rational management : Mastering the paradoxes and competing demands of high performance*. San Francisco: Jossy-

Bass.

Quinn, R. E. & Cameron, K. S.(1983). Organizational life cycles and shifting criteria of effectiveness : Some preliminary evidence. *Management Science, 29(1)*, 33-51.

Quinn, R. E. & Hall, R. H.(1983). Environments, organizations, and policymakers : Toward an integrative framework. In R. H. Hall & R. E. Quinn(Eds.), *Organizational theory and public policy*(pp. 281-298). Beverly Hills: Sage.

Quinn, R. E. & Kimberly. J. R.(1984). Paradox, planning, and perseverance : Guidelines for managerial practice. In J. R. Kimberly & R. E. Quinn(Eds.), *Managerial Organizational Transitions*(pp. 295-313). Homewood Il: Dow Jones-Irwin.

Quinn, R. E., & McGrath, M. R.(1985). The transformation of organizational culture : A competing values perspective. In P. J. Frodt, L. F. Moors, M. S. Louis, C. C. Lundberg, & J. Martin (Eds.), *Organizational culture*(pp. 315-334). Beverly Hills: Sage.

Quinn, R. E. & Rohrbaugh, J.(1983). A spatial model of effectiveness criteria : Toward a competing values approach to organizational analysis. *Management Science, 29(3)*, 363-377.

Ramsden, P.(1992). *Learning to teach in higher education*. London, Routledge.

Reichers, A. E.(1985). A review and reconceptualization of organizational commitment. *Academy of Management Review, 10(3)*, 465-476.

Reyes, P.(1989). The relationship of autonomy in decision making to commitment to schools and job satisfaction : A comparison between public school teachers and mid-level administrators. *Journal of Research and Development in Education, 22(2)*, 62-69.

Roberts, G. C.(1992). Motivation in sport and exercise : Conceptual costrains and covergence. In G. Roberts(Ed.), *Motivation in sport and exercise* (pp. 3-29). Champaign, IL: Human Kinetics.

Rosenholtz, S. J.(1989). Workplace conditions that affect teacher quality commitment : Implications for teacher induction programs. *The Elementary School Journal, 89(4)*, 420-439.

Sato, C.(2004). Education for international understanding in Japan : Japanese self-identification and the discourse of internationalization after the Second World War. *Intercultural Education, 15(2)*, 209-219.

Sawamura, N.(2002). Local spirit, global knowledge : A Japanese approach to knowledge development in international cooperation. *Compare, 32(3)*, 339-348.

Scandura, T. A., & Graen, G. B.(1984). Moderating effects of initial leader-member exchange status on the effects of a leadership intervention. *Journal of Applied Psychology, 69(3)*, 428-436.

Schriesheim, C. A., Castro, S. L., & Cogliser, C. C.(1999). Leader-member exchange(LMX) research : A comprehensive review of theory, measurement, and data-analytic practices. *Leadership Quarterly, 10(1)*, 63-113.

Schriesheim, C. A., Neider, L. L., & Scandura, T. A.(1999). Delegation and leader-member exchange : Main effects, moderators, and measurement issues. *Academy of Management Journal, 41(3)*, 298-318.

Schwartz, S. H.(1992). The universal content and structure of values: Theoretical advances and empirical tests in 20 countries. In M. Zanna(Ed.), *Advances in experimental social psychology*(Vol. 25, pp. 1-65). New York: Academic Press.

Seers, A., & Graen, G. B.(1984). The dual attachment concept : A longitudinal investigation of the combination of task characteristic and leader-member exchange. *Organizational Behavior and Human Performance, 33(3)*, 283-306.

Shin, H. S. & Reyes, P.(1995). Teacher commitment and job satisfaction : A causal analysis. *Journal of School Leadership, 5(1)*, 22-39.

Shulman, L. S.(1987). Knowledge and teaching : Foundations of the new reform. *Harvard Educational Review, 57(1)*, 1-22.

Singh, K., & Shifflette, L.(1996). Teachers perspective on professional development. *Journal of Personnel Evaluation in Education, 10(2)*, 145-160.

Sorentino, R. M., & Higgins, B. T.(1986). *Handbook of motivation and cognition : Foundations of social behavior*. New York: Guilford Press.

Steers, R. M.(1977). Antecedents and outcomes of organizational commitment. *Administrative Science Quarterly, 22(1)*, 46-56.

__________(1984). *Introduction to organizational behavior*. 2nd ed, Glenview, Ill.: Scott, Foresman and Company.

Stringer, M. & Irwing, P.(1998). Students' evaluations of teaching effectiveness : A structural modelling approach. *British Journal of Educational Psychology, 68(3)*, 409-426.

Suárez-Orozco, C.(2004). Formulating identity in A globalized world. In M. M. Suárez-Orozco & D. B. Qin-Hiliard(Eds.), *Globalization : Culture and education in the new millennium*(pp. 173-202). Berkeley: University of California Press.

Sykes, G.(1991). In defense of teacher professionalism as a policy choice. *Educational Policy, 5(2)*, 137-149.

Tang, F. I., Chou, S. M., & Ching, H. H.(2005). Student's perceptions of effective and ineffective clinical instructors. *Journal of Nursing Education, 44(4)*, 187-192.

Theobald, N. D.(1989). *Whether in knowledge or in ignorance : An econometric model of K-12 public school teacher retention.* Paper Presented at the Annual Meeting of the American Educational Research Association, San Francisco. ERIC Document Reproduction Service No. ED 307 688.

Tjosvold, D.(1984). Effects of leader warmth and directiveness on subordinate performance on a subsequent task. *Journal of Applied Psychology, 69(3)*, 422-427.

Torres, C. A.(2001). Globalization and comparative education in the world system. *Comparative Education Review, 45(4)*, iii-x.

Triandis, H.(1995). *Indivisualism and collectivism.* Boulder, CO: Westview.

Tyree Jr., A. K.(1996). Conceptualizing and measuring commitment to high school teaching. *The Journal of Educational Reseach, 89(5)*, 295-307.

Vecchio, R. P.(1985). Predicting employee turnover from leader-member exchange : A failure to replicate. *Academy of Management Journal, 28(2)*, 478-485.

Wakabayashi, M., & Graen, G. B.(1984). The Japanese career progress study : A seven year follow-up. *Journal of Applied Psychology, 69 (4)*, 603-614.

Wakabayashi, M., Graen, G., & Uhl-Bien, M.(1990). The generalizability of the hidden investment process in leading Japanese corporations. *Human Relations, 43(11)*, 1099-1116.

Walberg, H.(1990). Productive teaching and instruction : Assessing the knowledge base. *Phi Delta Kappan, 71(6)*, 470-478.

Wallace, J. E.(1993). Professional and organizational commitment : Compatible or incompatible? *Journal of Vocational Behavior, 42(3)*, 333-349.

____________(1995). Organizational and professional commitment in professional and nonprofessional organizations. *Administrative Science Quarterly, 40(2)*, 228-255.

Wayne, S. J., & Ferris, G. R.(1990). Influence tactics, affect, and exchange quality in supervisor-subordinate interactions : A laboratory experiment and field study. *Journal of Applied Psychology, 75(5)*, 487-499.

Weick, K. E., & McDaniel, R. R.(1989). How professional organizations work : Implications for school organization and management. In T. J. Sergiovanni & J. H. Moore(Eds.), *Schooling for tomorrow : Directing reforms to issues that count*(pp. 331-354). Needham Hights, MA: Allyn & Bacon.

Willower, D. J.(1984). School principals, school cultures, and school improvement. *Educational Horizons, 63(1)*, 35-38.

Yamasita, H., & Williams, C.(2002). A Vote for consensus : Democracy and difference in Japan. *Comparative Education, 38(3)*, 277-289.

Yee, S. M.(1990). *Career in the classroom : When teaching is more than a job*. New York: Teachers College Press.

Yonezawa, A.(2003). The Impact of globalization on higher education governance in Japan. *Higher Education Research & Development, 22(2)*, 147-154.

Yukl, G.(1989). *Leadership in organizations*(2nd ed.). Englewood Cliffs, NJ: Prentice-Hall.

Zabel, R. H., & Zabel, M. K.(1982). Factors in burnout among teachers of exceptional children. *Exceptional Children, 49(3)*, 261-263.

http://www.mext,go.jp

저자소개

김지은

한양대학교 교육학과 졸업
한양대학교 교육학 박사(교육행정 전공)
현) 한양대학교 교직과 및 교육대학원 교육행정 강의
한양대학교 사회교육원 교육전문연구원 및 보육교사교육원 주임교수

저자
인지

교사가 희망이다

2009년 3월 20일 초판 인쇄
2009년 3월 25일 초판 발행

저 자 / 김 지 은
발행인 / 이 중 수
발행처 / 동 문 사

서울특별시 서대문구 홍제동 137-8
Tel : (02) 736-3718(대), 736-3710, 3720
Fax : (02) 736-3719
등록번호 : 제9-17호
가격 : 13,000원

ISBN : 978-89-8251-360-2(93370)
E-mail : dms736@korea.com
www.dongmunsa.com